乡村兴替

聚焦劳动市场与关系信任

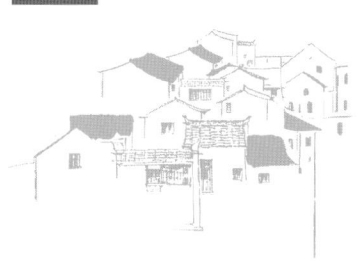

梁海兵 著

中国社会科学出版社

图书在版编目（CIP）数据

乡村兴替：聚焦劳动市场与关系信任 / 梁海兵著. --北京：中国社会科学出版社，2025.3. -- ISBN 978-7-5227-4862-7

Ⅰ. F323.6

中国国家版本馆 CIP 数据核字第 2025E8U230 号

出 版 人	赵剑英	
责任编辑	孔继萍	
责任校对	李　硕	
责任印制	郝美娜	
出　　版	中国社会科学出版社	
社　　址	北京鼓楼西大街甲 158 号	
邮　　编	100720	
网　　址	http://www.csspw.cn	
发 行 部	010－84083685	
门 市 部	010－84029450	
经　　销	新华书店及其他书店	
印　　刷	北京君升印刷有限公司	
装　　订	廊坊市广阳区广增装订厂	
版　　次	2025 年 3 月第 1 版	
印　　次	2025 年 3 月第 1 次印刷	
开　　本	710×1000　1/16	
印　　张	16.75	
字　　数	266 千字	
定　　价	98.00 元	

凡购买中国社会科学出版社图书，如有质量问题请与本社营销中心联系调换
电话：010－84083683
版权所有　侵权必究

前　言

　　改革开放以来，特别是市场经济改革以来，我国农村经历了大规模持续性的农村剩余劳动力转移过程。在这一进程中，农村发展呈现两个明显的变化：以利益交换为特征的农村劳动市场逐渐形成和以人情关系为纽带的乡土社会关系信任日益缺失。如何理解这两个变化及其内在关联？该问题贯穿整个农村发展过程，是理解农村经济运行规律的关键，也是破解农村发展掣肘并实现乡村振兴的重要基础。党的十九大提出乡村振兴战略，理解农村发展两个明显变化是全面推进乡村振兴的题中应有之义。古人云：以史为鉴，可以知兴替。农村劳动市场在市场经济改革背景下悄然生成并发展，赋予农村经济发展新活力与农村社会建设新期待，是以谓之兴，乡村之兴；农村关系信任在同样背景下的同一进程中日渐式微并重构，深刻影响着农村社会差序格局与农村经济消费秩序，是以谓之替，乡村之替。基于此，本书力图厘清这一兴替进程及其内在机理，并从繁荣农村劳动市场和培育农村关系信任两个视角探寻乡村治理之道，为全面推进乡村振兴提供可资借鉴的理论支撑与实践方案。

　　从农村劳动市场来看，本书首先界定了农村劳动市场的研究边界，并运用案例方式展现了农村劳动市场的演进历程；其次讨论了农村雇工市场的生成逻辑，以及人情关系在其中的作用；最后从农业补贴这一宏观视角展望了农村劳动市场发展。研究表明：（1）非农就业劳动力转移引致的家庭农业生产劳动力降低是农户雇工的主要原因，同时现阶段农户雇工的生产方式存在挤压农业生产收益的效应。农户雇工在一定程度上通过对农业生产劳动力的释放而促进了家庭总收入的增加。与此同时，随着土地社会保障功能的提升，非农就业转移引发悖论性雇工需求的倾向逐渐增大，而医疗保障和养老保障的完善有助于减少这种雇工需求的产生。（2）人情关系具有降低当前农村劳动市场工资的短期影响，人情关系通过提高人情工资，再经人情工资的替代效应达到抑制市场工资的作用。在长期变化趋势中，与市场经济联系紧密度高的地区，人情关系对农村劳动市场工资的影响较弱，仅在农户参与市场的意愿选择上发挥一定作用，人情关系对农村劳动市场工资的影响与价格机制相比呈现逐渐弱化的动态变迁。（3）农业补贴无论是对以雇工概率衡量的市场需求，还是以雇工支出衡量的市场需求都具有显著的促进效果，并且无论是中央政府还是地方政府都在积极推动农业经济朝着有利于市场需求的方向发展。

从农村关系信任来看，本书首先讨论了农村人情往来的实践逻辑，其次从村庄内部收入差距视角探讨了农村关系信任的变化内因，最后从农村人情消费视角讨论了农村关系信任的构建路径。研究表明：（1）村庄内部收入差距对农村关系信任呈现非线性影响，即随着村庄内部收入差距的拉大，村民之间的关系信任水平在这一过程中将经历先增加后减少的倒"U"形变化轨迹。村庄内部收入差距对农村关系信任的影响具有收入阶层异质性。收入差距对关系信任的影响将随着经济环境的变化而变化，且这一影响在经济较为发达的东部地区更为显著。（2）农村人情消费对关系信任存在显著的倒"U"形影响，即随着人情消费的增加，农村居民的关系信任将经历一个先增加后减少的变化轨迹。进一步测算表明，从全国平均水平而言，农村家庭人均年人情消费的拐点值为3344.83元，这也是农村人情消费对关系信任产生负面影响的平均临界值；特殊信任对象（如邻居等熟人）相较于普遍信任对象（如陌生人）更容易面临人情消费异化风险。农村人情消费主要通过自己人化、社会竞争和互助互惠三种机制倒"U"形影响关系信任。

相较于既有研究，本书研究的边际贡献可能有如下三点：第一，中国劳动市场的既有研究主要集中在城市劳动市场的人力资本、社会资本、企业制度与社会环境等层面的分析，而对农村劳动市场则较少关注。既有研究结论表明，城市劳动市场与农村劳动市场存在差异，并且社会资本在城市劳动市场与农村劳动市场的作用具有本质差别。因此，深入考察农村劳动市场的演进逻辑与农村关系信任的变迁路径的内在关联具有一定新意。第二，区别于城市劳动市场的"高质量特征"，农村劳动市场具有明显的人力资本比较劣势，其构成人员往往都是留守在农村的大龄、无技傍身、学历较低或健康状况相对较差的劳动力。在乡村振兴背景下，厘清农村劳动市场的演进逻辑并试图破解其中的人力资源困境具有应景性的研究新意。第三，重点探析关系信任—社会资本—非正式制度安排与农村劳动市场（正式制度安排）的内在关联可能属于一个较有创新性的研究问题。该问题的研究不仅在农村有其比较普遍的现实基础，而且一定程度上也能促进历史学、社会学与经济学等学科的交融发展。

目　　录

第一章　导论 …………………………………………………………（1）
　第一节　问题指向 …………………………………………………（1）
　第二节　文献综述 …………………………………………………（2）
　第三节　研究框架 …………………………………………………（7）
　第四节　数据来源 …………………………………………………（9）
　第五节　可能创新 …………………………………………………（12）

第二章　乡村之兴：农村劳动市场的生成与发展 ……………………（14）
　第一节　问题提出与文献回顾 ……………………………………（14）
　　一　问题提出 ……………………………………………………（14）
　　二　文献回顾 ……………………………………………………（15）
　　三　小结与本章余下安排 ………………………………………（19）
　第二节　农村劳动市场：概念界定与演进历程 …………………（20）
　　一　概念界定 ……………………………………………………（20）
　　二　农村劳动市场的演进历程及其逻辑 ………………………（20）
　　三　农村雇工演变的实践逻辑：案例佐证 ……………………（24）
　第三节　农村劳动市场的生成：雇工何以产生 …………………（28）
　　一　引言 …………………………………………………………（28）
　　二　农户雇工的生成逻辑 ………………………………………（30）
　　三　数据、变量与模型说明 ……………………………………（32）
　　四　实证结果的分析与讨论 ……………………………………（35）
　　五　研究结论及其政策含义 ……………………………………（45）

第四节　农村劳动市场工资决定：人情关系视角 …………… (46)
 一　引言 ……………………………………………………… (46)
 二　机理分析与研究假说 …………………………………… (48)
 三　数据来源与统计分析 …………………………………… (51)
 四　模型构建与变量界定 …………………………………… (54)
 五　实证结果的分析与讨论 ………………………………… (57)
 六　结论性评述 ……………………………………………… (71)

第五节　农村劳动市场发展：基于农业补贴的拓展 ………… (73)
 一　引言 ……………………………………………………… (73)
 二　文献综述 ………………………………………………… (75)
 三　研究设计 ………………………………………………… (77)
 四　实证检验 ………………………………………………… (80)
 五　作用机制与增长效应 …………………………………… (86)
 六　结论及其政策含义 ……………………………………… (90)

第三章　乡村之替：农村关系信任的式微与重构 …………… (92)

第一节　农村关系信任：概念界定与变迁历程 ……………… (92)
 一　概念界定 ………………………………………………… (92)
 二　农村关系信任的变迁历程及其逻辑 …………………… (92)
 三　农村人情往来的实践逻辑：案例佐证 ………………… (94)
 四　小结与本章余下安排 …………………………………… (100)

第二节　农村关系信任的探因：村庄内部收入差距视角 …… (101)
 一　引言 ……………………………………………………… (101)
 二　文献回顾与进一步可能 ………………………………… (102)
 三　分析框架与研究假设 …………………………………… (105)
 四　数据来源与实证设计 …………………………………… (109)
 五　实证发现与讨论 ………………………………………… (113)
 六　结论与展望 ……………………………………………… (128)

第三节　农村关系信任的重构：农村人情消费视角 ………… (129)
 一　引言 ……………………………………………………… (129)
 二　文献梳理与研究假说 …………………………………… (131)

三　数据、模型与变量 …………………………………………（135）
　四　回归结果分析与讨论 ………………………………………（139）
　五　机制检验 ……………………………………………………（147）
　六　结论及其政策含义 …………………………………………（149）

第四章　乡村治理：基于劳动市场与关系信任的再考察 …………（151）
第一节　乡村治理的理论逻辑 ………………………………………（151）
　一　问题接续 ……………………………………………………（151）
　二　乡村治理的分析框架 ………………………………………（151）
　三　小结与本章余下安排 ………………………………………（153）
第二节　乡村治理中的劳动力重组：劳动力回流视角 ……………（153）
　一　引言 …………………………………………………………（153）
　二　文献综述 ……………………………………………………（155）
　三　理论基础与研究假说 ………………………………………（157）
　四　数据来源与实证设计 ………………………………………（159）
　五　实证发现与讨论 ……………………………………………（163）
　六　进一步讨论 …………………………………………………（170）
　七　结论及其政策含义 …………………………………………（172）
第三节　乡村治理中的劳动力替代：机械化介入视角 ……………（174）
　一　引言 …………………………………………………………（174）
　二　文献综述 ……………………………………………………（175）
　三　概念界定和研究假说 ………………………………………（180）
　四　农户机械的采纳意愿与采纳强度 …………………………（182）
　五　机械化对农户收入增长影响的实证分析 …………………（193）
　六　主要结论与政策建议 ………………………………………（210）
第四节　乡村善治：培育亲清关系信任的探索 ……………………（212）
　一　引言 …………………………………………………………（212）
　二　乡村法治：枫桥经验 ………………………………………（212）
　三　乡村德治：优秀传统文化 …………………………………（214）

附　录 ……………………………………………………………（216）
　附录1　调研问卷……………………………………………（216）
　附录2　数理模型……………………………………………（229）

参考文献 …………………………………………………………（237）

第一章

导 论

第一节 问题指向

从"三驾制度马车"即统购统销制度（1953年）、人民公社制度（1958年）和户籍制度（1958年），到家庭联产承包责任制（1978年），再到市场经济改革（1992年），促进生产要素特别是劳动力的流动是发展的关键，也是城市化的核心（蔡昉，2018b）。然而，在这一过程中，农村劳动力转移带来的却是农村人力资本的下降与农业从事者的老龄化和兼业化（向晶和钟甫宁，2018），同时因劳动力流动而内化的农村内部收入差距的扩大逐渐消解农村差序格局里的熟人信任（陆铭和张爽，2008）。总而言之，因农村劳动力转移而衍生的农村留守劳动力的禀赋缺陷与农村关系信任的日渐缺失是当前农村发展中两个值得深思的农民问题。党的十九大提出乡村振兴战略。乡村振兴的主体是农民，乡村振兴战略是中国过去农村发展战略的延续和提升，是解决必须留在农村和不得不留在农村生产和生活的农民的问题（黄少安，2018）。梳理既有研究发现，农村劳动市场的生成与发展和农村关系信任的变迁与重构之间具有经济理性与社会理性两个层面上的互动表现。为此，本书拟从劳动市场与关系信任双重视角考察乡村兴替的历史演进与实践逻辑。具体包含三个子问题：一是从劳动力流动政策变迁视角考察农村劳动市场的演进；二是从"内核调整—外层内嵌"的农村差序格局重组中分析农村关系信任的变迁；三是基于以上两条路径探讨农村劳动市场演进与农村关系信任变迁的现实情景，从乡村振兴视域下明晰乡村治理的现实启示。

考虑到农村劳动市场的变化及其存在的现实困境，以及农村关系信任在农村经济发展中的重要作用，本书因将致力于探讨农村劳动市场的演进逻辑与农村关系信任的变迁路径而具有一定的学理价值。与此同时，本书拟将进一步考察乡村振兴背景下农村劳动市场的演进逻辑与农村关系信任关系变迁的互动共进，寻求促进农村劳动市场可持续发展与农村居民良好关系信任培育的有效措施而具有应景性的现实意义。

第二节　文献综述

为更好呈现农村劳动市场演进与农村关系信任变迁的相关研究成果，本书拟遵循蔡昉（2018a）的研究方法，选择三个既具有重要转折意义，又具有较强叙事特点的时间阶段来整理、归纳和思考这一研究问题的动态过程和内在逻辑。

第一阶段（止于1978年）：政策审时而设与农村熟人信任的形成

中华人民共和国成立初期，为了更好地发展国家经济，国家制定优先发展重工业的战略规划，客观地选择了城乡二元结构，尤其是城市与农村劳动市场分割的发展模式（王西玉等，2000），并配套实施相应的管理政策，即统购统销制度、人民公社制度和户籍制度。在传统的经济体制下，"三驾制度马车"严重阻碍了劳动力在城乡之间的自由流动（蔡昉，2018b）。城乡二元结构为农村熟人信任的形成提供客观条件，一方面，基于社会信任的研究发现，相对封闭且同质人际关系的农村社会文化环境，以及以社会习惯准则、价值观念等共同意识形态构成的非正式制度强化了同一村落或某一乡村社区的共同信仰与习惯（罗杰和黄群慈，2005），进而逐渐形成费孝通（1985）所凝练的"以'己'为核心的差序格局的乡土社会"。传统差序格局中亲属关系的递推逻辑在农民关系信任方面表现为"家庭本位—嵌住关系—开放关系"由内而外地层级过渡（余泓波，2017），此种"特殊主义"关系结构在相当程度上影响着农民日常交往行为中的"熟人信任"，而信任是人与人之间对彼此规范、诚实及互惠行为的预期（Glaeser et al.，2000），是社会资本的重要组成部分（Sobel，2002），同时作为一种非正式制度的作用体现在它与以市场为基础的交换和分配体系的相互补充或相互替代中，具有传递信息和弥补市场缺陷的重要作用（章元和陆铭，2009），并进而制约着奠基于信任之上的农村合作行为的生成与发展（赵泉民和李怡，2007）。另一方面，基于经济理性的考察表明，此时的个人利益的多寡对劳动力供给行为几乎没有引导作用，出于个人经济动机而寻求更高工资的劳动力流动非常罕见，不考虑个人报酬为决策基础的集体组织是这一时期，农村发展的主要模式（符钢战，1991）。在城乡分割的户籍制度与就业制度条件下，农村劳动力的流动受到严格的限制，这种限制到改革开放初期并没有发生根本的改变（郁建兴和高翔，2009；宋洪远等，2002）。

第二阶段（1978—1992年）：政策度势而调与农村熟人信任的转变

1978年推行的家庭联产承包责任制改革是对传统计划经济体制的最初突破，是改进对农业生产和劳动的激励机制，给予农户经营自主权和对剩余产品的索取权（蔡昉，2018b）。如果说家庭联产承包责任制这一改革的激励是促进农业生产率提高、创造劳动力向非农产业和农村以外地区转移的必要条件，那么劳动力流动政策的调整则是农村剩余劳动力转移的充分条件。相较于改革开放前，这一时期劳动力流动政策的调整加强了对农村劳动力盲目流动的管理，开始组织实施农村劳动力开放就业试点，并保留大部分允许农村劳动力流动的政策和措施（宋洪远等，2002）。劳动力资源的重新配置为农村关系信任的转变提供必要条件，其内在逻辑是：一方面，家庭联产承包责任制的推行和农业劳动生产率的提高，逐步改变了传统计划体制对经济发展、农民就业转换的束缚，并逐步改变着计划经济与二元结构结合的基础（王西玉等，2000）。促成农民早期在逐步择业自由的同时，开始自主选择与农业生产资料相脱离。同时辅以劳动力流动约束的逐渐放松，以及农业中劳动力剩余的显性化，农村剩余劳动力开始逐渐退出低生产率的农业，转向非农产业和大量涌入城市（蔡昉，2018b）。因此，这一时期，农村剩余劳动力基于经济收益最大化的决策原则形成大规模从农村向城市的单向流动，一定程度上改变了由农村原住居民而构成的农村信任。另一方面，以"关系"为根基而生成的信任必然要受制于人际关系上的差序性和圈层结构，进而决定信任范围的有限性和封闭性（赵泉民和李怡，2007）。Krishna（2007）基于印度农村居民长达七年的研究表明，信任的产生不是来源于外在的相对现代性等因素，而是来自社区的内部作用。与此同时，农村劳动力流动具有消解农村信任的作用（陆铭和张爽，2008）。基于美国季节性流动民工的考察，Maria et al.（2006）也发现流动对信任存在相似的负面影响，即相对白人和墨西哥裔美国人，那些季节性流动民工具有更低的信任水平。此外，农村居民之间的信任，以及由此建立起来的社会关系网络不仅能够显著提高农村居民外出打工的概率，而且在转型期还能促进城市劳动力就业（Zhang & Li，2003）。

第三阶段（1993年至今）：市场经济改革与农村发展变化

1992年国家开始推行市场经济改革，制度的转型势必对农村劳动市场的演进和农村关系信任的变迁产生重要影响。这一时期，劳动力流动政策进一步调整，从控制盲目流动到鼓励、引导和实行宏观调控下的有序流动，开始实施以就业证卡管理为中心的农村劳动力跨地区流动的就业制度（宋洪远等，2002）。与此同时，建立社会主义市场经济体制的改革正式付诸实践。按照符钢战（1991）的分析逻辑，中国经济改革的目的是引进市场因素以构造一个更加灵活的经济资源分配体制，而市场的核心就是供给者和需求者按照等价交换原则，决定各自的供给和需求，通过合约建立彼此的关系。人们在过去30年内逐渐累积的对物质激励的微弱感引起经济学关于"物质刺激"命题的重新论点，对于个人寻求物质利益是否合理这一问题的探讨逐渐消除了人们寻求高报酬的羞耻感和罪恶感，大大增强了居民劳动供给对报酬和福利水平所具有的行为反应，个人选择和收入考虑对劳动供给行为的决定作用日渐增强。可以说，市场经济改革突破了家庭式劳动组织分配共同劳动成果的这一非市场特性的集体理性决策原则，取而代之的是具有类市场特性的个体理性决策原则，这为后续农村关系信任的变迁提供了制度诱致性解释的理论支撑。

伴随着农村剩余劳动力的转移，大部分学者将研究视角转向城市劳动市场，开展诸如户籍歧视问题、雇佣关系演化、市场结构变迁、农民工工资决定等研究（黄祖辉，2018；孙婧芳，2018；李小瑛和赵忠，2012；Chen et al.，2011；章元和王昊，2011；严善平，2007；刘林平和张春泥，2007；蔡昉，2001）。事实上，较早时候已有诸多学者对劳动市场展开过研究，以期为市场经济体制改革提供理论依据。当时的分析主要是基于国家对外开放的背景，依据马克思政治经济学理论，探讨劳动市场开放的约束条件（谢晓凌等，1994）、争论劳动力是不是商品（贾履让和房汉廷，1987）、研究人口流动对城市劳动市场的影响及其管理（王郁昭，1994；姚先国，1992），以及劳动市场的培育与发展（傅喜国，1992）。相比较而言，这一时期关乎农村劳动市场的争论被暂时搁置。农村剩余劳动力逐渐转移的过程是家庭劳动力资源的重新配置过程，也是家庭成员之间新的契约安排过程（王跃梅等，2013），但农村劳动力的转移并非均质进行，具有较高文化程度的劳动力更倾向于流动到非农产业就业以获得更高回报（郁建兴和高翔，2009），这一过程衍生的负面效应是农村人力资本的下降与农业从事者的老龄化、兼业化和低教育水平现象。

基于上述文献梳理（见图1—1：文献逻辑示意），城乡劳动力双向流动以及农村内部不同区域劳动力的自由流动，不仅直接促成农村劳动市场的生成与发展，而且深刻影响着农村关系信任的式微与重构。审视既有研究发现农村劳动市场演进与农村关系信任变迁的两条关联路径：一是基于经济利益最大化的考虑，农村居民的生产决策由集体理性转向个体理性，农村劳动市场逐渐生成并发展，同时农村关系信任也在这一过程中出现式微与重构；二是基于"内核调整—外层内嵌"式农村关系信

6　乡村兴替：聚焦劳动市场与关系信任

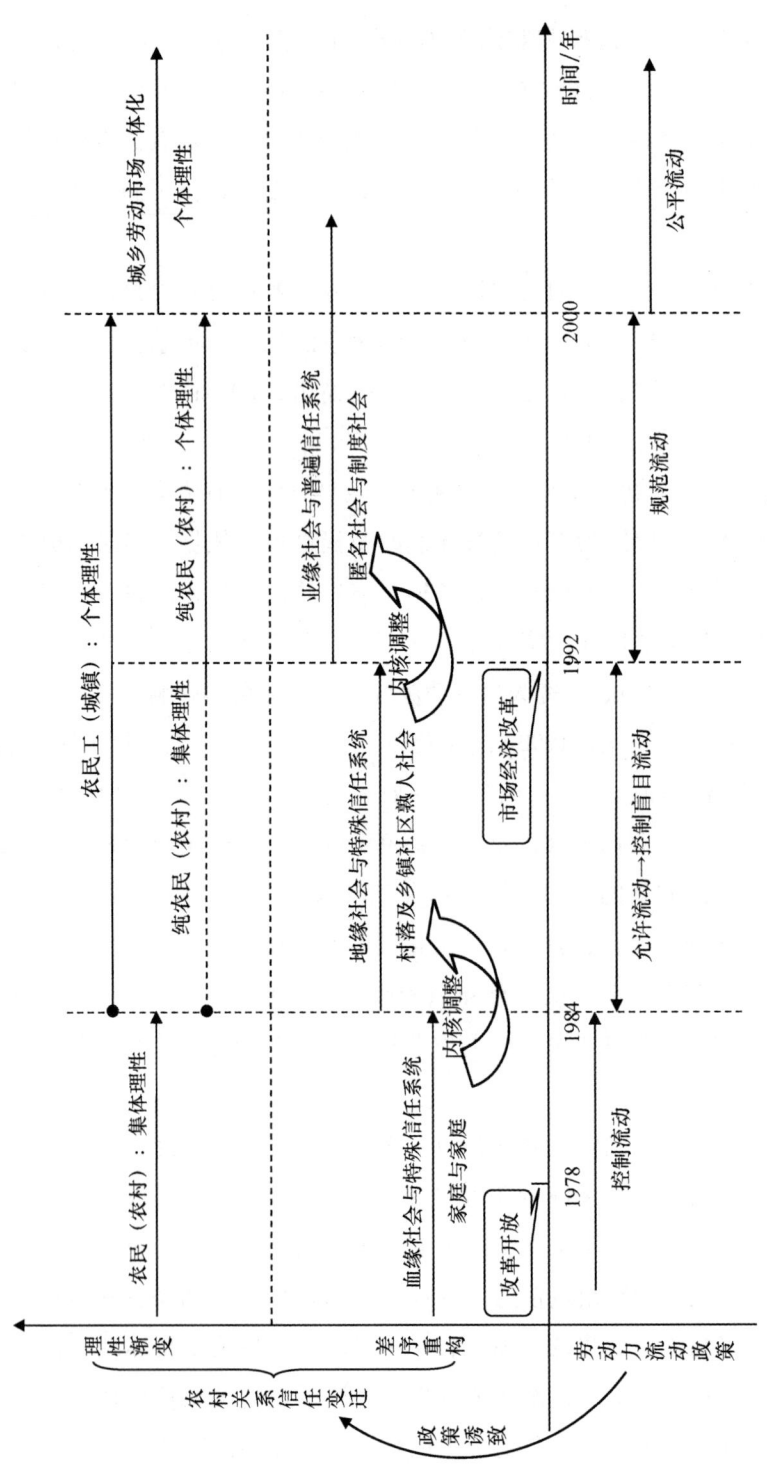

图1—1　文献逻辑示意

任差序格局的考察，农村劳动力的流动不断冲击并消解旧的农村信任差序格局建构新的农村信任差序格局，进而影响着农村劳动市场的发展。然而遗憾的是，农村劳动市场演进与农村关系信任变迁的互动共进在以往的研究当中并没有得到足够的重视。为此，本书拟围绕农村劳动市场的演进与农村关系信任的变迁及其互动展开深入分析，以期展现当前农村发展的兴与替，为实现乡村有效治理、促进乡村振兴提供重要的理论支撑与实践方案。

第三节 研究框架

本书聚焦农村劳动市场和关系信任，试图探索乡村发展之兴替，为促进乡村全面振兴提供重要的理论基础与实践方案。具体而言，本书包括但不限于如下三个部分：

第一部分以农村劳动市场的生成与发展探讨乡村之兴。该部分以学术研究共识与农村发展特征事实为依托，在界定农村劳动市场概念的基础上，从雇工形成机理、人情关系和农业补贴三个角度分析农村劳动市场的生成与发展历程。

第二部分以农村关系信任的式微与重构探讨乡村之替。该部分以农村人情关系式微为基础，重点讨论农村关系信任式微的主要影响因素，即村庄内部收入差距如何影响农村关系信任，及如何重构农村关系信任，即农村人情消费如何影响农村关系信任。

第三部分依托农村劳动市场和关系信任的分析，进一步从劳动力节约与重组，以及乡村善治视角探讨农村发展问题，并将研究视角落脚到乡村治理。

综上所述，本书研究内容及其逻辑如图1—2所示。

8　乡村兴替：聚焦劳动市场与关系信任

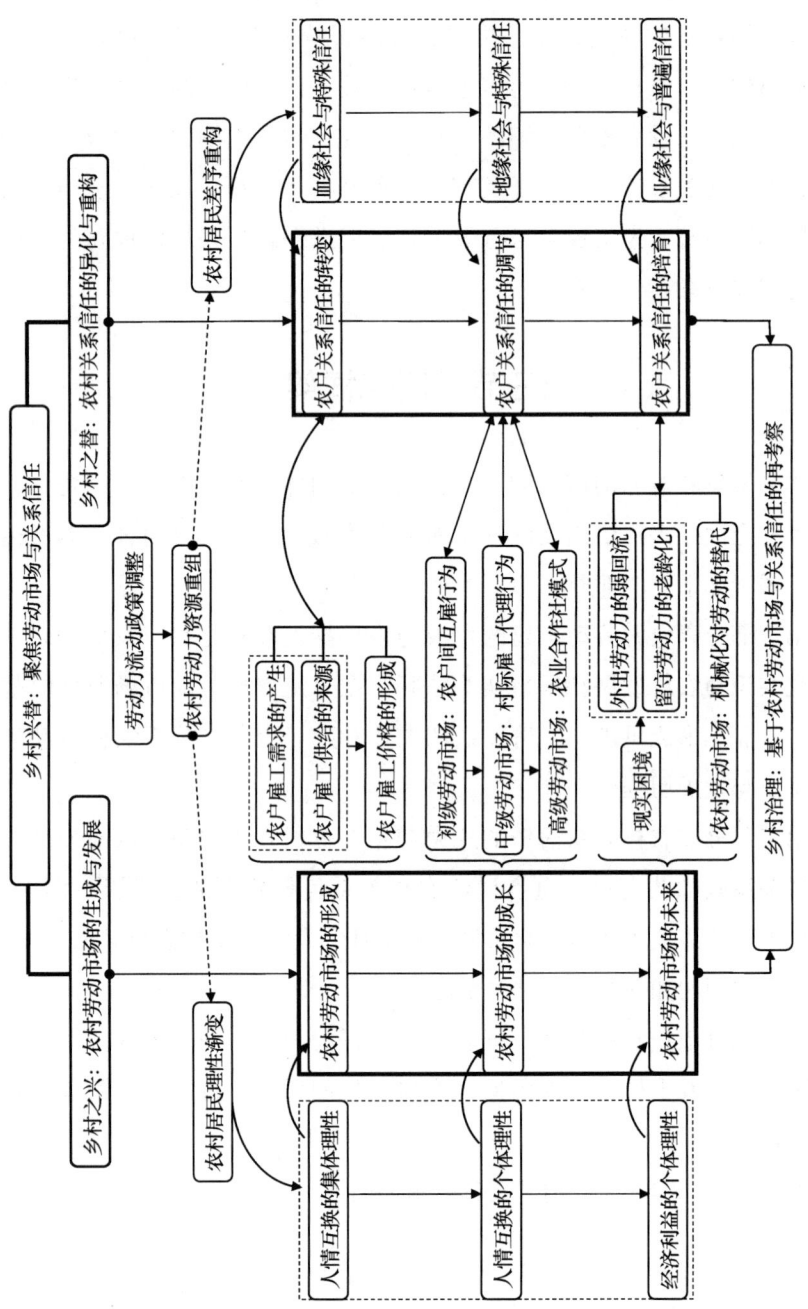

图1—2　技术路线

第四节 数据来源

本书研究所采用的数据主要来自课题组 2020 年 5 月收集的入村调研数据。为了保证数据研究的代表性和典型性，课题组采用随机分层抽样的方法获取样点，具体包括三个步骤：第一步，在中国东部地区、西部地区、北部地区、南部地区和中部地区随机挑选一个省份，分别为浙江省、甘肃省、吉林省（辽宁省）、云南省和河南省；第二步在每个省随机挑选两个县（或区），分别抽取的是诸暨市大唐区和绍兴市越城区、渭源县和宁县、大安市（县）和朝阳县、师宗县和峨山彝族自治县、郸城县和淅川县；第三步在每个县随机抽取一个自然村，分别为澄泽村和永兴村、西关村和白公村、同顺村和章吉营子村、足法村和清香村、张寨村和小河南村。

考虑到农村剩余劳动力普遍转移的实际情况，同时为了保证调研样本的有效性与代表性，调研采取以下部分与整体相结合的取样策略：如果取样自然村留守劳动力超过 100，那么实际调研样本数至少为 100；如果取样自然村留守劳动力低于 100，那么将采取整村调研。

实际调研过程中，根据调研员的预调情况反馈，课题组按照上述取样策略给每个取样村的发放问卷份数、回收问卷份数与有效问卷率的具体情况如表 1—1 所示。总计发放问卷 880 份，回收 796 份，其中有效问卷 774 份，有效问卷率为 87.95%。

表 1—1　　调研数据基本情况　　（单位：份,%）

地区（省份）	东部（浙江）		西部（甘肃）		东北（吉林、辽宁）		南部（云南）		中部（河南）	
县	诸暨市大唐区	绍兴市越城区	渭源县	宁县	大安市（县）	朝阳县	师宗县	峨山彝族自治县	郸城县	淅川县
自然村	澄泽村	永兴村	西关村	白公村	同顺村	章吉营子村	足法村	清香村	张寨村	小河南村

续表

地区 （省份）	东部（浙江）		西部（甘肃）		东北 （吉林、辽宁）		南部（云南）		中部（河南）	
发放 问卷	60	100	120	100	100	120	100	60	60	60
回收 问卷	60	81	120	100	83	120	92	60	40	40
有效 问卷	54	81	120	98	81	120	80	60	40	40
有效率	90.00	80.00	100.00	98.00	81.00	100.00	80.00	100.00	66.67	66.67

与此同时，除调研数据外，本书研究同时引入了中国乡村振兴综合调查数据（China Rural Revitalization Survey，简称 CRRS）、中国家庭金融调查（China Household Finance Survey，简称 CHFS）、中国劳动力动态调查（China Labor-force Dynamics Survey，简称 CLDS）和中国家庭追踪调查（China Family Panel Studies，简称 CFPS）四个大型微观数据库用以佐证本书研究的相关研究。引用原因主要有两个：其一，自调数据虽然对农村劳动市场和关系信任的基本情况进行深入访谈，并有比较翔实的现实了解和比较深刻的问题理解，但考虑到样本量问题可能会导致部分实证检验难以获得有效支持。其二，地区发展差异及个案局限性等因素限制了本书研究从个体推断到总体的可靠性，全国层面的大型微观数据可弥补调研数据与案例在理论推广上存在的弊端。

第一，CRRS 数据概况。中国乡村振兴综合调查数据（CRRS）依托中国社会科学院重大经济社会调查项目《乡村振兴综合调查及中国农村调查数据库建设》，围绕"农村人口与劳动力""农村产业结构""农民收支与社会福祉""农村居民消费""乡村治理"和"农村综合改革"等农村发展的重要内容展开调查。第一期大规模农户和村庄调查于 2020 年在广东省、浙江省、山东省、安徽省、河南省、黑龙江省、贵州省、四川省、陕西省和宁夏回族自治区十个省（区）开展，调查数据覆盖全国 50 个县（市）、156 个乡（镇），共获得 300 余份村庄调查问卷和 3800 余份农户调查问卷，搜集了 1.5 万余人的家庭成员信息。该调查综合考虑了经济发展水平、区域位置以及农业发展情况，在东、中、西、东北地区的省份中随机抽取样本省；根据全省县级人均 GDP 采用等距随机抽取方法抽取样本县并且考虑在空间上尽量覆盖整个省（区）；采用相同的抽样方法，根据本地乡镇和村庄经济发展水平随机抽取样本乡（镇）和样本村；最后根据村委会提供的花名册随机抽取样本户。CRRS 数据库作为全国代表性大型微观数据库，包含收支信息以及其他家庭和个人信息等专题信息，能够为相关学术研究提供质量较高的数据支撑。

第二，CHFS 数据概况。中国家庭金融调查（CHFS）是中国家庭金融调查与研究中心在全国范围内开展的抽样调查项目，旨在收集有关家庭金融微观层次的相关信息，主要内容包括住房资产与金融财富、负债与信贷约束、收入与消费、社会保障与保险、代际转移支付、人口特征与就业以及支付习惯等相关信息，以便为学术研究和政府决策提供高质量的微观家庭金融数据，对家庭经济、金融行为进行了全面细致的刻画。CHFS 采用三阶段、分层与规模比例的现代抽样技术，以先进的计算机辅助调查系统对调研数据进行记录，在 29 个省（直辖市、自治区）、637 个县（县级市、区）、1481 个社区选取了 40011 户家庭进行访问。调研信息涉及家庭基本人口特征、资产状况、支出与收入等方面。此外，该数据库对农户家庭中农业各种投入的成本、劳动力资源的分配、承包土地情况、农业生产收入等信息都有详细的记录。

第三，CLDS 数据概况。中国劳动力动态调查（CLDS）是全国第一个以劳动力为主题的全国性跟踪调查。其目的是通过对中国城乡以村/居为追踪范围的家庭、劳动力个体开展每两年一次的动态追踪调查，系统地监测村/社区的社会结构和家庭、劳动力个体的变化与相互影响，建立劳动力、家庭和社区三个层次上的追踪数据库，从而为进行实证导向的高质量的理论研究和政策研究提供基础数据。该追踪调查由中山大学社会科学调查中心组织并每两年实施一次，聚焦于中国劳动力的现状与变迁，内容涵盖教育、工作、迁移、健康、社会参与、经济活动、基层组织等众多研究议题。为保证样本的全国代表性，采用多阶段、多层次与劳动力规模成比例的概率抽样方法，样本覆盖了全国 29 个省份（除港澳台地区、西藏、海南外）、401 个村庄社区，调查对象为样本家庭户中的全部劳动力（年龄 15—64 岁的家庭成员）。在追踪调查方式上，CLDS 在国内率先采用轮换样本追踪方式，既能较好地适应中国剧烈的变迁环境，同时又能兼顾横截面调查和追踪调查的特点。问卷分个人、家庭及村庄三个层次。

第四，CFPS 数据概况。中国家庭追踪调查（China Family Panel Studies，CFPS）由北京大学中国社会科学调查中心（ISSS）实施，旨在通过跟踪收集个体、家庭、社区三个层次的数据，反映中国社会、经济、人口、教育和健康的变迁，为学术研究和公共政策分析提供数据基础。CFPS 项目采用计算机辅助调查技术开展访问，以满足多样化的设计需求，重点关注中国居民的经济与非经济福利，以及包括经济活动、教育成果、家庭关系与家庭动态、人口迁移、健康等在内的诸多研究主题，是一项全国性、大规模、多学科的社会跟踪调查项目。CFPS 样本覆盖 25 个省/市/自治区，目标样本规模为 16000 户，调查对象包含样本家庭中的全部家庭成员。CFPS 在 2008 年、2009 年在北京、上海、广东三地分别开展了初访与追访的测试调查，并于 2010 年正式开展访问。经 2010 年基线调查界定出来的所有基线家庭成员及其今后的血缘/领养子女将作为 CFPS 的基因成员，成为永久追踪对象。CFPS 调查问卷共有社区问卷、家庭问卷、成人问卷和少儿问卷四种主体问卷类型，并在此基础上不断发展出针对不同性质家庭成员的长问卷、短问卷、代答问卷、电访问卷等多种问卷类型。

第五节　可能创新

相较于既有研究，本书具有如下三点可能的创新之处：

第一，中国劳动市场的既有研究主要集中在城市劳动市场的人力资本、社会资本、企业制度与社会环境等层面的分析，而农村劳动市场则较少关注。既有研究结论表明，城市劳动市场与农村劳动市场存在差异，并且社会资本在城市劳动市场与农村劳动市场的作用具有本质差别。因此，深入考察农村劳动市场的演进逻辑与农村关系信任的变迁路径的内在关联具有一定新意。

第二，区别于城市劳动市场的"高质量特征"，农村劳动市场具有明显的人力资本比较劣势，其构成人员往往都是留守在农村的大龄、无技傍身、学历较低或健康状况相对较差的劳动力。在乡村振兴背景下，厘清农村劳动市场的演进逻辑并试图破解其中的人力资源困境具有应景性的研究新意。

第三，重点探析关系信任—社会资本—非正式制度安排与农村劳动市场（正式制度安排）的内在关联可能属于一个较有创新性的研究问题。该问题的研究不仅在农村有其比较普遍的现实基础，而且一定程度上也能促进历史学、社会学与经济学等学科的交融发展。

第二章

乡村之兴：农村劳动市场的生成与发展

农村劳动市场是在市场经济改革渗透到农村过程中由农民因秋收等生产活动中的劳动力需求与供给而自发形成的务工市场。农村劳动市场的兴起不仅为农民就近就地就业提供可能，进而促进收入增长，而且为农村生产生活留住部分劳动力，减缓了部分村庄衰落的进程。从整个农村发展来看，农村劳动市场的兴起为当前乡村振兴的有力有效推进提供了人力资本等要素供给，激活了整个农村市场，是为乡村之兴。为此，本章拟从农村劳动市场的生成与发展历程阐释乡村之兴。

第一节 问题提出与文献回顾

一 问题提出

20世纪50年代的"三驾制度马车"开辟了我国城乡二元结构的发展格局，到70年代末的改革开放，再到90年代初的市场经济改革，生产要素特别是劳动力的流动在强势助推城市经济发展的同时，也显著拉低了农村经济的发展速度（蔡昉，2018b）。单从劳动力视角来看，既有研究虽然给予劳动市场较多的关注，但受城乡二元结构的制约，以往学者关注的重点主要是城市劳动市场（蔡昉等，2001；沈坤荣和余吉祥，2011），而缺乏充分考察农村劳动市场的发展及其特殊性的尝试。进一步地，具体到农村市场，大多学者颇为重视的是农村土地市场和农村金融市场（尚旭东和朱守银，2015；陈奕山等，2017；刘守英，2018；仇童伟等，2019；杨子砚和文峰，2020），而农村劳动市场作为农村要素市场的重要组成部分依然没有受到学术界应有的重视（蔡昉，2001；石晓平等，2004；李建伟，2020）。党的十九大提出乡村振兴战略，并强调人才振兴是基础，因此，回归农村劳动市场的研究具有重要的现实意义：其一，农民作为农村市场最具有能动性和活跃性的因素是助推乡村振兴的主体（陈坤秋等，2018）；其二，农村劳动市场的发展是联结农村土地市场和资本市场的重要力量（黄祖辉等，2012）；其三，农村劳动市场的繁荣是实现城乡融合的重要途径（黄少安，2018；向晶和钟甫宁，2018）。

二　文献回顾

本节文献回顾拟始于中国劳动市场的相关研究梳理，以期厘清整个劳动市场研究的基本现状与核心议题，并在此基础上聚焦中国农村劳动市场，最后落脚到农村劳动市场中的人情关系，该文献梳理逻辑试图为本章相关研究提供清晰的文献脉络与文献支撑。

（一）中国劳动市场研究

中国劳动市场的研究脉络与市场经济改革息息相关，源于最初关于劳动力是否是商品的争论，这是支撑市场经济改革的重要理论问题。其中陈秀华（1985）、何炼成（2005）等人阐释了社会主义国家劳动力的商品性质，而刘克鉴（1987）、杨思远（1994）等人则对这种观点予以批判，并否定了社会主义国家劳动力的商品特性。虽然关于这一问题的争论至今尚无定论，但是劳动力是否为商品的争论无疑开启了研究中国劳动市场的大门。

如果说劳动力是否是商品的争论开启了中国劳动市场的研究大门，那么对于中国劳动力就业从计划安排向市场配置转变方面的研究，则为后续研究指明了探索的场域——市场。袁志刚和陆铭（1998）通过对转轨时期中国劳动市场的研究，从经济学视角定义了"隐性就业"，探讨了这一现象背后的原因，并认为完善劳动市场是解决就业问题的关键。进一步的研究发现，随着市场化改革的深入，中国劳动力的供求模式发生了历史性变化，传统体制配置劳动力资源出现失灵，并导致城市中的劳动市场呈现二元化。事实上，此时不仅城市劳动市场呈现二元化，而且城乡劳动市场也呈现二元化（蔡昉，1998）。中国劳动市场不仅面临农村剩余劳动力的转移压力，而且面临解决城市劳动力因部门经济重组而衍生的就业需求的双重困境。这种全国范围内的供需矛盾催生了中国特殊的户籍管理制度及其伴生的各种就业制度，然而这种基于宏观管控的行政做法不但没能从根本上解决问题，反而增加了劳动力使用成本，最终造成市场分割与市场歧视（黎煦，2005）。进一步地，这种分割是公平缺失的体现，如果不加管制将进一步造成社会公平秩序的失衡，解决问题的关键在于能否建立一个可以自由流动的全国统一劳动市场（李建民，2001），而开放与自由是中国劳动市场培育的必由之路（董志强，2001）。

随着培育统一劳动市场的呼声越来越高，既有研究着重考察了劳动市场的培育、劳动力流动等问题，并在引进西方相关理论的同时注重中国实际情况的分析，包括但不限于：劳动力流动经济学分析（蔡昉，1996）、劳动力流动模型研究（李实，1997）、劳动市场分割研究（谭友林，2000）、中国劳动市场分割问题探索（李建民，2002）、劳动市场发育论述（李亚伯，2003）、劳动市场转型与发育思考（蔡昉，2005）、基于刘易斯拐点的中国二元经济转型分析（王诚，2005）、中国劳动市场探索（都阳，2007）等，为后续相关研究在中国劳动市场这一领域的深耕提供重要借鉴。

（二）中国农村劳动市场研究

受中国特殊的人口结构、偏向城市的发展战略，以及农村自然经济发展缓慢的影响，既有研究对农村劳动市场的研究成果尚未形成成熟的研究体系与达成共识的研究结论。20世纪七八十年代的家庭联产承包责任制赋予农户生产自主性（张清津，2014），农业生产对劳动力的季节性需求导致一部分农户农业生产缺乏足够的劳动力，恰是这种临时的劳动力短缺催生了农村劳动市场，而农村劳动市场的产生无疑是对农村劳动力资源的优化配置（Feuerbacher et al.，2020）。但此时的农村劳动市场尚处于萌芽阶段，以价格（工资）调节劳动力供求的市场并未形成。直到21世纪，随着市场化改革的推进，农民对商品属性的理解不断深化，并积极地参与到市场活动之中，特别是进城打工导致大量的农业劳动力外流，进一步加剧了农业劳动力的季节性短缺，促使以家庭为单位的农村社会结构的变革以及分工的进一步深化，农业雇工的现象越来越普遍（杨晓丽，2006）。不仅如此，农村劳动力的大量外流还导致了大片土地无人耕作的局面，而种植大户、农业合作社等新型农业经营主体农业生产朝着现代农业规模化经营的方向发展。如果农业生产劳动力的季节性短缺是农村劳动市场的诱因，那么规模化的经营趋势则是农村劳动市场进一步发展的催化剂（查金祥等，2001；唐萍萍等，2014）。虽然农业的规模化经营催生了农业雇工作为一个专门的行业出现，但是农业生产的季节性特点依旧束缚着农村劳动市场的发展，农业雇工呈现季节性劳作周期的特征（潘璐和周雪，2016；金涛，2013）。目前随着中国农业经济朝着市场化、商品化、产业化的方向逐渐加深，继续推进农村生产要素市场的改革是当前农村经济改革的新方向，而长期存在与发展的农村劳动市场正是中国农村生产要素市场不断完善的产物，尤其是劳动市场与土地流转市场（金涛，2013）。

（三）中国农村劳动市场中的人情关系

对于农业雇工行为的达成机制，农村的熟人社会起到了举足轻重的作用，不同渠道搜寻信息的难易程度对交易行为的达成方式起着主导作用（鲁先凤，2008）。虽然农业雇工尚不是中国农业生产的主流方式，中介机构无论是出于运行成本还是信息流通的考量都无法承担这个任务，但是农村居民基于血缘、地缘构建的熟人社会是达成农业雇工行为的主要信息传递渠道，这一渠道是建立在相互帮助与信任基础上的血缘性、地缘性社会关系网络上的，农户从事农业雇工主要基于熟人社会的人情关系。基于熟人社会差序格局下的人情关系，无论是对雇工行为的达成还是均衡价格的产生都有着不可忽略的影响（仇小玲和屈勇，2008）。随着市场化改革的逐步推进，人情关系的变迁与异化越来越突出（卢飞，2017），人情关系的非价格协调机制货币化显现（陈奕山等，2017），人情关系的互利性逐渐被激进的自利性所取代（刘津，2020）。在实行家庭联产承包责任制的早期，以互利互惠为原则的农业帮工是以人情为基础的社会交换，它在经济学上的表征则是农业雇佣劳动力的零工资（仇小玲和屈勇，2008）。但是随着市场自利性占据主导，熟人之间原本互助式的帮工行为也有了工资的需求（金涛，2013）。当零工资的帮工逐渐沿着逆差序格局的方向收缩时，代之而来的则是注重货币利益的雇工行为。

随着农村非正式制度结构向正式制度结构的转变，熟人社会的泛家族化特征也越来越突出，使得原有的公共规则与道德基础对农民行为的约束力逐渐丧失。基于人情展开的交易也必将受到人情的束缚。虽然人情效应在一定程度上起到抑制监督成本以及道德风险的作用（潘璐和周雪，2016），但是在市场经济下，农户明显地感觉到求工不如雇工。基于人情关系的"求工"行为，农户不仅要提供酒饭等，而且还要付出一定的人情成本，实际的花销并不比直接雇工少（金涛，2013）。因此农户无论是出于成本的考量还是方便的需求，越来越倾向于从劳动市场直接雇工。这种雇工方式的转变实际上折射出传统乡村人情世故的演变与人们理性的变迁（楼远，2003），体现了人们追求利益最大化的差异（符钢战，1991），以及基于人情的互助式交易逐渐向市场化交易转变（仇童伟等，2019）。

（四）文献评述

基于上述对中国劳动市场、中国农村劳动市场及人情关系在其中的作用等的梳理，本章研究认为：

第一，由于中国特殊的人口结构、偏向城市的发展战略，以及农村自然经济的发展特性，中国劳动市场的分割与歧视逐步加剧。既有研究主要探讨了城市劳动市场，而对于演进缓慢的农村劳动市场则是缺乏关注，中国城乡之间无论是政策、经济，还是劳动市场等的理论研究都呈现出一种结构性失衡。虽然有研究对农村劳动力做了相关研究，但是，大部分研究只是把农村劳动力作为研究城市劳动市场的控制变量而已。与此同时，尽管既有研究也认识到中国政府人为地把城乡劳动市场割裂开来的政策是阻碍劳动市场发展与完善的制度性根源，但是，大部分讨论仅是停留在对这种割裂的认识上，对于割裂的另一面（农村劳动市场）研究则严重不足（蔡昉等，2001）。为此，本章拟全面梳理农村劳动市场的演进历程，并附以案例加以佐证，以期深刻洞悉农村劳动市场的本质属性。

第二，以往研究大多是从农村经济体制改革、规模经营等背景下从社会变迁、历史演进的角度分析农业雇工行为产生与发展的逻辑，而对于影响农村劳动市场具体因素的探索则相对较晚。对于农村劳动市场影响因素的分析，既有研究大多是从农户个体特征（性别、年龄、受教育程度等）、农户家庭特征（劳动力人数及其结构、耕地亩数等）、农户社会关系网络（是否有从事农业雇工的亲属、逢年过节走亲访友数、是否担任村干部等)、村庄基本特征(交通条件、宗族影响等)四个层面进行分析的(金涛,2013;王颜齐和郭翔宇,2018;王颜齐等,2017;Yi et al.,2020;Yuan,2022)。虽然在农村劳动力性别、年龄、受教育程度、每亩耕地劳动力人数等方面得出了较为一致的结论,但是,考察的视角主要集中在供给侧,缺乏对需求侧的探索;与此同时,虽然对于农村劳动市场运行机制大多数研究认为基于农村特殊的熟人社会是农村劳动市场的温床(石弘华和杨英,2005),但是,熟人社会怎样影响农村劳动市场并没有从经济学视角展开分析。为此,本章拟从农业雇工何以产生问题出发,深入剖析农村劳动市场的生成与发展逻辑。

第三,既有研究着重分析了熟人社会中人情关系对农村劳动市场的影响,也讨论了熟人社会的转变,然而,在实证分析中对熟人社会中人情的探讨多是集中在生活领域,对生产领域的关注较少。虽然也有研究讨论了农村土地市场人情关系的价格效应(陈奕山等,2017),但是,对这种价格效应在农村劳动市场的调节机制尚没有形成一致的结论,同时,这种雇工价格的变迁不仅仅是一种社会关系网络的变化,更是一种生产关系向另一种生产关系转变的外在体现。为此,本章拟进一步探讨人情关系对农村劳动市场工资决定的影响。

第四,无论是对于城市劳动市场还是农村劳动市场,既有研究大多是把考察的目光投了市场的静态特征分析以及静态比较分析上,在动态演进的路径上没有形成完备的讨论体系。就研究方法而言,大多是借鉴西方的劳动市场理论,对理论移植的适应性尚有待深入考量。西方发达国家的劳动市场基本上是基于商品经济发展自然演化形成的,而中国劳动市场虽然也有自然演化的因素,但更多是政府的政策设计,并由上至下逐层推行而形成的,因而对中国农村劳动市场的研究——政策是一个不容忽略的因素。为此,本章拟从农业补贴这一政府宏观政策视角探讨其对农村劳动市场发展的影响。

三 小结与本章余下安排

本节主要梳理了既有研究在劳动市场这一领域的学术成果,并借势进一步结合农村劳动市场的实际情况,探索农村劳动市场的相关问题。具体而言,本书拟在前人研究的基础上以市场均衡(市场工资)为着眼点，对农村劳动市场的产生、发展和完善的演进历程展开系统分析。作为一个整体，本书研究将对农村劳动市场的某些方面进行补充，包括熟人社会的变迁、人情关系的作用、农村劳动市场上的工资决定，无论是对于劳动市场理论的完善、探索农村劳动市场的演进规律，还是为国家从行政职能上制定相应政策提供借鉴都具有重要的实践意义。

本章余下安排是：第二节界定农村劳动市场概念，梳理其演进历程；第三节讨论农村雇工的形成机理；第四节探讨人情关系对农村劳动市场工资决定的影响；第五节从农业补贴视角进一步探讨农村劳动市场的发展。

第二节　农村劳动市场：概念界定与演进历程

一　概念界定

本书研究中的农村劳动市场是以农村从事农业生产非自雇活动人群为研究对象，基于劳动力季节性需求与人地结构性失调而产生，具有优化农村劳动力资源配置的功能。在雇佣形式上有按天付费的短期雇佣和按具体农活付费的包干雇佣两种形式。具体到本书研究中，参与农村劳动市场的人员是以留守妇女为主的农村留守人员，从事的主要农业生产活动包括但不限于：农忙时的庄稼收割、土地整理等；农闲时的花卉绿植的栽种和护理等。

农村劳动市场的基本特征为：（1）人力资本较低。参与者往往受教育程度较低，大都为小学及以下受教育程度。（2）市场进入门槛低。大部分农业生产活动主要是体力劳动，部分农业生产活动即使需要一定的经验，也能够在"干中学"中快速实现。只要劳动者能够从事农业生产即可，几乎没有劳作年龄和受教育年限的要求。（3）具有典型的农业生产季节性，市场供求行为主要发生在农作物成熟季节。（4）缺乏规范的市场规则，劳动合同的普及率几乎为零。

二　农村劳动市场的演进历程及其逻辑

为了更好呈现农村劳动市场的演进历程，本节拟重点关注工资决定这一市场核心因素的变迁，同时呼应第一章的"问题指向"中的文献梳理的三个阶段逻辑，同样选择三个较为一致的时间阶段来整理、归纳和思考农村劳动市场演进的生命历程，即以1978年改革开放为特征的人格化交易阶段、以1992年市场经济改革为起始的类市场交易阶段和以2006年农业税取消为标志的市场交易阶段。农村劳动市场的演进依托于三个阶段农民理性的渐变，三个阶段中农村劳动市场的特征及其对应的理性分别为人格化交易阶段（人情互助的集体理性）、类市场交易阶段（人情交换的个体理性）和市场化交易阶段（利益交换的个体理性）。

第一阶段（1978—1992年）：人格化交易阶段

在传统的经济体制下，"三驾制度马车"严重阻碍了劳动力在城乡之间的自由流动（蔡昉，2017），特别是人民公社制度把劳动力束缚在集体土地上，使农村劳动力丧失配置生产资源的自主性。1978年改革开放以来，国家实施一系列促进经济发展的改革措施，特别是家庭联产承包责任制的实施是改进对农业生产和劳动的激励机制，给予农户经营自主权和对剩余产品的索取权，这一改革的核心更是赋予了农户配置生产要素的自主权，随着农业中劳动力剩余状况的显性化，劳动力开始退出低生产率的农业，并逐步形成较为合理的社会分工（蔡昉，2018b）。随着生产方式的变化，人们从过去追求农业集体利益最大化的理性中，渐渐萌发对个人经济报酬的诉求，但是，由于长期以来，中国的文化、教育和新闻媒介广泛宣传崇尚不计报酬的劳动供给行为以及原先生产大队鞭挞讲究报酬的劳动供给行为，在人们的观念中形成对以报酬为目的的劳动供给行为的羞耻感和罪恶感（符钢战，1991）。

确切地说，这一时期农村劳动市场尚处于萌芽阶段，有效的市场机制并未建立起来，工资决定于人情效益的集体理性下的零工资。其原因主要有两个：其一，家庭联产承包责任制的建立尚未对生产大队的路径依赖形成完全替代，此时的劳动交换是以人情效益而不是以经济利益为目的进行的，是特殊情况下人格化交易对市场化交易的替代（仇童伟等，2019）。其二，国家流动人口政策倡导控制盲目流动而非自由流动，一定程度上仍然限制农村劳动力流动，农村剩余劳动力仍然大量存在，但是从事农业雇工的主体较少，偶发性的农村雇工行为更多的是出于劳动力季节性需求紧迫而不是家庭劳动力供给的短缺，交易主体之间更多的是一种互帮互助的交易行为，并不是市场分工的体现（樊士德，2013）。

第二阶段（1993—2006年）：类市场化交易阶段

1992年国家开始推行市场经济改革，这一时期，劳动力流动政策进一步调整，从控制盲目流动到鼓励、引导和实行宏观调控下的有序流动，开始实施以就业证卡管理为中心的农村劳动力跨地区流动的就业制度（宋洪远等，2002）。与此同时，建立社会主义市场经济体制的改革正式付诸实践。按照符钢战的分析逻辑，中国经济改革的目的是引进市场因素以构造一个更加灵活的经济资源分配体制，而市场的核心就是供给者和需求者按照等价交换原则，决定各自的供给和需求，通过合约建立彼此的关系（符钢战，1991）。人们在过去20年内逐渐累积的对物质激励的微弱感引起经济学关于物质刺激命题的重新辩论，对于个人寻求物质利益是否合理这一问题的探讨逐渐消除人们寻求高报酬的羞耻感和罪恶感，大大增强了居民劳动供给对报酬和福利水平所具有的行为反应，个人选择和收入考虑对劳动供给行为的决定作用日渐增强（沈坤荣和余吉祥，2011）。可以说，市场经济改革突破了家庭式劳动组织分配共同劳动成果的这一非市场特性的集体理性决策原则，取而代之的是具有类市场特性的个体理性决策原则。

在这一过渡阶段，尽管农村劳动市场基于血缘的交易成本很低，但人们的商品意识渐浓进而对经济报酬的敏感度提升，原来不计报酬的人情效益利他式交易行为逐渐减少（冯川，2018）。然而，此时囿于农村土地的产权划分尚不明晰，以及特殊的乡土情结下农村居民对土地的眷恋，外出打工的农家家庭依旧保留耕地并进行农业生产，进而产生对从事农业生产劳动力的需求，并促进农村劳动市场由人格化交易向类市场交易演变。这种转变的内在原因是：一方面，伴随农村剩余劳动力的逐渐转移，农村劳动力呈现老龄化与弱质化的现象，对于外出务工的家庭，留守劳动力已经不能满足土地耕作的需要（陈坤秋等，2018）；另一方面，随着农村人口流动性的加剧以及交易域由血缘地缘向业缘的扩展，熟人社会声誉机制的约束逐渐弱化，仅靠人情关系维持交易的成本大幅上升，农户对人情关系等质交换延时与回报模糊的风险厌恶性增强，从而增加对及时结算的货币工资的需求（罗杰和黄君慈，2005）；更重要的是，劳动力工资水平伴随市场经济发展进而劳动力资源配置优化而提升，人情工资与货币工资的等价性逐渐缺失，市场价格机制的作用开始显现（石晓平等，2004）。

第三阶段（2007年至今）：市场化交易阶段

2006年国家全面取消农业税制度，将延续数千年的农民与土地紧密联系的制度彻底废除，农民发展拥有更多的选择权利与机会，土地耕作不再是农民的必然选项，这将对以农村土地市场为依附的农村劳动市场产生重要影响。此时的人情关系的互利性逐渐被激进的自利性取代（刘津，2020），人情关系的非价格协调机制货币化显现（陈奕山等，2017），进而熟人社会中的集体理性逐渐转向个体理性（李周，2020）。其表现主要是：一方面，人情关系等质交换的弱点与市场经济运行的冲突日益尖锐，农村社区成员的高度流动化加剧了人情关系下雇工劳动延时、模糊回报的负面特征，市场经济对当场清算的呼吁越来越高；另一方面，随着刘易斯拐点的到来，农村劳动力不再过剩（冯必扬，2011），甚至还在城乡劳动力工资差异的影响下变得稀缺，劳动力由买方市场逐渐变成卖方市场。特别是2006年农业税的取消彻底将农民从土地的束缚中解脱出来，以及外部机会的凸显诱致市场原则在熟人之间普及，人情关系下等质交换造成的利益损失强化了人们对人情的抵触心理，情感因素弱化下的经济利益逐渐成为市场诉求的核心（黄光国，2010）。

此时，农户在农村劳动市场上的诉求逐渐锁定在工资的波动上，并基于价格机制建立交易行为，人情关系调节机制的作用进一步减弱，人们对价格弹性的反应趋于平缓。更进一步地，随着农村非正式制度结构向正式制度结构的转变，熟人社会的泛家族化特征越来越突出，使得原有的公共规则与道德基础对人行为的约束力逐渐丧失，基于血缘地缘关系的劳动供给行为在规避监督成本与道德风险上出现新的难题（尚旭东和朱守银，2015）。尽管类工厂化管理与人情效应在一定程度上起到抑制监督成本以及道德风险的作用（马戎，2007），但是，在市场经济下，农户需要为基于人情关系的"求工"行为付出一定的人情成本，因此农户无论是出于成本的考量还是方便的需求，越来越倾向于规避人情的直接雇工（查金祥等，2001）。而这种雇工方式的转变实际上折射出传统乡村人情世故的演变与人们理性的变迁，人们参与市场的模式也将由类市场化交易的人情效益个体理性蜕变为经济利益的个体理性，进而农村劳动市场基本实现正式制度对非正式制度的替代（黄祖辉等，2012）。

三 农村雇工演变的实践逻辑：案例佐证

为了进一步佐证农村劳动市场的演变历程及其逻辑，课题组整合了既有研究相关案例。案例主要源于三份田野调查，一是仇小玲课题组2008年在陕西省大荔县定村进行的乡野调查，该研究自定村实施家庭联产承包责任制后的1983—2008年，时间跨度为25年；[①] 二是任守云课题组2010年在河北省青林县杨乡李村的当期乡野调查；[②] 三是本书课题组2020年5月收集的入村调研数据与访谈资料，该调研搜集1995年、2000年、2010年和2019年全国取样地区的家庭收入与消费，以及村庄劳动力与新型农业经营主体等情况，时间跨度同样为25年。通过对以上三份田野调查的搜集与研判，基本勾勒出我国农村劳动市场近40年的演变历程及其内在逻辑。

（一）重人情轻报酬的免费帮工

仇小玲课题组在对定村编号ZJ-C5-M2的农户访谈中该农户陈述："在刚实行土地承包的时候，邻里以及家里兄弟间的关系都比较好，需要帮忙的时候找人叫一声就行，只要家里不忙基本上都会过来帮忙，也不会计较报酬什么的。"该农户的回答实际上就是实行家庭联产承包责任制初期农村劳动市场行为的缩影，农户之间都是基于相互帮助的免费帮工，农户之间的情感联系代替了实物报酬的索取。当仇小玲课题组调研员把这一现象表述为基于劳动力供需调节的换工行为时，编号BM-C1-M1的定村农户明显表现出不悦情绪："你把这种事叫作换工就难听了，大家都是邻里乡亲，有困难都要相互帮忙的。"这表明当时的农户对市场化劳动力的供需存在抵制，对劳动力的市场价值并不敏感，而对人情的重视则要高于对利益的取得。

虽然当时的农户对经济利益不敏感，但是也遵循一定的法则——互惠性，正如定村编号BM-C2-M1农户所说："别人第一次给你帮忙，第

[①] 该田野调查出自仇小玲2009年著述的《从"叫人"到"雇人"》。

[②] 该田野调查出自任守云2011年在《中国农村经济》第6期上发表的论文《市场化背景下李村的换工与雇工现象分析——兼与禄村之比较》。

二次还给你帮忙，你却从来都不给别人帮忙，大家也就不会再给你帮忙了。"由此可见，如果没有劳动力交换的相互性，这种免费的帮工无法持续。因此，在这种免费帮工行为之间实际上存在另一种形式的工资。"我今年喊他帮忙他不来，等着，以后喊我我也不去"（定村农户 ZJ – C4 – M1）。这种形式的工资是以人为载体的，"记得在种棉花的时候，A 先过来找我帮衬着干活，B 也过来找我帮衬，我先帮了 A 干没有去 B 家，主要是考虑到 B 还有一块地也是种棉花，还有机会去帮忙，先去 A 家再去 B 家两头都能顾上，两家的面子也都有了。但是，B 因为我没有先去她家，就有些不高兴，见面也不搭理。在她家另一块地干活的时候，她没叫我，我自己去了，B 也认识到自己做得太过了，我们就和好了。在村里面要讲究活人的，并不是在意你帮了多少忙，主要是看你去不去"①（定村农户 BM – C3 – M1）。这是附着在人身上的情感联系——人情工资，不要求绝对公平，但是，讲究潜在的回报，受社区声誉机制的约束。

（二）兼顾人情关系的雇佣行为

随着 20 世纪 90 年代国家政策对农民工流动约束的逐渐放松，农村劳动力逐渐大规模往城里转移，农村劳动力逐渐减少。农户间以人情为基础的免费帮工出现了变化，以定村为例：

"农忙的时候，我们这些年轻人找人帮忙还是比较好找的，自己本家的人说一声就来，再加上平时关系比较好的伙计，干活就够了，我平时没事也给他们帮忙，互帮互助嘛"（定村农户 ZJ – C8 – M3）。然而，"现在很少有人给我们这些老人帮忙了！帮忙都是相互的，我年龄大了给别人帮不了什么忙，他们干活的时候也不叫我"（定村农户 ZJ – C10 – M3）。

农村劳动力的外流加重了农活对农业劳动力季节性的需求，虽然年轻人群体之间免费帮工的形式依旧较为普遍，但是，老年人群体间免费帮工的形式大幅减少。老年群体间免费帮工的减少，是由于劳动力交换的质量不对等。此时农户不仅注重农户来不来帮工，而且更注重农户帮工的质量，即注重农户帮工背后蕴含的劳动价值。该现象显著地有别于在家庭联产承包责任制初期的情况——更多是注重农户来不来帮工而非帮工的劳动价值。根据编号 BM – C11 – M3 的定村农户："从大家开始种

---

① 案例中的 A 和 B 均为定村具体村民的替代符号。

苹果以后，这种情况就越来越多了，也没啥办法。"这种现象自20世纪90年代以来就越来越普遍，农户无法通过帮工形式解决农业生产对劳动力需求的群体，转而通过农村劳动市场进行雇工，以完成自家农业生产。与此同时，农村市场雇工行为逐渐兴起。根据定村受雇农户BM - C12 - M1的陈述："人们找我干活主要是因为我干活比较细，有责任心，找我的人也比较多，自己家里平时也没什么事，干活挣点钱。"农户对用劳动换取报酬的抵触心理逐渐弱化。"我找人拉班子给别人干活挣钱，一般跟我的人都是和我平时联系比较勤的"（定村农户GR - C14 - M5），人情关系在传递市场信息中依旧发挥着重要作用。"自己组的人关系都比较熟，平时都是互相帮忙干活的，花钱雇自己组里的熟人总感觉蛮怪的，其他组里的还好一点"（定村农户ZJ - C15 - M6），但是，农户抵触与熟人发生雇佣关系。

（三）即得货币的利益雇佣

作为中国农村经济社会发展的一个缩影，进入21世纪以来，陕西省大荔县定村中年轻人大多出去务工，进一步激化了农业季节性劳动力供需不平衡，截至2008年，定村已呈现老龄化与空心化。此时的雇工行为根据定村农户GR - C17 - M1的表述："他平时都出去干活挣钱了，凭啥我在他家干活就不要钱。"熟人之间的帮工行为已基本上转化成索取货币利益的雇佣关系，劳动力的市场价值已经得到普遍的承认与重视。"有的家里承包了好几十亩地，他们包地本身就是为了赚钱，总不能我就白给他们干活，原来的地都是自家的地，那相互帮忙没什么"（定村农户GR - C17 - M1），追求个人利益最大化的市场经济意识已经在农户之间普及。而据任守云课题组2010年在李村做的田野调查，李村村民王某某妻子表示："现在大家都比较忙，平时有活都是直接雇人。再者，如果不雇人，就会欠人情。"根据该村民所述，现在找人帮忙干活，不仅要提供伙食等一些花销还要欠人情，远不如直接雇工方便。"现在是经济社会了，别人愿意帮忙我们也过意不去，就直接雇人了"（李村村民郭某某）。可见，随着市场经济的发展，以人情关系为基础的免费帮工似乎逐渐消失。

以上关于农村劳动市场的雇佣关系的生成与发展及其特征在本书课题组的调研过程中同样获得支撑。本节利用入村调研数据勾勒出1990—

2019年的人情关系的变化趋势（如图2—1所示）。"人情关系较好"的比重一直呈现下降趋势，从1990年的78.18%下降到2019年的49.01%；"人情关系一般"的比重先升后降，反观"人情关系较差"的比重上升势头较快，尤其是"人情关系一般"的比重下降后。在人情关系质量降低的可能因素（邻里矛盾的积累、收入差距拉大、外出务工长时间不联系）中，外出务工长时间不联系所占比重最高并逐步上升。在市场经济较发达的地区，人情关系较好的比重远低于市场经济相对不发达地区，人情综合得分也较低。由此可见，市场经济的发展对人情关系的变化，起着不可忽略的作用。

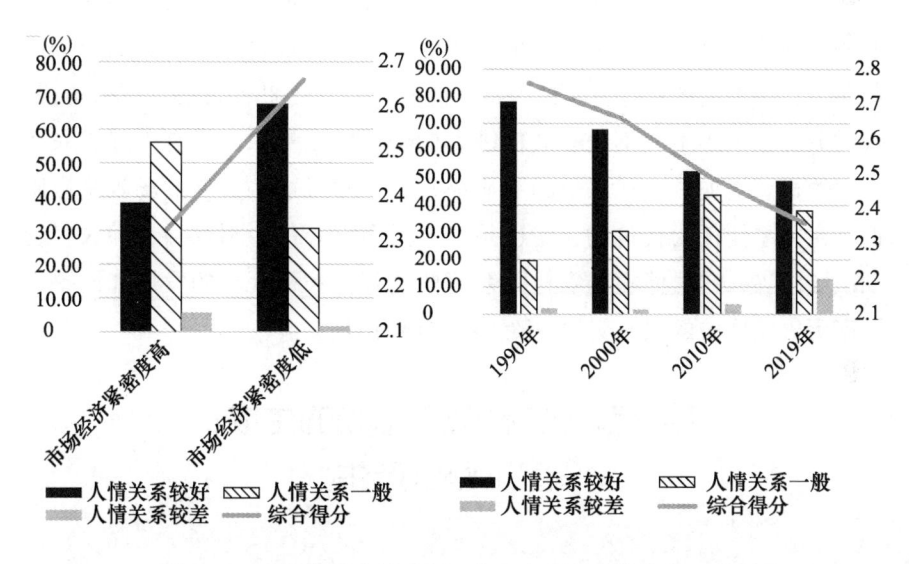

图2—1 人情关系市场分组（左）与历年变化趋势（右）

1990—2000年人情关系变化相对平缓，这一阶段市场经济改革（1992年）总目标刚刚确立，考虑到政策的滞后效应，市场经济对农村社会的影响尚未完全表现出来；而2000—2010年这一阶段，人情关系综合得分下降最快，这一时期是中国市场经济发展最为蓬勃的阶段，人情关系式微也是这一阶段的一大特征；2010—2019年变化趋势中人情关系较差的比重直线式上升，这一比重的大幅上升，说明该阶段人情工资的价值较于之前可能存在本质性改变，这一现象与中国2004年刘易斯拐点到来后市场经济的渗透影响密切相关。这一点也隐含了人情作用将退出市场价格调节的趋势，无论是人情好还是一般，人情关系都可能起到一定的货币替代作用，而当人情关系很差，农户之间交易的人情效应将显著降低。

总的来看，人情关系呈现一种式微趋势，随着市场经济的发展这一趋势逐渐加剧，村民之间的"人情味"逐渐淡漠并将导致其对农村劳动市场工资调节作用的弱化，这也是市场经济逐步完善的客观反映。

（四）案例述评

通过对以上案例的梳理与思考不难发现，农村劳动市场脱生于以人情互助为特征的农村社会，受市场经济改革的渗透，同时鉴于农业生产的自然属性，农业生产面临供需不均衡的现实困境，而人情互助受市场经济思想的影响，逐渐引发个体心理的不平衡，最终，农村劳动市场应运而生，一种新的以等价交换为特征的农村社会由此而形成。不得不说，农村劳动市场的生成不仅有效促进农村经济的发展，而且有力促进农民收入的显著增加、生活水平的明显提升，但同时这些兴盛的场景是以降低农村关系信任为代价的，这也是本书试图阐释的乡村兴替，即农村劳动市场之兴，同时伴随着农村关系信任之替，农村社会的发展如同整个国家历史发展中的兴盛交替一般不断向前发展。

第三节 农村劳动市场的生成：雇工何以产生

一 引言

农业雇工的生产行为是在家庭劳动力不足的情况下农户接续农业生产的有效途径（王颜齐和郭翔宇，2018）。尽管农业雇工现象普遍存在，但是，农户期望通过雇工方式努力获取更多经济报酬的想法往往难以实现（周娟，2017；张露和罗必良，2018）。既有研究表明，我国现阶段农户雇工的工资要远大于农户的劳动日工价（张千友，2011），在统筹了雇工工资与劳动日工价之后，农户自身农业生产的利润几乎为零（李首涵等，2015），究其原因，在于农户雇工行为极大地挤占了家庭农业生产收益，甚至使农业经营产生亏损（任守云和叶敬忠，2011）。一个值得深入剖析的问题是：为什么在雇工生产不盈利甚至亏损的情况下农户依然普遍选择雇工的生产方式？

目前农业雇工生产行为产生的原因主要包括但不限以下三种观点：（1）农业经营活动中劳动力供需结构性矛盾与农业经营活动的机会成本增加共同内生出"雇工式"农业生产模式（任守云和叶敬忠，2011；杨进等，2019；匡远配和陆钰凤，2018）；（2）农户农业生产经营规模的"服务外包"与"雇工经营"在要素匹配上的相互替代（陈昭玖和胡雯，2016；向云等，2018）；（3）户籍制度造成的就业损失（鲁先凤，2008）。以上三种观点，概括起来，主要从农户的外部环境视角考察了农户雇工的原因，比如农业生产经营的农村劳动市场供需矛盾、与其他要素的替代效应，或者城乡户籍制度的就业分割，除农业经营的机会成本外，较少研究从农户的自身条件考虑其雇工的内在原因，因此，从已有文献研究中只能获知农户雇工这一客观现象，却难以理解农户不管是在外部环境冲击下还是内在动力驱使下到底为何选择"雇工"这一农业生产模式？即农户在雇工经营不盈利甚至亏损的情况下为何依然普遍选择雇工的生产方式——这一具有重要现实意义的问题至今仍未得到清晰而准确的回答。在此背景下，本节基于中国家庭金融调查与研究中心（CHFS）公布的调查数据，从家庭劳动力分工视角，站在农民主体性的立场上，系统剖析农户雇工的生成逻辑及其这一选择的经济理性，并实证检验其中的作用机制。本节的研究表明：（1）非农就业转移引致的家庭农业生产劳动力减少是农户产生雇工需求的主要原因，这与既有研究给出的农业经营中农村劳动市场存在供需矛盾的观点是相一致的；（2）农户雇工的生产方式虽然抑制了家庭农业生产收益的提高，但是，促进了农户家庭总收益的提升，该结论是对既有研究的重要补充，同时也从农户自身视角解释了其选择雇工生产模式的经济理性；（3）农户雇工可以有效规避非农就业风险，土地社会保障功能对非农就业引发雇工需求的促进效果解释了上述机制，而养老保障与医疗保障对土地社会保障功能的替代检验也印证了这一点。上述研究结论不仅有助于重新审视农村劳动市场的农户雇工行为，也有助于更深刻地认识乡村振兴中坚持农民主体性原则的必要性与合理性。

二 农户雇工的生成逻辑

农户雇工的产生需要厘清两个问题：其一农户为何雇工？其二农户雇工是否挤压农业生产收益？对前一问题的原因归纳与后一问题的解释总结可以说明农户雇工的决策逻辑及其是否经济理性。

（一）农户为何雇工？

基于家庭劳动力分工的视角，本节拟从家庭留守可支配劳动力约束和家庭转移劳动力为规避非农就业风险而保留农业生产两条路径探讨农户雇工的原因。

1. 农户雇工：家庭留守可支配劳动力约束。自市场经济改革以来，农村劳动力流动政策逐渐发生变化，从控制盲目流动到鼓励、引导和实行宏观调控下的有序流动（宋洪远等，2002）。城乡二元收入差距因劳动力转移引致家庭劳动力分工而持续存在并呈现扩大趋势（余航等，2019），农村劳动力为了获取更多的经济收益而大量外流，非农就业收入已占据农户家庭收入的主导地位。根据中国家庭金融调查与研究中心公开的数据，农户家庭在2014年非农收入占家庭总收入的比重已经高达八成，2015年农村居民非农就业比重已超过70%，并有持续扩大的趋势（王卫东和张林秀，2020）。非农就业对农户人力资本要求较高，年轻且受教育程度相对较高的劳动力大量外流，而以高龄且受教育程度相对较低等为特征的低人力资本群体滞留农村，农村家庭普遍存在半工半耕的分工模式（周娟，2017）。考虑到留守群体人力资本的弱质性使其难以独立完成家庭农业生产，而家庭外务工的劳动力若在农忙季节返乡不仅要支付来回的路费还会失去相应缺工时的工资收入，因此，农户家庭在面临刚性的农业生产劳动力需求时往往采取农业生产雇工等生产外包方式（向云等，2018）。

2. 农户雇工：家庭转移劳动力为规避非农就业风险而保留农业生产。考虑到农村土地流转市场不发达、土地需求群体太少或者是租金收入过低等因素的限制，农户之所以没有选择抛荒是因为现阶段农村半工半耕的家庭有着以下两个显著特点：其一，农户的非农就业面临着严重的风险冲击。进城务工群体多是属于临时工而缺乏必要的就业保障，农户非农就业存在的制度性限制使得城市发展在面临市场风险冲击时往往由农民工返乡进行平滑，在稳定城市发展的同时却加剧了农民非农就业的风险（孙婧芳，2018）。不仅如此，农户在某一非农部门就业达到年龄限制时，往往不能实现就业种类的转变或者获得城市社会保障，大多数境况下只能返乡从事农业生产（张同龙等，2019）。其二，农村土地的社会保障功能。中国现代农业的发展是一种"有产的资本化"，农村劳动力属于"有产小农"而不是无产工人，土地的保障性功能使得农户免于水深齐颈的困境（黄宗智等，2012）。农业生产不仅具有经济效益还起到了社会保障等非物质效应，出于对不确定风险的预防，农户一般不会放弃农业生产（郑阳阳和罗建利，2019）。非农就业风险冲击的增大提高了农户对土地社会保障功能分配的权重（许庆和陆钰凤，2018）。作为一种生产资料的土地，已经不再是一种纯粹的、交易的要素，而是一种承载收入、保障、精神生活等多功能的载体（鲁先凤，2008）。

（二）农户雇工是否挤压农业生产收益？

土地作为农业重要的生产要素其价值受产权不完整等因素的约束无法完全通过市场机制体现（陶善信，2021），致使进行农业生产的农户背负隐形的沉没成本。农村地区不同要素的市场化程度差异较大，农村劳动市场相较于其他要素市场的市场化程度更深，诱致强势的非农就业高工价带动了农业领域雇工成本的结构式攀升（蔡键等，2017）。市场经济重经济分工轻社会分工的意识主导，使得基于户籍制度等歧视性筛选后留守农村参与自家农业生产劳动力的机会成本被严重扭曲（赵志君，2018），农户自身的劳动日报酬远低于农业雇工的日工价成本，有悖于同工同酬的原则（张千友，2011）。在农户不掌握化肥、农药等生产上游以及加工、销售等生产下游的情况下，其经济效益仅仅源自对农业生产环节劳动力的自我占有以及自我剥削（王庆明，2015）。当强势的非农工价入侵到弱势的农业领域，农户以雇工的方式经营农业必然面临由于雇工日工价高于劳动日报酬而产生的亏损。

在雇工生产挤压农业生产收益的背景下，农户之所以没有选择流转土地或者抛荒是因为土地除了作为农业生产资料，还具有社会保障等非经济效益功能，土地的社会保障效应能在一定意义上弥补家庭收益的损失（陶善信，2021）。在这一历史环境下，农户为了追求家庭收益最大化以非农就业作为劳动力配置的首选，倾向于减少家庭农业生产的劳动力投入，但是，基于非农就业风险冲击与土地社会保障功能的考虑又不能完全放弃农业生产（刘莹和黄季焜，2010）。基于农业生产可支配劳动力的约束以及来自非农就业风险的冲击，农户雇工这种有悖于追求农业经营收益最大化的需求悖论得以生成，其逻辑框架如图2—2所示。

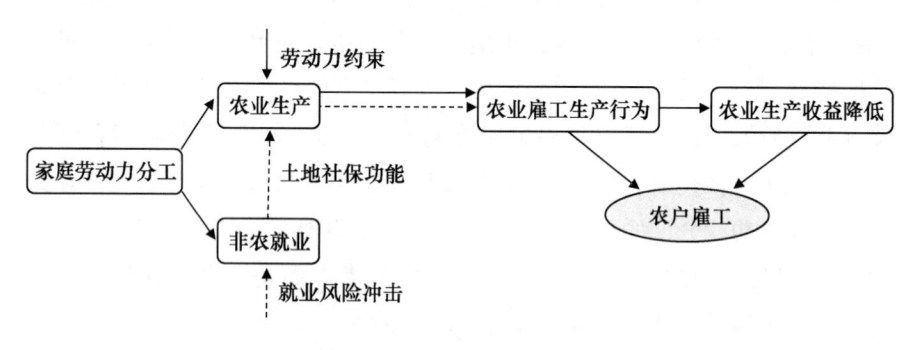

图2—2 农户雇工的生成逻辑

三 数据、变量与模型说明

（一）数据来源

本节以中国家庭金融调查与研究中心（CHFS）公布的2013年、2015年两轮调查数据对上述问题进行验证。该数据对农户家庭的土地承包情况、农业投入成本、农业生产毛收入、从事农业人数、劳动时间分配等信息都有详细的记录，基于此本节以CHFS数据库中2013年受访并在2015年进行追访的农村户籍家庭数据构造两期面板数据。考虑调研数据的干扰性，本节对所获数据进行如下两方面清洗：（1）剔除所有非农业户籍的家庭数据，以防止其对回归结果的干扰；（2）进一步删除所有当年未进行农业生产的家庭数据，不进行农业生产的农村户籍人群不属于本节的考察对象。最终，获得每一年份的有效数据5772份。

根据清洗后数据的统计结果显示，农业生产中雇工经营的方式占比较低，仅为10%；雇工支出在农业总产出与农业毛收入中的比重仅为9.68%与12.71%。在就业与收入方面，农户家庭非农就业的比例已占据家庭总人数的50%，而农业就业的比例仅为30%；以农业毛收入为衡量的农业收入占家庭总收入的比重仅为34.10%，非农就业收入已占据家庭收入的主导地位。对大部分农户（77%）来说，都具有较高的风险厌恶偏好，而社会保障方面，虽然农户参与合作医疗比例较高（72%），但平均每人每月缴纳与领取的养老金数额较小，分别为17.12元与69.92元。

（二）变量界定

1. 被解释变量。由于农户的雇工行为涉及两个问题，其一是否雇工；其二是在决定雇工的基础上确定雇工支出的问题。本节拟分别选用农户家庭在当年农业生产时是否雇佣劳动力和农业雇工当年的总支出作为农户雇工需求的衡量指标。农户发生雇工决策取值为1，反之则为0；农业雇工当年的总支出选择当年农业雇工的实际支出金额作为代理指标。

2. 核心解释变量。为了同时兼顾家庭劳动力分工后劳动力约束与非农就业风险对雇工需求的影响，本节以非农就业比例作为核心考察变量。首先，非农就业转移比例越高，留守农村劳动的比例就越小，能在一定程度上体现劳动力约束的影响；其次非农就业比例越高，说明农户家庭在非农就业部门投入的人力越多，面临非农就业风险冲击的概率就越大。此外，需要考虑农户家庭年龄较大的未成年人和老龄人等对家庭成员就业选择的影响。这部分群体理论上不属于劳动力的范畴，但由于农业部门的特殊性（没有16—60岁劳动年龄的限制），他们也会在必要时参与家庭农业生产，并且影响农户的雇工决策。为此，本节以家庭非农就业人数占家庭总人数比例作为农户非农就业比例的代理变量，该变量不仅可以直接解释家庭非农就业劳动力对农户雇工决策的影响，而且可以间接考虑到上述非劳动力对农户雇工决策的影响。

3. 控制变量。（1）户主层面：考虑到家庭农业生产行为大部分是由户主来确定的，本节拟选取户主的年龄、性别、受教育程度、户主是否上过经济类培训课程进行控制。（2）农业生产方面：土地的规模化经营是农户雇工需求产生的重要原因，本节拟选取农户家庭的人均耕作面积进行控制；为了排除机械对劳动力替代性的干扰，本书拟选取农户家庭当年农业生产机械总价值进行控制；有鉴于农户进行农业生产存在自给自足的成分，以农户家庭当年留存农产品的市场价值进行控制。（3）地区层面：考虑到地区经济差异对农户生产决策的影响，本节以（城乡收入差距）和（农户家庭所处区位）控制这方面的影响。

相关变量及其描述性统计分析如表2—1所示。

表 2—1　　　　　　　　相关变量及其基本描述

变量名称	变量基本含义	最大值	最小值	平均值
是否雇工	当年雇工=1，没有雇工=0	1	0	0.10
雇工支出	当年雇工的实际总支出（万元）	135	0	0.15
非农就业比例	外出务工人数比家庭总人数	1	0	0.50
年龄	周岁	113	4	53.92
受教育程度	1=没上学，2=小学，3=初中，4=高中，5=中专，6=大专，7=大学，8=研究生	8	1	2.53
性别	男性=1，女性=0	1	0	0.89
是否上过经济类课程	上过=1，没上过=0	1	0	0.02
农业机械动力	当年农业生产机械总价值（万元）	200	0	0.34
留存农产品价值	当年留存农产品的市场价值（万元）	480	0	0.45
人均耕作面积	土地面积比从事农业人数	437	0	3.49
城乡差距	省级市的城乡人均可支配收入比	3.8	1.43	2.58
地理区位	1=东部，2=中部，3=西部	3	1	2.07

（三）模型构建

考虑到农户雇工行为可分解为两个阶段，第一阶段考虑是否进行雇工，第二阶段在决定雇工的基础上进一步考虑雇工支出的问题，第二阶段的回归结果必然受到第一阶段选择效应的干扰，即农户是否决定雇工是一个自选择而非随机事件。为了排除农户自选择行为导致的内生性干扰，本节拟采用 Heckman 两阶段估计法。第一步测算相关因素对农户发生雇工行为的影响，构建农户是否选择雇工模型：

$$Probit(Hier_{1it}) = \beta_0 + \beta_1 Out\_Work_{it} + \beta_j X_{it} + Id + year_t + Id \times year_t + \mu_{it} \tag{2—1}$$

进而计算出逆米尔斯比：$imr_{it} = \varphi(\beta_j X_{it}) / (1 - \emptyset(\beta_j X_{it}))$。第二步在添加逆米尔斯比的基础上对模型进行回归，检验其对农户雇工支出的影响：

$$Hier_{it} = \beta_0 + \beta_1 Out\_Work_{it} + \beta_j X_{it} + imr_{it} + Id + year_t + Id \times year_t + \mu_{it} \tag{2—2}$$

$Hier_{it}$ 表示农户 i 家庭在 t 年的雇工需求，包括是否雇工与雇工支出两方面内容，Out_Work_{it}表示农户 i 家庭在 t 年的非农就业比例。X_{it}为控制变量集，μ_{it}为方程的残差项，β 表示变量的回归系数（边际效应）。考虑到遗漏变量等因素可能使得回归结果产生偏差，为了排除家庭层面无法观测的异质性特征，例如农户的社会关系网络、实际劳动生产率等可能导致的估计偏误，本节首先以家庭层面的固定效应（Id）对上述现象予以控制；其次，有鉴于年度非农就业机会等随时间变化的因素可能对估计结果产生的干扰，因而本节以年份固定效应（$year_t$）予以规避；最后考虑到年度非农就业机会可能会与特定的家庭人口特征等因素相结合而产生的干扰，本节考察了年份固定效应与家庭层面固定效应的交互项（$Id \times year_t$），以期排除未观测到的特征变量产生的所有干扰。

四　实证结果的分析与讨论

（一）基准回归

1. 农户雇工的原因检验。基准回归首先从家庭劳动力总体视角考察了农户雇工的原因。其中表2—2奇数列表示家庭非农就业比例对农户雇工需求的影响，偶数列表示家庭非农就业比例对农户雇工支出的影响。回归结果（如表2—2中（1）和（2）列所示）显示，在雇工需求回归模型中，家庭非农就业比例对农户雇工需求具有显著性正向影响。这表明随着家庭非农就业比例的提高，农户家庭具有更大的意愿采取农业雇工的生产方式。在雇工支出的回归模型中，非农就业比例对农户雇工支出具有显著的促进效果。这表明现阶段从非农就业转移视角来看，家庭分工在一定程度上诱致了农户在农业生产时的雇工行为，同时也间接表明家庭农业生产劳动力约束是农户雇工的重要原因。

其次，为了进一步明晰农户雇工的产生原因，本节分别从家庭分工的两个侧面（家庭农业生产人数与非农就业人数）考察其对农户雇工的影响。回归结果表明，农户家庭从事农业生产人数越多农户采取雇工生产方式的意愿越低；当农户家庭有更多的劳动力从事农业生产时，农户的雇工支出将显著降低。即当农户农业生产的劳动力约束被缓解时农户的雇工需求趋向于减少（如表2—2中（3）和（4）列所示）。与此同时，随着农户家庭非农就业人数的增加，农户的雇工需求具有明显上升趋势，即当农业生产的可支配劳动力约束收紧时农户有更多的雇工需求

(如表2—2中（5）和（6）列所示）。

不过值得注意的是，由表2—2中（3）与（5）列回归结果对比可知，当农户农业生产的劳动力约束被缓解时，农户雇工需求的减少程度远大于劳动力约束收紧时雇工需求的增加程度。这表明当外出劳动力返乡进行农业生产后，在抵消基于外出非农就业转移下可支配劳动力约束引致的雇工需求后，综合结果是农户雇工需求有进一步减少的趋势，究其原因可能是源于农业生产劳动力成本的上升，农户倾向于减少雇工，这也符合农户农业生产收益最大化的决策逻辑与理性选择。非农就业劳动力的减少即是农业就业劳动力的增加，这两者是衡量农业生产可支配劳动力约束的正反面，单纯从劳动力约束的角度考虑两者对雇工需求的影响程度并无明显差别。之所以会出现这种现象是因为外出就业劳动力相对于留守劳动力面临非农就业冲击：当农户家庭成员返乡后，不仅缓解了农业生产劳动力约束，而且降低了农户面临的非农就业风险。农户的雇工决策并非仅仅是基于可支配劳动力的考虑，风险冲击因素在其中也起到了举足轻重的作用。

表2—2　　　　　　　　　基准回归结果（1）

变量	(1) $Heir_1$	(2) $Heir_2$	(3) $Heir_1$	(4) $Heir_2$	(5) $Heir_1$	(6) $Heir_2$
非农就业比例	0.78*** (0.12)	0.16* (0.094)				
留守劳动力人数			−0.18*** (0.021)	−0.14*** (0.015)		
外出劳动力人数					0.020* (0.012)	0.0081** (0.0045)
控制变量	Yes		Yes		Yes	
F statistic	22.49***		13002.86***		276577.42***	
Obs	5897		6208		6073	

注：*p<0.1、**p<0.05、***p<0.01；括号内为标准误；$Heir_1$表示是否雇工，$Heir_2$表示雇工支出。实证结果因篇幅所限仅汇报核心变量的回归结果。下同。

2. 农户雇工是否挤压农业生产收益？本节首先以农户是否选择雇工

与农户雇工支出分别对农户家庭农业总产出进行回归,以观测农户现阶段的雇工需求对农业产出的影响。雇工需求和雇工支出(表2—3中(1)和(2)列)分别在90%、99%的显著水平上负向影响农业总产出,表明现阶段农户雇工行为并不是以农业产出最大化为导向,农户雇工行为在一定程度上反而抑制了农业产出的增加。其次有鉴于农业净利润核算的困难,为了更进一步考察雇工决策对农户农业生产收益的影响,本节对农户是否选择雇工与农户雇工支出对家庭农业毛收入进行考察。结果显示(如表2—3中(3)和(4)列所示)农户雇工和雇工支出均在95%的显著水平上负向影响农户家庭农业毛收入。总的来看,现阶段农户雇工行为并不利于增加农业总产出,而且挤占农业生产收益,显著有悖于以雇工方式扩大农业生产规模以期追求农业生产收益增加的一般路径,即农户农业生产存在事实上的农户雇工悖论。

考虑到农户可能为了获取更多的农业生产收益而进行农业雇工,即农业雇工行为存在内生性干扰。本节借鉴余航等(2019)的做法,选取同一城市其他家庭雇工需求加总后的平均值作为农业雇工的工具变量,同一地区的集聚数据能够较好地满足工具变量的外生性与相关性。表2—3中(5)和(6)列回归结果显示,F统计量显著,表明不存在弱工具变量问题。同时,工具变量的回归结果表明,农户雇工需求对农业生产收益的影响与基准回归结果相一致。

表2—3　　　　　　　　　基准回归结果(2)

变量	农业总产出		农业毛收入		Ⅳ-农业总产出		Ⅳ-农业毛收入	
	(1)	(2)	(3)	(4)	(5)	(6)	(7)	(8)
是否雇工	-3.43* (2.02)		-4.15** (1.81)		-2.66** (1.19)		-26.28 (10.43)	
雇工支出		-1.13*** (0.69)		-1.21** (0.51)		-2.10** (0.36)		-2.68* (1.39)
控制变量	Yes		Yes		Yes		Yes	
个体固定效应	Yes		Yes		Yes		Yes	

续表

变量	农业总产出		农业毛收入		Ⅳ-农业总产出		Ⅳ-农业毛收入	
	(1)	(2)	(3)	(4)	(5)	(6)	(7)	(8)
时间固定效应	Yes		Yes		Yes		Yes	
交互固定效应	Yes		Yes		Yes		Yes	
F statistic	12.02***	84.94***	15.64***	29.55***	2706.00***	5876.78***	6463.87***	2132.55***
Obs	5801	5779	5801	5802	6086	6363	4120	5856

（二）机制检验

农户雇工的生成逻辑中，在农户雇工已经负向影响其农业生产收益的条件下，农户为何雇工是理解农户雇工的关键。进一步地，从家庭劳动力分工视角来看，家庭留守劳动力（从事农业生产的劳动力）的约束导致农户产生雇工需求比较容易理解，而家庭非农就业劳动力转移如何导致农户产生雇工需求则是机制检验中需要重点厘清的问题。为此，需要解释的是：非农就业导致家庭农业生产劳动力减少，进而产生雇工需求；反之，保留农业生产是不是农户为了规避非农就业风险而选择的行为？前者也比较容易理解，因而本节的机制检验主要针对保留农业生产是不是农户为了规避非农就业风险而选择的行为。

1. 保留农业生产是不是农户为了规避非农就业风险而选择的行为？调研数据中农户对风险的规避程度是衡量农户风险规避倾向的重要指标，风险规避程度在1—5中取整数，数值越大农户的风险规避性越高。本节以农户风险规避程度变量选项中"平均风险、平均回报"（数值为3）为分界线，把农户分为风险偏好组和风险规避组进行对比回归。相对于规避组而言偏好组受到非农就业风险冲击的影响较小，能在一定程度上体现纯粹劳动力约束对雇工需求的影响。回归结果表明，风险规避组中（表2—4中（1）和（2）列）非农就业比例在95%的水平上显著促进雇工需求的产生；而风险偏好组中（表2—4中（3）和（4）列），非农就业比例对农户的雇工需求没有显著的影响。这表明仅考虑可支配劳动力约束因素并不能引发雇工需求，只有当农户家庭成员非农就业转移后基于对风险规避的考量，此时的家庭农业生产劳动力约束才会引发雇工需求。在没有风险冲击的环境中由于农业收益相对微薄，当农户无法兼顾外出非农就业与农业生产时，家庭可支配劳动力的约束迫使农户放弃农业生产，进而出现土地撂荒或流转。

农户对风险的态度也侧面反映了农户感知到的风险，等同情况下风险规避型农户感受到的风险大于风险偏好型，即农户风险偏好程度也能在一定意义上表征农户受到的非农就业风险冲击。为此本节从非农就业比例与风险冲击（风险规避）交互项的作用效果中考察上述机制。回归结果显示（表2—4中（5）和（6）列），非农就业比例对雇工需求的影响在两个方程中都由之前的正向显著变为不显著，表明在排除了非农就业转移面临的风险冲击后，单纯的可支配劳动力约束不足以引致雇工需求；交互项的系数无论是在雇工需求的方程中还是雇工支出的方程中，都在90%的置信区间上通过了显著性检验。这表明农户受到的风险冲击越大非农就业转移越容易引发雇工需求。上述结果验证了本节之前的分析：非农就业引发的雇工需求是出于风险规避的目的，即农户规避非农就业风险冲击的选择是非农就业转移引发雇工需求的主要渠道。

更进一步地，风险规避机制的立足点在于土地具有的社会保障功能，在其他条件不变的情况下土地社会保障功能作用的上升，非农就业转移引发的雇工需求必然会随之增加。根据陶善信（2021）的研究，在土地具有的保障功能与农业生产功能中，保障功能属于非市场性的，实质是指无论在什么情况下都能满足农民最基本的温饱需求。本节虽然无法度量温饱的水平，但是当土地仅有保障功能时，所有的农业产出都会用于维持自身的生存。从这一点出发，农户家庭农业产出中自给自足的部分能在一定意义上表征土地的社会保障功能，留存农产品的比例越高，农业生产的经济动机就越弱，而保障动机就越强。表2—4中（7）和（8）列报告了土地的社会保障功能对非农就业转移的影响，结果表明农户非农就业转移在诱发农户采取农业雇工的生产行为上与土地的社会保障功能有着显著的（99%的显著水平）正向协同作用。对于土地的社会保障功能相对较高的农户来说，等同的非农就业转移人数更能激发农户采取雇工的生产方式；并且在雇工支出的方程中，这一正向协同作用在95%的显著性水平上也通过检验。该结果表明从土地社会保障功能的视角来看，非农就业出于规避风险而引发雇工需求的传导机制是可信的。

表2—4　　　　　　　　　　风险规避机制检验

变量	(1) Heir₁	(2) Heir₂	(3) Heir₁	(4) Heir₂	(5) Heir₁	(6) Heir₂	(7) Heir₁	(8) Heir₂
非农就业比例	2.76** (1.38)	0.48** (0.22)	−0.050 (0.098)	−1.50 (1.22)	−0.082 (0.88)	−0.29 (1.46)	0.49*** (0.15)	0.22* (0.023)
非农就业比例×风险冲击					0.14* (0.077)	0.20* (0.128)		
非农就业比例×土地保障							0.069*** (0.023)	0.078** (0.030)
控制变量	Yes		Yes		Yes		Yes	
个体固定效应	Yes		Yes		Yes		Yes	
时间固定效应	Yes		Yes		Yes		Yes	
交互固定效应	Yes		Yes		Yes		Yes	
F statistic	253.24***	5.81***	28.97***	281.44***	190.93***	4.86***	248.50***	5594.25***
Obs	5118	5535	1006	731	6969	6234	5764	6214

2. 竞争性假设的排除性检验。出于对其他竞争性原因的考虑，本节将进一步检验农户雇工的作用机制。

（1）对规模化经营的排除性检验。土地的规模化经营必然使得单个家庭劳动力无法满足农业生产的要求，从而催生雇工需求。农户向非农就业的转移会促进土地流转概率的提升，进而增加土地的规模化经营趋势（许庆等，2020）。因此，农户家庭成员非农就业转移能够促进土地流转，进而引致农业生产规模化，并最终促进雇工需求的产生。为了验证这一机制是否是引致雇工需求的主要渠道，本节选取农户家庭当年是否出租土地、是否租入土地作为土地流转的变量，租入/租出土地取值为1；反之则为0。并从非农就业比例与是否租入/租出的交互项的影响中识别上述机制。

非农就业比例与是否出租土地的交互项无论是在雇工需求还是雇工支出的模型中都没有通过显著性检验（表2—5中（1）和（2）列），表明农户家庭成员往非农就业转移没有通过促进农户租入土地的方式而引起雇工需求。与此同时，非农就业比例与是否出租土地交互项的结果（表2—5中（3）和（4）列）显示，该因素对农户的雇工需求同样没有显著的影响。即农户家庭成员向非农就业的转移并没有通过土地流转引发土地规模化经营进而促进雇工需求的产生。这表明现阶段我国农户并没有走上通过农业雇工的方式努力扩大生产规模，以追求递增的农业生产收益的道路。

（2）对农业补贴效应的排除性检验。农业补贴或将因改变农户生产的边际曲线而致使农业收益高于市场机制下的价格曲线，进而增大农业生产供给的倾向，并使得生产等可能点高于社会最优点。原本在雇工生产方式下面临亏损而不得不退出市场的农户家庭，由于农业补贴的存在，这一部分亏损被政府以非市场性的手段予以弥补，从而致使该经营方式得以存续下去。从经济学意义上说，农业补贴作为一种非生产性的转移支付，或将导致市场上农业生产的供给大于农业生产的需求，进而使得外出务工家庭在获取农业补贴后有足够的收益采用雇工的生产方式。

本节以农户家庭当年实际获得的农业补贴总额（万元）作为农业补贴的衡量指标。非农就业比例与农业补贴交互项的回归结果（表2—5中（5）和（6）列）显示，在雇工需求模型中交互项并没有表现出预期的显著性，在雇工支出模型中交互项的系数也不显著。这表明农户非农就业的转移并没有在获取农业补贴后而有动机地去增加雇工需求。究其原因，可能是农业补贴的补贴范围分散、补贴额度较小等一系列问题，对农业生产的激励不足（高鸣等，2016）。

表2—5　　　　　　　　　竞争机制检验

变量	(1) $Heir_1$	(2) $Heir_2$	(3) $Heir_1$	(4) $Heir_2$	(5) $Heir_1$	(6) $Heir_2$
非农就业比例	0.85 ** (0.31)	0.44 ** (0.19)	1.03 *** (0.22)	0.53 * (0.31)	0.99 *** (0.19)	0.58 * (0.31)
非农就业比例× 是否租入土地	0.61 (0.62)	−1.98 (1.23)				

续表

变量	(1) Heir₁	(2) Heir₂	(3) Heir₁	(4) Heir₂	(5) Heir₁	(6) Heir₂
非农就业比例× 是否出租土地			0.00016 (0.0050)	0.000054 (0.000070)		
非农就业比例× 农业补贴					0.30 (0.56)	0.37 (0.63)
控制变量	Yes	Yes	Yes	Yes	Yes	Yes
个体固定效应	Yes	Yes	Yes	Yes	Yes	Yes
时间固定效应	Yes	Yes	Yes	Yes	Yes	Yes
交互固定效应	Yes	Yes	Yes	Yes	Yes	Yes
F statistic	39.35***	110.66***	43.60***	8490.33***	48.04***	9631.01***
Obs	5801	5802	5801	6264	5801	6262

（三）进一步讨论

既然农户雇工并不利于其农业生产收益的最大化，那么农户依然选择雇工是否存在一定的合理性？进而是否存在可以支撑的经验证据？

1. 农户雇工的合理性检验。农户雇工单从农业生产收益来看，并不是农户的最优决策，但是从家庭总收益来看则是合适的，这里面一个重要的原因可能是非农就业，一方面导致家庭农业生产劳动力降低进而产生雇工需求，但同时解放了农业生产的劳动力；另一方面非农就业带来更多的家庭收益，从而说明农户雇工的合理性。农户在外出就业后不愿意返乡进行农业生产而采取雇工的方式，是因为返乡造成的收益损失大于雇工成本。为了探讨农业雇工决策是否能获得更高的非农就业报酬以补偿农业经营的亏损，本节从家庭总收入（包括农业经营收入，也包括非农就业收入）视角进行侧面验证。

回归结果（表2—6中（1）、（3）列）显示，农户雇工行为的发生在95%的显著性水平上正向促进家庭总收入的提高；雇工支出的回归结果也表明农户雇工显著地促进家庭总收入的增加。此外，为了检验农户雇工行为是否是通过解放农业生产力使其从事收益更高的非农行业以提高家庭总收益的路径，本节进一步从非农就业比例与雇工需求交互项的影响中进行观测。交互项在两个模型中对家庭总收入的提高产生了显著性抑制作用,而雇工需求对家庭总收入的影响由之前显著的正向促进作用变为不显著。这一结果恰恰说明,基于非农就业转移引致的雇工需求不利于家庭总收入的提高。雇工需求对家庭总收入提高的促进效用更多是对家庭农业生产劳动力的释放,使得更多的劳动力能从事非农行业,以更高的非农就业报酬补偿农业经营的亏损。单纯追求家庭收益最大化的目标使得理性农户更加倾向于放弃农业生产。非农就业比例与雇工需求交互项的负向影响也体现了农业收益相对于非农就业的收益微薄的客观事实。

表 2—6　　　　　　　　雇工需求对家庭总收入的影响

变量	家庭总收入			
	(1)	(2)	(3)	(4)
是否雇工	6.97** (2.63)	2.07 (3.22)		
非农就业比例× 是否雇工		-11.19* (6.72)		
雇工支出			3.20** (1.56)	-0.85 (1.59)
非农就业比例× 雇工支出				-2.92** (1.31)
控制变量		Yes		Yes
个体固定效应		Yes		Yes
时间固定效应		Yes		Yes
交互固定效应		Yes		Yes
F statistic	221.45***	1.78*	781.07***	22.01***
Obs	6121	5875	6262	6234

综合上述分析,现阶段农户雇工行为在抑制家庭农业经营收益的同时,显著地促进家庭总收入的提高。从这一点来看,农户雇工的需求悖论也有其存在的合理性,可以说,农户的雇工决策是半工半耕家庭分工模式下的理性选择,即尽管农户雇工降低了"半耕"的农业收益,但通

过对农业劳动力的解放间接促进了"半工"的非农收益，并且总体上提高了家庭的总收益。

2. 社会保障对农户雇工需求的影响。如果雇工需求随着劳动力非农就业转移的出现，是出于土地社会保障功能的风险规避而非经济利益最大化，那么当土地的社会保障功能被替代时，农户的雇工需求理应随之变化。基于此，本节从土地社会保障的替代选项——农村养老保障和医疗保障的视角进行考察，进而从侧面印证农户雇工的现实合理性。

第一，养老保障。农村基本养老保险的普及必然会削弱土地社会保障功能的作用，从而使得等同的外出务工人口引发更少的雇工需求。根据政策规定只有到达一定的年龄界限才可以领取养老金，而在这一年龄界限之前只能缴纳养老保险金。基于此，本节把农村基本养老保险的作用效果分开进行考察，选取农户家庭成员当年平均每人每月缴纳的养老金与农户家庭成员当年平均每人每月领取的养老金作为代理变量。无论是缴纳养老保险金还是领取养老保险金的回归结果（如表2—6中（1）和（3）列所示），都在95%的显著水平上显示非农就业比例与养老保障存在显著的负向协同作用，即相较于参与农村基本养老保险的农户，未参与者在等同的非农就业转移人数情况下更加倾向于采取雇工经营的生产方式。此外参与农村基本养老保险还起到显著抑制农户雇工支出的效果（如表2—7中（2）和（4）列所示）。

第二，医疗保障。医疗保障与养老保障的作用机制相同，但是新型农村合作医疗保险属于对未发生疾病的预防保障，其具体的保障效果需要视是否发生某种疾病而定，相较于确定性的养老保险，医疗保险具有极大的不确定性。因而本节选取农户家庭成员是否购买新型农村合作医疗保险，而不是具体的医疗保险缴费或是医疗保险报销金额。购买医疗保险取值为1；反之则为0。医疗保障的回归结果与养老保障的回归结果基本一致（如表2—7中（5）和（6）列所示），都与非农就业转移存在显著的负向协同作用。但是医疗保障相较于养老保障对非农就业引发雇工需求的影响效果更大，这表明农户重视医疗保障甚于养老保障；不过两者都不及土地社会保障功能的影响，侧面体现了中国农村地区社会保障体系尚待进一步完善与加强。

表2—7　　　　　　　　　　　社会保障检验

变量	(1) Heir$_1$	(2) Heir$_2$	(3) Heir$_1$	(4) Heir$_2$	(5) Heir$_1$	(6) Heir$_2$
非农就业比例	0.78** (0.33)	0.31*** (0.0094)	0.32* (0.18)	0.33** (0.16)	0.68* (0.23)	0.39* (0.022)
非农就业比例×缴纳养老金	-0.0065** (0.0020)	-0.0084*** (0.0043)				
非农就业比例×领取养老金			-0.0062** (0.0023)	-0.0038*** (0.00084)		
非农就业比例×医疗保障					-0.018** (0.011)	-0.035* (0.0036)
控制变量	Yes	Yes	Yes	Yes	Yes	Yes
个体固定效应	Yes	Yes	Yes	Yes	Yes	Yes
时间固定效应	Yes	Yes	Yes	Yes	Yes	Yes
交互固定效应	Yes	Yes	Yes	Yes	Yes	Yes
F statistic	3.90***	7563.73***	18.32***	10.73***	1.90*	5.23***
Obs	6329	6073	5886	5856	6546	5915

五　研究结论及其政策含义

本节从家庭劳动力分工视角阐释了农户雇工的生成逻辑及这一行为的经济理性。在城乡收入差距的影响下，农户倾向于非农就业转移以提高家庭收入。考虑到家庭劳动力总量约束，非农就业一方面因引致家庭农业生产劳动力减少而无法完成农业生产；另一方面因城市就业岗位的不稳定以及土地的社会保障功能促使农户无法完全放弃农业生产。对非农就业风险冲击的规避与农业生产可支配劳动力的约束，农户产生一种有悖于追求农业生产收益最大化的雇工需求。实证结果支持了上述逻辑，即非农就业劳动力转移引致的家庭农业生产劳动力降低是农户雇工的主要原因，同时现阶段农户雇工的生产方式存在挤压农业生产收益的效应。进一步讨论发现，农户雇工在一定程度上通过对农业生产劳动力的释放而促进了家庭总收入的增加，这表明农户雇工具有其存在的合理性。与此同时，随着土地社会保障功能的提升，非农就业转移引发悖论性雇工需求的倾向逐渐增大，而医疗保障与养老保障的完善有助于减少这种雇工需求的发生，该结果表明，农户悖论性的雇工需求更多是出于防范风险的目的而非经济收益。

上述研究结论具有较为丰富的政策含义。一方面培育规范的农村劳动市场。基于城乡收入差距，非农就业转移是农户实现家庭收益最大化的理性选择，但选择的一个重要影响是家庭农业生产劳动力减少，这将引发农村农业生产产生劳动力的刚性约束，而农业雇工的生产方式为这一约束提供解决方案。如何规范农户雇工的生产方式不仅是保障农业生产的重要途径，也是促进家庭劳动力更加合理分工的重要选项。另一方面完善农村社会保障体系。在其他制度性约束无法改变的条件下，土地的社会保障功能虽然使农户免于水深齐颈的困境约束，但同时也使得我国农村经济的发展难以摆脱土地细碎化的泥潭。如何实现对土地社会保障功能的替代，是当下解决小农困境的重要途径。实现农村地区正规社会保障对非正规社会保障的替代将有助于理性的小农基于家庭收益最大化的考虑而选择非农就业。而随着农村劳动力非农就业的转移，这或将为促进农村土地流转实现规模化经营提供重要条件，进而促进农村经济良性发展。

第四节 农村劳动市场工资决定：人情关系视角

一 引言

在改革开放早期的农村短期"雇佣"行为中，普遍存在不收取货币或实物报酬的零工资现象，此时经济学意义上的农村劳动市场并不存在，市场上的短期"雇佣"行为之间没有劳动力与货币利益的交换。但是，随着市场经济的发展，零工资的现象逐渐消失（仇小玲和屈勇，2008），以利益交换为特征的农村劳动市场逐渐形成。不同行为规则的普遍性是由不同经验规则的相对收益决定的（Cosmides & Tooby, 1989），因而有学者认为早期不收取工资的现象不是一种真正意义上的免费，而是另一种形式的工资——人情工资（陈奕山等，2017）。想要厘清农村劳动市场的发展逻辑，人情关系的作用至关重要。已有研究尽管意识到熟人社会是达成农业雇工行为的主要信息传递渠道，基于熟人社会差序格局下的人情关系，无论是对雇工行为的达成还是均衡价格的产生都有着不可忽略的影响（石弘华和杨英，2005），但人情关系到底如何影响农村劳动市场的工资决定尚需要进一步完善其内在机理和检验其影响效应。为此，本节拟从人情关系视角考察农村劳动市场，尤其关注人情关系如何影响农村劳动市场的工资决定。基于乡村振兴的背景，本节的研究价值与意义在于：一方面透过农村劳动市场的工资水平（市场均衡）考察农村劳动力的需求与供给可能存在的问题，该问题是针对相关研究存在的可能缺陷的有益补充而具有一定的学理价值；另一方面传统的农村关系信任在市场经济渗透的冲击下对农村劳动市场工资的影响日渐衰弱，其中可能的原因及其机理是值得深入考察的重要问题，该问题可能有助于重建农村劳动市场进而振兴农村经济，也可能有助于明晰农村关系信任的构建模式进而促进城乡融合。

相较于现有研究成果，本节的边际贡献可能有两点：一是一定程度上弥补了农村劳动市场工资研究的缺失。考虑到历史因素导致的城乡二元结构的现实约束，已有研究大多将研究重心放在城市劳动市场上。与此同时，农村劳动市场的研究受特殊的人力资本结构、农时和具有差序格局特征的人情关系所影响而不能照搬城市劳动市场的研究方法。本节以供求均衡的经济学分析范式，结合农村劳动市场的人力资本特殊性与农业生产活动的特殊性，实证检验了农村劳动市场工资的决定因素，得出诸多与城市劳动市场不尽相同的结论。二是探讨了人情关系影响农村劳动市场工资的传导机理。之所以重点分析人情关系的工资效应是由农村特殊的乡土关系所决定的。人情关系受价格机制调节的影响，短期内对农村劳动市场工资具有显著抑制作用，而在农村劳动市场的长期发展过程中则呈现逐渐弱化的动态变迁。既有研究对人情关系的探讨多是集中在生活领域，对生产领域的涉猎较少，部分研究探讨了人情关系对农业劳动力市场的影响，但多是侧重于市场行为的产生，较少涉及其对均衡价格的影响。虽有研究讨论了农村土地市场上人情关系的价格效应（陈奕山等，2017），但是，对这种价格效应在农村劳动市场的调节机制尚没有形成一致的结论。因而本节研究在一定程度上有助于学术界对人情关系的再探索，这也是本节研究的重点与难点。

二 机理分析与研究假说

(一) 人情关系——调节资源的一种机制

市场价格机制虽然是一种低成本配置资源的机制,但是,现实中个体行为并不完全满足主流经济学理性人和有效市场的假设,在正式制度的约束之下,非正式制度也起着一定的作用(罗杰和黄君慈,2005)。鉴于中国农村的乡土性,熟人社会中的人情关系不仅仅是人们交往的行为准则,还在一定程度上起着配置社会资源的功能,无论是零租金土地流转中的人情租(陈奕山等,2017),还是资源协调机制(刘津,2020),都印证了人情关系对资源再分配的影响。在市场机制缺失的年代,人情关系在中国农村社会是类似于价格机制调节资源配置的方式。虽然人情关系对于农村劳动市场或可节省成本,或可获取更大的利益,但是,人情关系作为一种协调机制,它的运行也是有成本的。鉴于人情关系与市场价格机制是并行的(刘津,2020),价格机制调节劳动力配置的收益,也即人情关系协调机制的机会成本,随着市场价格机制配置资源效率的提高,人们通过市场经济获得的收益越高,人情关系调节资源配置的成本也随之越高。

当农户 C 需要农业雇工时,他会在市场上或人情圈发出求工的信号,农户 D 作为用工供给方收集来自人情圈与市场上的各种求工信号,并对两者之间收益的大小进行比较,当基于人情关系协调机制的收益大于价格机制的收益时,农户 D 将选择与农户 C 通过人情关系协调机制展开雇工合作,并向农户 C 发出受雇意愿的反馈信号,此时农户 C 与农户 D 就农业雇工达成一致,农户 D 选择收取零工资,但是,农户 D 通过人情关系协调机制可以对回报有一个稳定且合理的预期,预期农户 C 会在未来的某一时间通过人情的方式予以有限的回报,或免费为自家帮工,或照顾自家老幼,或馈赠农产品等。通过人情关系机制的协调,农户 C 会在未来根据自己的情况以及农户 D 付出劳动量的大小提供有限的回报,如果农户 D 认为自己付出劳动的价值大于农户 C 给予的回报,农户 D 就会终止这种形态的雇工关系;反之农户 C 也会放弃人情关系机制,转而选择市场价格机制的雇工模式。

(二) 人情关系调节的特殊性

无论是人情关系调节的雇工行为，还是价格机制支配的劳动市场，其本质都是一种交换行为。市场中的交换以等价原则进行，人情中的交换以等质原则为核心；等价交换重物轻人讲究的是资本与劳动力的回报，等质交换重人轻物更看重情与义的联系。这两者表面上异质，实质上同质，都要求一个"等"字（王铭铭，1997），只是二者的价值取向不一样，市场经济注重眼下的利益，人情关系更多考虑的是人与人之间的联系。

但是，以人情为基础的交换行为并不是一种精确即时的交换，人情关系的非当场清算性，恰恰是人情关系运行的关键（翟学伟，1993）。人情关系中这种互相拖欠的情谊是一种报，报是人情关系的基石，投之以桃自当报之以李（李庆真，2003）。礼尚往来的中国文化隐含式地强调受施者要对施者予以回报，否则受施者便会受到声誉机制的抨击，其社会行动必然会碰到无形的人情之壁（黄光国，2010）。有别于市场经济的交换，个体在给别人送人情的时候，不能在明面上要求对方给予回报。此外，对受施者什么时候回报以及以何种形式进行回报也没有明确的预期，基于人情关系的回报即交换存在着较大的不确定性，这种交换是一种延时的交换、模糊的交换、基于道德约束的交换，是熟人社会中特殊主义的交换（冯必扬，2011）。这种交换是在熟人社会封闭的系统中运行的，交换的稳定性至少需要两次的循环，才能实现重复博弈的均衡（翟学伟，2004）。

（三）人情关系与农村劳动市场工资演变

农村劳动市场的均衡工资由人情工资与货币工资组成，受人情关系与市场价格机制调节的影响。无论是人情关系机制还是市场价格机制都是一种行为规则，不同行为规则的普遍性是由不同经验规则的相对收益而决定。人们对人情关系与市场价格的选择也取决于两者收益的差异，当农户之间产生农业雇佣关系时，选择人情工资的机会成本是价格机制中货币工资的最高收益。从显示偏好的角度分析，农户之所以选择不确定性的人情工资是因为其效用大于确定性的货币工资。这种现象有其深层次的原因：一方面，在就业机会缺乏的情况下，农村劳动力边际报酬低甚至为零；另一方面，如果存在雇工需求的农户较少，而与之相对的却是大量的潜在劳动力,为了能够在熟人社会中更好地与人相处、获得更高的声誉或者在需要帮助时能有人帮忙,农户一般放弃较低的货币工资,选择通过人情关系调节机制实现利益最大化。随着市场经济的发展以及劳动力流动带来的影响,人情关系与市场价格机制的相对收益逐渐变化,农户之间的雇佣形态逐渐由人情向市场转化。

1. 互帮互助式交易阶段:人情关系主导下零货币工资的形成逻辑

这一阶段农村经济发展刚从计划经济的束缚中挣脱出来,虽然农户具有配置劳动力资源的自主权,但是,此时的市场经济体系尚未建立,价格机制还未形成。倡导不计报酬的劳动供给行为对经济利益的反应缺乏弹性,单纯依靠价格机制无法满足交易的有效需求,交易双方凭借原有的路径依赖选择其他传递信息的渠道。其中人情关系就是熟人社会中一种非价格市场资源调节机制。一方面,传统农村小农经济的封闭性和人员的低流动性共同形成熟人社会中道德与声誉的约束机制,这一互惠互利式的公共规则促成供求双方在这种环境中达到一种重复博弈的均衡。另一方面,市场经济制度的不完善、就业机会的缺乏、劳动力价格低廉的情况下,对不确定性的人情工资的诉求明显大于确定性的货币或实物工资,人情关系主导着农村雇工关系的达成。综上所述,这一时期的劳动交换行为并不是以经济利益而是以人情关系为纽带进行的,进而形成以人情关系为主导的人格化交易的零货币工资。

2. 类市场交易阶段:人情关系抑制价格机制下的工资定价

伴随着市场经济改革的逐步推进,农村人口的流动管制逐步放开进而流动性显著增强。与此同时,乡镇企业蓬勃发展,基于血缘地缘的熟人社会逐渐转变成半熟人社会。更为重要的是,劳动组织财富是个人收益唯一增长的观念被进一步打破,以谋求个人经济报酬增长的劳动供给行为日益成为劳动供给的主流共识。相较于农村人格化交易,此时的交易呈现三个特点:一是半熟人社会交易信息的不对称与不完备导致基于熟人社会道德与声誉约束机制的逐渐弱化,仅靠人情关系维持交易的成本上升,原有重复博弈的均衡被打破;二是人们对人情关系等质交换延时与模糊回报的风险厌恶感增强,进而激发对稳定的现时经济利益的诉求;三是市场经济的发展带来更多的就业机会,劳动力的报酬随着劳动力资源的配置优化而提升,进而人情关系的等质交换的基础丧失。因而这一时期的人情关系不再是指导人们生活逻辑与经济逻辑的主导准则，但受市场经济的不发达以及信息传递困难的约束，价格机制运行的成本依旧很高。农村劳动市场此时处于既受人情关系互利性的影响也有价格机制自利性的激励的类市场交易阶段，人们的交易行为在人情关系的基础上附加一定的货币工资需求，或者说农村劳动市场的工资定价融入了受人情关系抑制的价格机制。

3. 市场化交易阶段：人情关系弱化价格机制主导下的工资定价

这一阶段城镇化率的提高以及农民进城落户与打工比例逐年上升，农村半熟人社会非正式制度的约束进一步减弱，特别是市场经济发达的地区空心化严重，基于人情关系的等质交换与市场经济的价格机制冲突日益严重，农村市场逐渐演变成价格机制主导的契约社会。首先，价格机制对当场清算的需求在面临人情关系下雇工劳动延时与回报模糊的交易约束下不断扩大。其次，随着刘易斯拐点的到来，农村劳动力在城乡二元经济工资差距的影响下逐渐稀缺，劳动力由买方市场逐渐变成卖方市场，供求双方关系出现新的变化。即使熟人交易同样遵循市场原则，人情关系下等质交换造成的经济利益损失使人们有意无意地逃避人情的在场，基于经济利益的个体理性逐渐成为人们交易行为的行动逻辑。最后，在农村劳动市场上，交易行为主要通过价格机制确定供给方与需求方的经济联系，人情关系调节机制的作用进一步弱化，农村雇工关系由类市场化阶段转向市场化阶段。

基于此，本节提出人情关系在农村劳动市场上的三个研究假说：

假说1：人情关系对农村劳动市场上的货币工资有显著的抑制作用。

假说2：人情关系对货币工资的抑制作用是通过人情工资机制的替代效应达成的。

假说3：人情关系随着市场经济的发展对农村劳动市场均衡工资组成的长期影响呈现逐渐弱化的动态变迁趋势。

三　数据来源与统计分析

（一）数据来源

本节的数据来源于课题组的入村调研数据，其基本概况详见第一章中的"数据来源"的介绍。

（二）统计分析

农户市场参与约束的描述性统计分析（如表2—8所示）表明，农户种地虽然还有一部分自给自足（34.72%）的因素在内，但是更多的是获取经济收入（61.81%）。从雇主农户的需求角度来看，一方面，其雇工动机主要是受家里劳动力数量不足（62.96%）和农时（29.63%）的约束。农业种植有别于一般的工业生产，受季节影响的时效性较大，有农时与农闲之分，在农时农活比较集中，并且要在一定的时间内干完否则影响收益，而雇主短时间干完农活的需求其本质上也是劳动力的匮乏，因而雇主参与农村劳动市场最重要的约束是家庭劳动力的不足。另一方面，雇主之所以退出市场主要受机械化普及（66.23%）和人工成本上涨（33.23%）的影响，机械是劳动力的替代品，这两个因素的重要影响亦指向经济利益。从受雇农户的供给角度来看，其参与农村劳动市场的原因以获取经济收入（占91.30%）为主，其次是家里没事（没有农业耕作压力）占8.70%，而退出市场主要是受工资太低（42.31%）和健康问题（36.54%）的影响。

表2—8　　　　农户市场参与约束的描述性统计分析　　　　（单位：%）

农户种地意图	提供自用食材	获取经济收入	获取政府补贴	其他
	34.72	61.81	2.78	0.69
雇主需求动机	家里劳动力数量不足	嫌累不想干	流行雇人	短时间干完农活
	62.96	1.85	5.56	29.63
2019年不雇人动机	人工成本上涨	种植面积减小	机械化普及	其他
	33.23	2.00	66.23	2.00
农户供给动机	获取经济收入	家里没事	其他	
	91.30	8.70	0	
2019年不受雇动机	年龄太大	健康问题	工资太低	其他
	15.38	36.54	42.31	5.77

农户市场参与意愿与工资定价的影响因素的描述性统计分析（如表2—9所示）表明，农村劳动市场供需双方在人员选择意愿上，既注重经

济效率也会考量人情关系：雇主农户希望雇佣干活麻利的同村人（78.00%）、受雇农户希望雇主好相处（49.47%）；在信息的获取渠道上，雇主农户既注重个人网络关系，包括自己找人（45.66%）和熟人介绍（23.91%），也兼顾市场作用，包括特定集市（30.43%）；受雇农户主要依据同村受雇人提供（56.71%），这一业缘关系基于农村劳动市场而形成，它和自己在市场中寻找受雇消息本质一样，都体现了市场的运行规律；对于农村劳动市场的工资而言，雇主工资的支付主要基于市场行情（90.70%），但是雇主农户具有较低的议价能力（6.97%），受雇农户获得的工资由雇主意愿（40.81%）以及市场行情（36.99%）决定，但是双方协商（22.20%）的比重较高，具有远高于雇主的谈判能力。

表2—9　农户市场参与意愿与工资定价的影响因素的描述性统计分析（单位：%）

	雇主（需求方）			
希望雇什么样的人	关系亲近的人	干活麻利的同村人	干活麻利的外村人	
	16.00	78.00	6.00	
雇工渠道	自己找人	特定集市	熟人介绍	
	45.66	30.43	23.91	
雇人价格依据	市场行情	双方协商	自己可接受的成本	
	90.70	6.97	2.33	
最高工资依据	农活种类	市场价格	支付能力	利润空间
	70.00	14.00	6.00	10.00
	受雇者（供给方）			
希望受雇于什么样的人	高工资雇主	好相处雇主	提供午饭或点心的雇主	
	36.13	49.47	14.40	
受雇渠道	自己寻找	雇主邀请	同村受雇人提供	专门机构
	19.98	15.57	56.71	7.74
受雇价格依据	雇主意愿	双方协商	市场行情	
	40.81	22.20	36.99	
最低工资依据	劳累程度	市场行情	闲暇成本	其他
	30.16	65.74	0	4.10

对于市场双方的保留价格（雇主的最高工资或受雇者的最低工资），雇主农户主要是基于农活的种类（70.00%），不同类型的农活需要付出的劳动努力程度不同，因而支付的工资也不同，体现了雇主对劳动另一种形式实际投入数量的考量，再结合市场行情给出综合工资，受雇农户依据的则是市场行情与劳累程度，劳累程度与雇主农活种类相对应。可见，无论是雇主农户还是受雇农户在保留工资上主要是以真实所需要的劳动量以及劳动的市场价格作为标准的，实际上是一种价值等于价格的思想，这是农户受市场观念长期潜移默化影响的结果。

四　模型构建与变量界定

考虑到受访农户并不是每个人都参与农村劳动市场（包括雇人或受雇），农户选择是否参与农村劳动市场是一个自选择而非随机的结果，为此本节研究拟选取用以解决存在样本选择偏差的 Heckman 两阶段法估计模型。

第一阶段：分析农户参与农村劳动市场的意愿及其影响因素。农户是否参与市场除受人情关系影响外，主要的影响因素包括但不限于以下三个方面：

1. 个体特征因素。考虑到农村劳动市场的特殊性，首先，农业生产技术要求较低，主要依靠代代相传的农业种植经验；其次，农村劳动市场参与者的平均年龄（50.06 岁，如表 2—10 所示）较高，并且农村留守人员受教育水平（主要集中在初中及以下）普遍偏低。因此，农村劳动市场参与者的年龄、受教育程度、性别（男性占 54%）、健康状况（偏向"较好"）等因素可能比较重要。这是因为：一方面相较于城市劳动市场，农村劳动市场参与者的年龄没有特别要求（特别是 60 岁门槛的约束），只要身体健康状况较好，几乎不受年龄的影响；另一方面受男女家庭分工思想的影响，男性劳动力作为农业生产活动（尤其是繁重体力劳动）的主力，一般比女性劳动力具有受雇优势并获得更高的工资收益。

2. 家庭特征因素。根据现有文献研究，农户的生产决策不仅仅受个人主观倾向的影响，家庭特征也会影响农户的工作选择，本节拟选取家庭人均收入和人地资源禀赋作为影响农户参与农村劳动市场意愿的因素。

这是因为：农户参与农村劳动市场本质上是受利益的驱使，家庭人均收入的高低势将影响人们对工资的选择；其次农村劳动市场产生的作用在于调节劳动力的配置，人地资源禀赋的差异可能会导致农户参与市场的程度不同。此外，考虑到不仅人均耕地少的家庭成员会参与市场（供给方），人均耕地多的组（需求方）也会参与市场，为此本节对人地资源禀赋变量采取如下处理：以人均耕地平均值（3.4 亩/人）为分界线，偏离均值两侧 1 亩/人及以上的取值为 1（左侧为人均耕地较少的家庭，更倾向于受雇于人；右侧为人均耕地较多的家庭，更倾向于雇佣他人），反之为 0（即人均耕地较为适中的家庭，倾向于既不受雇于人也不雇人）。由此，获得人地资源禀赋均值为 0.73，这表明大部分家庭存在人地资源不匹配的问题。

3. 村庄特征因素。村庄外出务工人口与村庄距县城的距离，体现村庄受市场经济影响的程度，村庄外出务工人口越多、村庄距离县城越近，其获取市场经济就业机会越多，进而农户参与农村劳动市场的意愿越低。此外考虑到村庄距离县城越近，其获取市场经济就业机会的成本越小，可能会有较多的人外出务工，因而村庄到县城的距离与村庄外出务工人口可能存在相互作用，本节将引入两者的交互项以观测该作用的实际效果。

基于上述分析，本节构建识别农户参与农村劳动市场意愿的模型如下：

$$Y = \beta_{20} + \beta_{21} Relation + \beta_{2i} X_{2i} + \mu_2 \quad (2—3)$$

$$Probot\ (Y = 1) = \emptyset\ (X_i \beta_2) \quad (2—4)$$

Y 表示农户是否参与农村劳动市场，若是，$Y = 1$，反之 $Y = 0$；表示正态分布函数；β_{20}、β_{21}、β_{2i} 表示常数项、人情关系的估计系数以及第 i 个变量的估计系数，X_{2i} 表示控制变量的集合，μ_2 表示方程的误差项。利用 Probit 模型可以计算出农户参与农村劳动市场的概率，并进一步计算得到逆米尔斯比率：$\lambda = \varphi\ (X_i \beta_2) / (1 - \emptyset\ (X_i \beta_2))$。其中 φ 与 $\emptyset$ 表示概率函数。

第二阶段：在工资决定模型中引入逆米尔斯比的基础上，检验农村劳动市场工资的影响因素。其基准工资模型是：$W = \beta_{1i} X_{1i} + \mu_1$。$W$ 表示市场工资，β_{1i} 第 i 个控制变量的估计系数，X_{1i} 表示控制变量的集合，μ_1 表示随机误差项。

由 $E = (\mu_1 \mid Y > 0) = E(\mu_1 \mid \mu_2 \geq -X_{2i}\beta_{2i})$ 可得：$E(W \mid X, Y > 0) = X_{1i}\beta_{1i} + E(\mu_1 \mid \mu_2 \geq -X_{2i}\beta_2)$。

再将第一阶段 Probit 模型中计算得到的逆米尔斯比率引入可得：$W = X_{1i}\beta_{1i} + \lambda + \mu_1$，该模型即为用于解决样本选择偏差的 Heckman 两阶段模型。

为了更好地考察农村劳动市场工资的决定因素，本书拟以学术界比较认同的 Mincer 方程作为基准模型。经典的 Mincer 方程如下：

$$W = \beta_1 + \beta_2 Edu + \beta_3 Exp + \beta_4 Exp^2 + \mu_1 \tag{2—5}$$

其中，Edu 与 Exp 分别表示个体的受教育年限和工作经验；β_1、β_2、β_3 以及 β_4 分别表示常数项、Edu、Exp 以及 Exp^2 的估计系数。

基于上述对农村劳动市场特殊性的分析，本节拟将 Mincer 方程中的初始选择变量修正如下：（1）由于农业生产的技术性较低，更多的是体力劳动，对工作经验的要求也不高，忽略工作经验对工资的影响。同时，考虑到农村留守人员大多文化水平偏低，进一步删除受教育程度变量，仅在第一阶段考虑受教育程度对选择偏差的影响；（2）引入性别、年龄、健康、人均收入（2.02 万元）、距县城距离（均值为 34.97 千米）等影响因素；（3）引入本节研究的重要因素——人情关系——并考察其作用效果。对人情关系的测度，本节拟用调研问卷中"您主观感觉村里人情关系如何？"这一问题进行考量，备择选项包括"好""一般"和"差"。鉴于农户选择"一般"时大多是隐含对当前人情关系的某些不满，研究将其与"差"选项进行合并，并赋值为 0（占 49%）；反之选择人情关系"好"的赋值为 1（占 51%）。这表明农村人情关系将近一半出现问题，这既将影响农村人情关系的进一步发展，也将影响其竞争性因素——价格机制——在农村劳动市场中的作用。

为此，修正后的 Mincer 方程如下：

$$W = \beta_{10} + \beta_{11} Relation + \beta_{1i} X_{1i} + \mu_1 \tag{2—6}$$

β_{10} 与 β_{11} 分别表示常数项、人情关系的估计系数。

综合上述分析，本节选择的主要变量及其含义具体如表 2—10 所示。

表 2—10　　　　　　　　变量选择及其基本描述

变量分组	变量名称	变量含义	最大值	最小值	平均值
被解释变量	市场工资	2019年参与市场获取的真实工资水平	200	40	86.93
核心解释变量	人情关系	主观感受村内人情关系好=1，人情关系差=0	1	0	0.49
控制变量					
个体特征	年龄	岁	90	18	50.06
	受教育程度	小学及以下=1，初中=2，高中=3，大学=4	4	1	1.74
	健康状况	较差=1，一般=2，较好=3	3	1	2.45
	性别	男性=1，女性=0	1	0	0.54
家庭特征	人均收入	家庭总收入与家庭总人口的比值	25	0	2.02
	人地资源禀赋	人均耕地偏离均值一亩=1；反之=0	1	0	0.73
村庄特征	村庄到县城的距离	村庄到最近一个县城的距离	60	2.2	34.97
	村庄外出务工人口	2019年村庄外出务工总人数	355	36	166.85

五　实证结果的分析与讨论

考虑到入村调研数据的截面约束而存在难以捕捉人情关系对农村劳动市场影响的动态变迁的实证困境，为了更好地探讨农村劳动市场的工资决定及人情关系在其中的作用，本节实证环节拟探讨如下两个问题：一是分析当前农村劳动市场的静态均衡，以考察人情关系对农村劳动市场工资的短期影响；二是讨论生命历程视角下农村劳动市场的动态变迁，以阐释人情关系对农村劳动市场工资的长期影响。

（一）当前农村劳动市场的静态均衡分析

1. 基准回归结果

表 2—11 中（1）、（2）、（3）列分别报告了手动两阶段 OLS、Heckman 最大似然估计与 Heckman 最小二乘估计。（1）列中，人情关系的系数无论是在选择阶段还是回归阶段都显著且为负，逆米尔斯回归系数在

1%水平上通过显著性检验,这表明农户参与农村劳动市场行为确实存在自选择问题,选取Heckman两阶段法处理自选择效应是有必要的。(2)、(3)列中回归结果显示,无论是最大似然估计还是最小二乘估计的结果都基本一致。其中,在选择方程回归结果中,人情关系对农户参与农村劳动市场意愿具有显著负向影响,这说明在市场化阶段农户并不愿意给熟人打工,具有回避人情在场的典型特征,这与前文对市场化阶段人情关系的理论分析相一致。在回归方程回归结果中,人情关系显著负向影响农村劳动市场工资,这表明那些注重人情关系的农户在农村劳动市场中将获得相对较低的货币(市场)工资,即人情关系具有显著降低货币工资的效应。总体而言,人情关系不仅显著抑制农户参与农村劳动市场的意愿而且具有显著降低农村劳动市场工资的效应,这表明一方面农户是追求经济利益的个体理性人,另一方面以人情关系为纽带的人情工资仍对农村劳动市场均衡工资的选择具有不可忽视的影响。至此,假说1得到验证。

表 2—11　　　　　　　　　　基准回归结果

| \multicolumn{4}{c}{回归方程} |
变量	(1) Reg-twostep	变量	(2) Heckman(MLE)	(3) Heckman(LES)
人情关系	-0.22*** (0.075)	人情关系	-0.11*** (0.012)	-0.31** (0.13)
逆米尔斯比	0.83*** (0.19)			
\multicolumn{4}{c}{选择方程}
人情关系	-0.42*** (0.15)	人情关系	-0.45*** (0.030)	-0.42*** (0.15)
LR统计量	72.22	rho统计量	2.38*** (0.033)	
		误差项	-1.00*** (0.20)	
		逆米尔斯比		0.54* (0.31)
控制变量	已控制	控制变量	已控制	已控制
样本量	585	样本量	585	585

注:* p<0.1,** p<0.05,*** p<0.01;括号内为标准误;实证结果因篇幅所限仅汇报核心变量的回归结果。下同。

2. 人情关系的机制检验

人们对人情关系与市场价格机制的选择取决于两者收益的差异，农户在放弃货币（市场）工资的同时必然有人情工资的补偿，即人情关系通过提高人情工资，再经人情工资对市场工资产生抑制作用。为此，本节拟首先选用"在有困难时是否获得别人帮助"作为获得人情工资代理变量、拟选用"是否愿意为有困难的农户提供帮助"作为支付人情工资的代理变量，从市场供求双方的视角检验人情关系是否有提高人情工资的效应。其次，进一步考察当获得或支付人情工资时是否会对货币工资产生抑制作用即替代效应，借鉴孙圣民和陈强（2017）的思路进行半简化式回归。把"是否愿意为有困难的农户提供帮助"和"在有困难时是否获得别人帮助"代入回归方程。根据遗漏变量原理，如果人情工资确是人情关系的作用中介，人情工资将对人情关系的作用产生极大挤出效应，当添加人情工资时，人情工资负向显著，人情关系不显著；反之如果人情关系负向显著，人情工资不显著，则表明人情工资不是人情关系的作用中介。此外，如果出现两者都显著的情况，则说明除人情工资外，人情关系对实际工资的影响可能还存在其他的作用机制。

检验结果如表2—12中（1）、（2）列所示，无论是对于获得还是支付人情工资，人情关系对两者都有显著的促进作用，从而证明人情关系确实具有提高人情工资的显著作用。在表2—12中（3）—（6）列结果显示，当添加人情工资进行半简化回归时，回归阶段所有的人情关系系数都不再显著，而人情工资对市场工资具有显著的抑制作用。这表明人情工资是人情关系的作用中介，人情关系通过提高人情工资，进而通过人情工资对货币工资的替代效应，最终达到抑制市场工资的结果。总而言之，上述人情工资是人情关系影响市场上货币工资的作用中介得到验证。至此，假说2得到验证。

3. 人情关系作用的进一步分析

上述分析考察了在市场化阶段人情关系对农村劳动市场工资的影响，本节将进一步检验人情关系对农村劳动市场上工资的影响是否存在显著的异质性。

表 2—12　　　　　　　　　　　机制检验结果

	Probit 模型			回归方程（MLE）		回归方程（LES）	
变量	(1) 获得	(2) 支付	变量	(3) 获得	(4) 支付	(5) 获得	(6) 支付
人情关系	0.31*	0.90***	人情关系	-0.019 (0.028)	0.030 (0.030)	-0.17 (0.15)	-0.083 (0.12)
标准误	0.14	0.18	人情工资	-0.21* (0.12)	-0.17*** (0.079)	-0.23* (0.15)	-0.11* (0.062)
				选择方程（MLE）		选择方程（LES）	
			人情关系	-0.42*** (0.050)	-0.42*** (0.062)	-0.42*** (0.15)	-0.42** (0.15)
			rho 统计量	-0.13*** (0.035)	-0.52*** (0.059)		
			误差项	-1.17*** (0.13)	-1.65*** (0.14)		
			逆米尔斯比			0.43*** (0.12)	0.22* (0.13)
样本量	586	585	样本量	577	585	577	577

（1）基于性别异质性的分析

传统农村社会中的家庭伦理观形成"男主外女主内"的家庭协作思想，农村人情之间的往来大多是以男性为主导，男性相对于女性更注重人情的往来，在这种伦理观念中塑造的人情关系及其对农村劳动市场上工资的影响理应存在性别差异。为了验证这一判断，本节从直接与间接两个视角考察人情关系在性别中的差异性。首先，添加人情关系与性别的交互项，考察性别对人情关系作用的直接影响；其次，基于男女两个子样本进行分组回归，从间接的视角进一步详细地分析男性与女性的差异。回归结果显示，交互项的系数（表 2—13 中（1）列所示）在 1% 的水平上显著且为负，这表明男性群体相较于女性群体有强化人情关系的作用，使得人情关系在男性群体中的影响更大。表 2—13 中（3）和（4）列的实证结果表明，男女两个子样本回归结果存在显著的差异。其中，在回归方程阶段，男性样本中人情关系的作用显著负向影响农村劳动市场的工资,而女性样本中人情关系的系数虽然为负数但并不显著,由此可知人情关系对男性的市场工资的抑制作用要比女性大且显著,这与当前农村人情关系与家庭伦理的基本认知相一致;同时,在选择方程阶段,男性样本并不排斥与熟人或是人情关系好的农户参与市场,与之相对,女性样本则是显著排斥,这表明在现阶段农村劳动市场中女性相较于男性更关注市场工资的高低,并且在农村劳动市场交易中显著排斥人情的在场。

(2) 基于人地资源禀赋异质性的分析

有无耕种压力是影响农户参与农村劳动市场的重要原因,雇主的雇工需求多是因劳动力缺乏而产生,而受雇者的供给更多是获取经济收入的动机。若以人均耕地的多寡作为分组依据,则实际上是区分了农村劳动市场潜在的需求方与供给方,人均耕地越多则单个家庭完成农业生产越困难,进而更大概率倾向于产生用工需求,而人均耕地越少则会更加倾向于提供劳动供给。由此,人地资源禀赋的差异可能导致人情关系作用于农村劳动市场上的工资进而表现出异质性。为此,本节首先添加人情关系与人地资源禀赋的交互项,直观地考察禀赋差异造成的影响;其次,本节以人均耕地的均值作为分界线,进行分组对比回归。实证结果(表2—13中(2)列所示)显示人情关系与人地资源禀赋的交互项在1%水平上负向显著,这表明当人均耕地大于均值时,人情关系的作用越明显,即市场的需求方更强调人情关系的作用。在分组对比结果中(表2—13中(5)、(6)列所示)人均耕地越多人情关系的作用越显著,而人均耕地较少时人情关系的作用相对微弱且并不显著。从农村劳动市场的运行本质来说,无论是农户雇人进行农业生产还是成为受雇者为别人进行农业生产,其目的都是获取经济收益的最大化,而人情关系在这一过程中既然具有压低市场工资的作用,其将更易被雇主所偏好,通过讲究人情关系实现减少用工成本的目的;同时又会被受雇者所厌恶,试图规避人情在场以获得更多的经济利益。人情关系在人地资源禀赋中的异质性,实际上体现的是市场经济供求关系中不同主体逐利动机的差异性。

表2—13　　　　　　　　　异质性分组结果

变量	(1) 性别交互	(2) 资源交互	(3) 男性	(4) 女性	(5) 耕地多	(6) 耕地少
\multicolumn{7}{c}{回归方程}
人情关系	-0.14*** (0.043)	-0.14*** (0.025)	-0.25* (0.15)	-0.099 (0.062)	-0.19* (11.15)	-0.019 (5.23)
交互项	-0.091*** (0.032)	-0.066** (0.0029)				
\multicolumn{7}{c}{选择方程}
人情关系	-0.43*** (0.0024)	-0.30*** (0.072)	-0.36 (0.23)	-0.49*** (0.19)	-0.85*** (0.26)	-0.20 (0.17)
rho统计量	2.54*** (0.21)	2.73*** (0.0098)	1.86*** (0.63)	1.87*** (0.43)	2.09*** (0.73)	-0.57* (0.33)
误差项	-0.76*** (0.17)	-0.76*** (0.19)	-0.78*** (0.29)	-1.21*** (0.15)	3.63*** (0.22)	3.09*** (0.15)
样本量	585	585	320	265	73	427

（二）稳健性检验

本节拟通过规避测量误差、解决内生性问题进行稳健性检验，并通过安慰剂试验进一步检验相关假设的合理性。

1. 更换人情关系的测度方式

在实际生活中，当农户选择"一般"时大多是隐含对当前人情关系的某些不满，但考虑到人情关系指标是通过被调研者的主观回答测度的，把"一般"与"差"选项直接赋值为0，该做法可能存在主观性偏差。为此，本节放宽人情关系起作用的范围，令回答"好""一般"的农户赋值为1，回答"差"的农户赋值为0。同时，为了更细致地体现人情关系的影响，本节以人情关系测度的分值法代替原先的虚拟法，人情关系"好"赋值为3，人情关系"一般"赋值为2，人情关系"差"赋值为1。重新对人情关系的影响进行考察，回归结果（表2—14中（1）—（4）列所示）表明：在两种新的测度方式下，回归阶段中人情关系对市场工资的影响都是显著性且为负；在选择方程中，人情关系都有着压低农户参与农村劳动市场意愿的作用。此外，不仅分值法与新的虚拟法的回归结果较为相近，并且都通过了显著性检验；而且无论是 Heckman 最大似然估计与 Heckman 最小二乘估计的系数大小、正负性也都与基准回归的结果基本一致。即人情关系在不同的测度标准下都通过了稳健性检验。

2. 内生性问题

考虑到农村劳动市场上受雇者有可能不满意雇主的工资而影响两者之间的人情关系，进而影响下一阶段的雇佣行为的达成，即人情关系（可能是随机变量）存在内生性问题。为此，本节选取人居信任作为人情关系变量的工具变量。人情关系氛围越浓重，人们越容易信任他人，因而人情关系与人居信任高度相关。为了更好地体现人居信任的测度以及排他性约束，本节从"是否信任同村人""是否信任外村人""是否信任一起工作的人"与"是否信任本家族人"四个维度进行测量，采取分阶段 2SLS 法进行工具变量回归，模型如下：

$$Relation = \alpha_0 + \alpha_1 Xinren1 + \alpha_2 Xinren2 + \alpha_3 Xinren3 +$$
$$\alpha_4 Xinren4 + \epsilon_i \qquad (2-7)$$
$$W = \beta_0 + \beta_1 \widehat{Relation} + \beta_2 X + \mu_i \qquad (2-8)$$

为此，本节首先通过 Probit 模型估计农户参与农村劳动市场的概率，进而计算出逆米尔斯比，再带入估计方程进行 2SLS 回归。表 2—14 中（5）—（7）列结果显示，工具变量检验中除新虚拟法的弱工具变量检验不显著以外，剩余部分均通过了弱工具变量检验、过度识别检验、不可识别检验，这表明 2SLS 估计是有效的。工具变量 2SLS 估计结果显示，人情关系对农村劳动市场工资的影响无论是在哪种测度标准下都是显著且为负，这表明在克服模型内生性问题后，人情关系对农村劳动市场工资的抑制作用依然是稳健的。

表 2—14　　　　　　　测度方法与 IV 检验结果

变量	回归方程（LES）		回归方程（MLE）		变量	2SLS（Ⅳ）		
	(1) 分值	(2) 好、一般	(3) 分值	(4) 好、一般		(5) 好	(6) 分值	(7) 好、一般
人情关系	-0.22*** (0.084)	-0.28* (0.043)	-0.13*** (0.029)	-0.13*** (0.043)	人情关系	-0.39*** (0.12)	-0.23*** (0.080)	-0.93* (0.53)

续表

变量	回归方程（LES）		回归方程（MLE）		变量	2SLS（Ⅳ）		
	(1)分值	(2)好、一般	(3)分值	(4)好、一般		(5)好	(6)分值	(7)好、一般
	选择方程（MLE）		选择方程（LES）		逆米尔斯比	0.81***(0.20)	0.58***(0.13)	0.23*(0.078)
人情关系	-0.42***(0.14)	-0.42***(0.14)	-0.38***(0.042)	-0.24***(0.084)	Ward F 统计量	11.40**	9.76**	2.04
rho 统计量			2.51***(0.27)	2.59***(0.45)	LM 统计量	22.37***	15.03***	8.10***
误差项			-0.83***(0.23)	-0.85***(0.12)	P 统计量	0.19	0.16	0.19
逆米尔斯比	0.47***(0.13)	0.23**(0.11)			F 统计量	7.47***	20.42***	9.17***
样本量	585	585	586	586	样本量	586	586	586

3. 安慰剂检验

为了防止人情关系变量的选择偏误，以及其他不可识别的非随机性因素对样本回归的冲击，以及当期的外部冲击和其他不可识别因素只能影响现在以及未来的发展，无法对过去的既有事实产生影响，本节选取2010年的人情关系指标对2019年的人情关系指标进行替换。由于人情关系的变化是连续且有规律（逐渐弱化）的，即2010年人情关系与2019年人情关系高度正相关，因而这一指标选取是合理的。表2—15中（1）—（3）列展示了 Heckman 最大似然估计在三种不同测度标准下的回归结果，（4）—（6）列为 Heckman 最小二乘估计在三种不同测度标准下的回归结果。回归阶段中的人情关系都具有压低市场工资的显著效应，这表明在规避外生冲击以及变量的选择偏差后，人情关系对农村劳动市场工资的抑制效应是稳健的。

表 2—15　　　　　　　　　安慰剂检验结果

变量	回归方程（MLE）			回归方程（LES）		
	(1) 好	(2) 分值	(3) 好、一般	(4) 好	(5) 分值	(6) 好、一般
人情关系	-0.22** (0.0094)	-0.20* (0.011)	-0.27** (0.14)	-0.19** (0.078)	-0.13* (0.074)	-0.44* (0.24)
	选择方程（MLE）			选择方程（LES）		
人情关系	-0.28*** (0.044)	-0.33** (0.13)	-0.41** (0.040)	-0.41** (0.15)	-0.41*** (0.14)	0.41*** (0.15)
rho 统计量	2.31*** (0.60)	1.10*** (0.30)	0.020 (0.25)			
误差项	-1.01*** (0.28)	-1.51*** (0.36)	-1.72*** (0.35)			
逆米尔斯比				0.50** (0.23)	0.55*** (0.14)	0.11 (0.13)
样本量	585	585	586	585	585	585

（三）人情关系作用的动态变迁检验

人情关系的作用是否会随着市场经济的发展而逐渐弱化？要想厘清这个问题需要检验两个事实：第一，人情关系的作用逐渐弱化；第二，人情关系逐渐弱化是由市场经济发展而导致的。由于本节使用截面数据，无法从时间序列的角度直接检验，本节拟分三步进行侧面验证。首先，检验不同市场发展水平下的人情关系作用的差异性；其次，从模拟时间的视角检验人情关系作用的动态变迁；最后，把两者相结合检验市场经济发展引致的人情关系的动态化趋势。

1. 基于距离代理的市场经济发展检验

本节拟选用村庄距县城的距离作为反映市场经济渗透效果大小的代理变量，考察不同市场发展水平下人情关系作用的差异性。首先，添加人情关系与地理距离的交互项，以检验地理距离，即市场经济对人情关系的直接作用；其次，以村庄距离县城公里数的平均值作为分组标准，对不同市场经济环境下人情关系作用的差异性进一步分析。高于平均值的村庄距离县城较远，无论是进城就业的机会成本还是可获得的市场信息均不利于发展市场经济,因而该组村庄与市场经济联系的紧密度较低,人情关系对农村劳动市场上工资的抑制效应更加明显,反之低于平均值组的村庄与市场经济联系的紧密度较高,人情关系的抑制效应较弱。

表2—16中（1）列回归结果显示,交互项系数在1%的水平上显著且为负,这表明与县城的直接距离有强化人情关系负向抑制作用的效果,即市场经济越不发达、人情关系越好对市场工资的抑制作用越大。表2—16中（3）、（4）列的回归结果表明,在市场经济紧密度高的组,人情关系对农村劳动市场上的工资没有显著影响,而在市场经济紧密度低的组,人情关系对农村劳动市场工资具有显著负向作用,进而使农村劳动市场的均衡工资逐步偏向人情工资。此外,人情关系对农户参与农村劳动市场的意愿都具有显著的负向影响,说明人情关系对农户参与农村劳动市场的意愿均存在抑制作用,其差别在于市场发展水平高的地方,人情关系对农户参与农村劳动市场的意愿的抑制作用较大;反之,人情关系对农户参与农村劳动市场的意愿抑制作用较小。

2. 基于年龄代理的时间趋势佐证

本节拟从出生时间（年龄）视角进一步考察人情关系对农村劳动市场工资影响的动态变迁。出生在不同历史时期的农户对人情关系机制的反应弹性受历史环境影响可能存在差异,即出生较早的农户受农村熟人社会的影响较为深刻,进而对人情关系机制弹性的反应倾向比出生较晚的农户要更明显。为了进一步验证这一变迁趋势,首先,添加人情关系与年龄的交互项,检验不同年龄段内人情关系作用的差异;其次,以农户年龄的平均值（50岁）作为分组依据,对不同年龄段的差异性进行具体分析。以年龄段的差异表征农村劳动市场不同发展阶段人情关系对市场工资影响的差异,虽然不能精确地反映人情关系对农村劳动市场上工资的纵向影响或长期趋势,但是并不妨碍从一般的变化趋势中探讨不同年龄段之间人情关系的反应程度是否存在明显的差异,进而佐证人情关系对农村劳动市场工资长期影响的动态变迁。

交互项的回归系数（表2—16中（2）列所示）在1%的显著水平负向影响市场工资,这表明随着年龄的上升人情关系对市场工资的影响增强,即人情关系对农村劳动市场上工资的影响存在年龄上的显著差异。在分组回归阶段,高年龄组（表2—16中（5）列所示）中的人情关系显著负向影响农村劳动市场上的工资水平，但是在低年龄组（表2—16中（6）列所示）这一效果并不显著。高年龄组村民受农村传统风俗的熏陶而具有互帮互助的情结，在农村劳动市场上倾向于对人情关系机制的偏好；而低年龄组村民因其进入农业生产的时间阶段恰与市场经济改革历程吻合，受市场经济的影响较大，具有偏好市场经济价格机制的倾向。总而言之，人情关系对农村劳动市场工资的影响在不同年龄组间具有异质性，这表明人情关系对农村劳动市场工资的调节作用具有长期且逐渐弱化的趋势。

表 2—16　　　　　　　　地理距离与年龄回归结果

变量	(1) 距离交互	(2) 年龄交互	(3) 距离近	(4) 距离远	(5) 高年龄组	(6) 低年龄组
回归方程						
人情关系	-0.071*** (0.0038)	-0.21*** (0.020)	0.055 (0.16)	-0.12* (0.74)	-0.095*** (0.026)	-0.045 (0.059)
交互项	-0.070*** (0.0069)	-0.051*** (0.0033)				
选择方程						
人情关系	-0.29*** (0.11)	-0.45*** (0.0019)	-0.56* (0.30)	-0.45*** (0.17)	-0.24 (0.31)	-0.046*** (0.18)
rho 统计量	2.11*** (1.50)	2.50*** (0.071)	-1.45* (0.68)	2.89*** (0.51)	-1.24*** (0.95)	-0.10 (0.021)
误差项	-0.94*** (0.20)	-0.86*** (0.21)	-1.51*** (0.30)	-0.88*** (0.53)	-1.29*** (0.98)	-1.54*** (0.050)
样本量	585	585	244	344	322	288

3. 模拟 DID 视角下的人情关系变迁趋势验证

为了进一步检验人情关系效应的动态变化，本节构造自然实验进行模拟 DID 分析。把大于年龄平均值看作政策（市场经济的发展）实施的前一年，把小于年龄平均值看作政策实施的后一年。人情关系的变化看作政策实施的影响，前文已经验证了人情关系逐渐弱化的变迁趋势，并与"政策实施的时间"年龄相对应，故而这种近似的假设是合理的。在性别异质性中，女性对人情关系的反应不显著，可以在一定程度上认为女性不受政策变化的影响，即为实验的对照组，男性为处理组；在人地资源禀赋的异质性中，对人情关系反应不敏感的耕地较少的一组为对照组，耕地较多的一组为处理组；地理距离分组中，距离县城较近的组对人情关系的反应不敏感，即为对照组，距离县城较远的组为处理组。

表 2—17 中（1）列结果显示，在政策实施前距离县城较近的组与距离县城较远的组无显著性差异，即在市场经济发展的早期地理距离的差异性并没有使人情关系表现出异质性；但是在政策实施后，两组之间差异显著为负，即距离县城较近的组相较于距离县城较远的组市场工资显著上升，地理距离（经济发展）对人情关系的异质性开始显现。总效应的系数也是负向显著，这一负效应是由于市场经济的发展，人情关系的弱化在不同组之间的敏感性差异所致。距离县城较远的组对人情关系的反应较为敏感，人情关系的弱化对其识别的影响较小；而距离县城较近的组对人情关系的敏感性较差，人情关系的弱化导致距离县城较近的组中市场工资上升的幅度大于距离较远的组。在基于人地资源禀赋的 DID 回归中（表 2—17 中（2）列所示），政策实施前两组之间无显著性差异；政策实施后差异显著为负，人地资源禀赋的组间异质性显现。总效应负向显著的原理与地理距离分组一致。

表 2—17　　　　　　　　模拟 DID 回归结果

模拟 DID 分析			
变量	（1）地理距离	（2）资源禀赋	（3）性别
总差异	-0.25** （0.11）	-0.28** （0.13）	-0.23* （0.14）
节点前差异	-0.19（0.18）	0.12（0.10）	-0.44*** （0.13）
节点后差异	-0.44*** （0.15）	-0.16* （0.086）	-0.21** （0.088）
修正可决系数	0.51	0.45	0.39
样本量	588	565	588

但是在性别 DID 分析中（表 2—17 中（3）列所示），两性之间不仅政策实施后的效应以及总效应显著且为负，在政策实施之前两性之间也存在人情关系的异质性。在这三组实验中，性别的差异自始至终存在，属于先天禀赋。而地理距离（市场经济紧密度）分组与人地资源禀赋分组，是由于市场经济发展所引致的，属于后天形成。如果没有市场经济的发展，地理距离与市场经济紧密度之间的联系将不复存在；如果没有市场经济的发展，人地资源禀赋也不会存在差异。正是由于性别差异的先天性从而使得该组的回归结果与前两组显著不同。在政策实施前，由于男性对人情关系的反应较为敏感，男性市场工资相对于女性有显著降低的趋势；在政策实施后，由于人情关系的弱化，男性对人情关系的识别度较高，进而导致男性市场工资相对下降。这三组回归的差异性表明市场经济的发展的确是导致人情关系作用逐渐弱化的原因。至此，假设 3 得到验证。

4. 农村劳动市场的演进

以市场经济改革的视角看，所有改革的本质都是赋予劳动力的流动性与自主性，这一改革由小到大，首先是解放土地对劳动力的束缚，使农户能根据自己的意愿配置劳动力；其次是劳动力流动政策的调整，放松了农村对农业劳动力的束缚，使得农户能够根据市场机会，把有限的劳动力资源配置在经济收益最优的位置，而刘易斯拐点的到来恰是劳动力自由流动的分配结果。农村劳动力的流动必然会使农村劳动市场上的供需格局发生改变（如图 2—3 所示）。在不同的历史阶段供给与需求曲线的斜率不同，其中纵轴 W 表示市场均衡工资，市场均衡工资由两部分组成：人情工资与货币工资。横轴 L 表示转移劳动力的数量。在 $0L_1$ 阶段农村劳动力由于劳动力流动政策的严格管制，农村剩余劳动力大量滞留在农村，另受传统人情关系路径依赖的影响，农业雇工需求较少且工资水平较低。在 L_1L_2 阶段由于政策放宽了农村剩余劳动力的流动限制，农户为了追求家庭收益的最大化纷纷选择离乡进城从事非农工作，与之相对的则是农村剩余劳动力的减少，进而农村的农业生产活动雇工需求增加，农村劳动市场均衡工资随之上涨。在 L_2L 阶段随着刘易斯拐点的到来，外部机会内化，劳动力主要根据平均利润准则由市场配置，供给与需求曲线的弹性基本上接近完全竞争市场，工资水平也进一步提高。

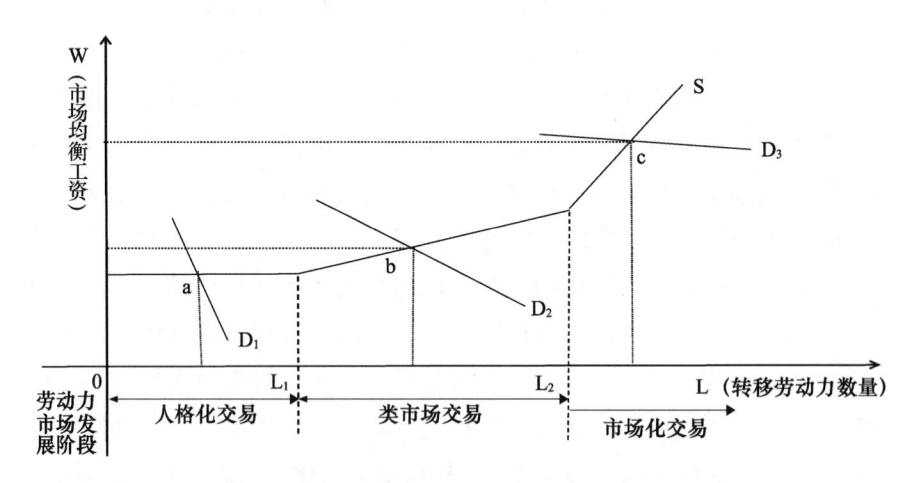

图 2—3 农村劳动市场的动态变迁

工资提高及其内在比重变化的原因，不仅是随着经济发展的水涨船高，更是劳动力资源配置优化以及潜在优化配置机会下边际工资提高的理性选择。本节借鉴经典的刘易斯拐点模型，令 OQ 表示人情工资占比，OL^* 表示农村现有劳动力（如图 2—4 所示）。其中 L_1^*、L_2^* 分别对应图 2—3 中 L_1、L_2，ObT 表示真实均衡工资收入变化曲线，其形状的凸性表示农业劳动力冗余的边际工资递减性质。在 L_1^*L 阶段，农村劳动力大量冗余导致劳动的边际产出为 0，此时城乡之间劳动力流动被严格限制，以货币表示的边际工资为 0，市场均衡工资完全由人情工资支付。在 $L_1^*L_2^*$ 阶段市场经济改革逐渐深化，以及由此引致的劳动力流动政策的放缓，农户可获取的外部机会增加，农村剩余劳动力的配置有了更优的选择。在劳动力可以流动的情况下，城乡边际工资的差异必然会引起农村劳动市场工资的结构性上升。由于市场经济下的边际工资是以货币作为支付手段，因而农村劳动力获得的工资中货币工资占的比重随边际工资的提高而增加，但是由于此时的劳动力流动仍不充分，货币工资与人情工资共同主导着劳动力工资。在 L_2^*O 阶段，刘易斯拐点的到来引发了农村留守劳动力边际产出的上升，在此基础上劳动的边际工资也随着劳动力资源配置的优化而进一步升高，农村劳动力工资中货币工资的比重，不仅随着边际工资的提高而改变（收入效应），还会随着这两者价值的分化激励理性的农户逐渐放弃人情关系转而竞逐货币工资（替代效应）。

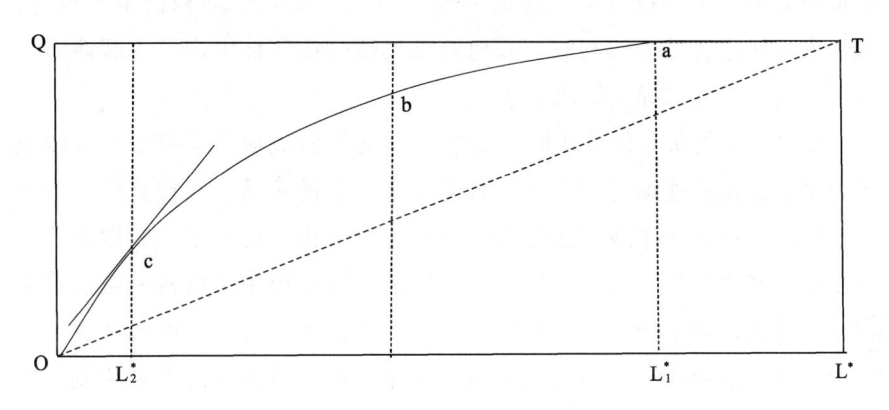

图 2—4　劳动力转移与人情工资占比变化

六　结论性评述

本节重点探讨了人情关系对农村劳动市场工资的影响机理。农村劳动市场均衡工资由人情工资和货币工资两部分组成，分别受人情机制与价格机制的调节。本节将人情工资定性为货币工资的替代物，随着市场经济的发展，人情机制逐渐让位于价格机制，货币工资将占据农村劳动市场均衡工资的主导地位。实证结果表明，人情关系具有降低当前农村劳动市场工资的短期影响，稳健性检验的结果也支撑这一结论。此外，在人情机制的检验中，人情关系是通过提高人情工资，再经人情工资的替代效应以达到抑制市场工资的作用。在变化趋势中，与市场经济联系紧密度高的地区，人情关系对农村劳动市场工资的影响较弱，仅在农户参与市场的意愿选择上发挥一定作用，再结合年龄佐证的实证结果，人情关系对农村劳动市场工资的影响与价格机制相比呈现逐渐弱化的动态变迁。

农村劳动市场工资的调节机制及其转变，其本质含义是什么？基于本节的研究结论，这里提出四点讨论：

第一，无论是改革开放初期的农民还是当前的农民都是理性的，都是追求利益最大化的个体，时间改变的不是农民的理性，而是农民重视自身利益的表达方式。劳动市场上的契约（雇工工资）作为生产关系与社会经济关系的反映，必然会随着生产关系与经济关系的转变而改变，而利益则是这两种关系的连接点。随着市场经济的发展，农村劳动力边际报酬逐渐上升，以人情表达的利益与货币工资表达的利益不再对等，理性人必然追逐更大的利益，人地资源禀赋分组实证中用工主客体对人情关系的逐利性选择也印证了这一点。

第二，农村关系信任式微，人情关系的价格效应相应降低，说明农村劳动市场正在逐渐走向正轨，脱离人情关系的束缚，实现真正的市场价格调节。更深层次地，这也意味着农村发展正经历着正式制度对非正式制度的替代过程。当前农村劳动市场的工资定价中价格机制虽然占据市场的主流，但是相应的配套制度并不完善，由于农业生产的特殊性以及劳动合同的缺失，劳动的质量难以识别，事后维权缺乏保障机制，雇工劳动存在道德风险问题，人情关系则能在一定程度上起到规避的作用。小到农村地区，大到全国市场，在这新旧交替之际，旧制度撤离新制度尚未完善，市场主体难免要经历一个惶恐阶段，市场的改革不能片面地抵制人情，而应理性地看待这种非正式制度的作用，生搬硬套的正式制度框架往往徒具其形，难以真正发挥市场有效配置资源的作用。

第三，人情关系在农村劳动市场中的作用机制伴随市场经济改革的深化而逐渐弱化，但却从未离场。西方经济学认为劳动力是一种商品，但劳动力终究是社会中的人，不仅有生存的需求，还有情感诉诸的必要，货币利益可以有效地满足前一个层次的需求，但是在后一个层次上则显得力有不逮。人情关系调节机制与市场价格调节机制其实就像是两个各有所长的员工，在改革开放早期，由于市场价格机制的缺席，人情关系机制不仅负责人们之间的情感联系，而且越位到劳动力资源的配置，但随着市场经济的发展，市场价格机制逐渐完善，这种越位的行为被修正。农村劳动市场中的人不是一件件没有情感的物品，在利益获取的同时必然伴随着情感的诉诸，也正是由于劳动力资源的特殊性，人情关系协调机制在协调雇工关系时永远不会消失。在研究农村劳动市场时，应与其他商品市场有所区别，抛开人的性质所得的结论难免失之偏颇，这一点在中国劳动市场尤为重要。

第四，2006年全国统一取消农业税以来，目前农村种地种田的人大多是自给自足。单纯从农村劳动市场的需求来看，农村劳动市场近似于经济学中假设的一种简单模型，即只有一个部门，该部门既负责生产，也负责消费。按照经济学逻辑：单一部门的自产自销没有外溢效应，尽管可以实现充分就业，市场出清，但是无法实现经济的长期增长。如何实现农村劳动市场的外溢效应？首先是打开农村劳动市场的封闭性，这或许可以给国家顶层设计"城乡融合"战略提供一个较好的理论支撑。

第五节 农村劳动市场发展：基于农业补贴的拓展

一 引言

培育并完善农村劳动市场不仅是实现农业现代化发展的重要基础，而且是促进农民收入增长的关键问题。尽管国家顶层设计一直施策力图推动农业现代化的发展，但事实上我国农业仍然没有改变小农经济的本质，[1] 其中一个重要的原因是农村劳动市场不发达，尚不能满足现代农业土地规模化经营的劳动力条件（叶敬忠和张明皓，2020）。农业生产的季节性导致农民的劳动时间与农业的劳作时间存在非重叠区，进而农村劳动力无法像非农就业人员一样具有稳定而充分的劳动时间，这也是城乡收入差距产生的关键原因（桑坤，2019；李首涵等，2015）。然而遗憾的是，国内学者对于劳动市场的考察主要集中在城市劳动市场，鲜有关注到农村劳动市场的重要性。对于一个具有典型城乡二元结构的国家来说，农村劳动市场的培育与完善不仅有助于通过专业化分工效应促进农村经济的发展解决农村劳动力留守闲置的问题，为农业规模化、现代化经营塑造良好的环境；而且有助于克服由于劳动力大量外流造成的农村空心化、老龄化的问题，增强农业的自生能力，为非农就业的发展提供坚实的基础（程令国等，2016；冒佩华等，2015；许庆等，2008；刘金海和杨晓丽，2006）。2022年中央一号文件强调鼓励发展共享用工、多渠道灵活就业，促进农民就近就地就业。为此，农村劳动市场的培育与完善具有重要的现实意义，农村劳动市场不仅是衔接农村资本市场与土地市场

---

[1] 据第三次全国农业普查数据，经营耕地10亩以下的农户约有2.1亿户，98%以上的农业经营主体仍是分散化的小农户。

的关键纽带（黄祖辉等，2012），而且也是实现城乡一体化的必要途径（向晶和钟甫宁，2018；黄少安，2018），更是促进农民就近就地就业的根本保障（梁海兵和张福顺，2022）。

如何培育与完善农村劳动市场以促进农民就近就地就业？从要素的角度来看，考虑到农村留守劳动力的比较劣势，资本的力量是值得注意的重要因素，特别是财政支农资本——农业补贴——对农业生产、流通和交易的重要影响。农业补贴是一国政府对本国农业支持与保护政策体系中最主要、最常用的政策工具，是政府对农业生产、流通和贸易进行的转移支付。我国的农业补贴政策始于20世纪50年代末，在经历加入WTO前后的政策变迁之后，当前的农业补贴主要有粮食直补、良种和农机补贴、农资综合直接补贴等，实践证明，这些惠农政策起到了促进粮食增产和农民增收的效果（黄季焜等，2011；李首涵等，2015；高鸣等，2016；黄少安和郭冬梅，2019）。虽然农业补贴的财富效应与农业补贴缓解农业生产资金的约束效应已经得到基本承认（钟甫宁等，2008），但是农业补贴的溢出效应之一，即对农村劳动市场影响的研究较少（缪书超等，2021），而这一效应对农民就近就地就业具有直接而重要的影响。由于农村家庭普遍存在半耕半工的现象，农村劳动市场的发展不仅取决于农业生产收益，还取决于农户家庭自身的劳动力供给，从而使得农业补贴对农村劳动市场发展的影响从理论上来看并不明确。一方面，农业补贴增加了农户对农业生产的重视程度，使得外出务工群体返乡务农，从而减少农业雇工的需求，抑制了农村劳动市场的发展（刘颖和董春玉，2014；Femenia et al.，2010）；另一方面，农业补贴增加了农业生产的收入，提高了农户通过雇工以扩大农业生产规模的倾向，从而促进了农村劳动市场的发展（张莉琴和徐娜，2019）。为此，农业补贴到底如何影响了农村劳动市场的发展是本节拟探讨的重要问题，考虑到农业生产对劳动力的需求不仅是考察农村劳动市场发展的重要指标，而且是衡量农业补贴对农村劳动力行为影响的可观测指标，本节拟从需求侧考察农业补贴如何影响农村劳动市场发展。与以往研究相比，本节的边际贡献主要有以下三个：第一，本节研究了农业补贴对农户雇工决策的影响，提供了农业补贴具有促进农村劳动市场需求生成的直接证据，并从农业补贴异质性的视角完善了农村劳动市场需求的相关理论；第二，本节立足农业补贴财富效应带来的影响，从劳动力转移机制与土地流转机制检验了农业补贴的作用渠道，发现农业补贴主要是通过抑制土地流出、促进土地流入的方式诱导农村劳动市场需求；第三，本节分析确定了农业补贴的增长效应，并且发现增长效应在农业经济具有比较优势的地区比市场经济发达的地区更有潜力，有助于政策制定者因地制宜地实施具有针对性的农业补贴政策。

二 文献综述

目前学者对农业补贴与农村劳动市场需求之间是否存在显著的因果关系尚缺乏一致性结论。一部分学者认为，农业补贴可以通过改变农业的要素结构与要素投入进而左右农户的生产行为，以影响市场雇工需求发生的概率（钱加荣和赵芝俊，2015）。这一观点也被相关学者从实证角度予以验证：朱满德等（2015）通过 DEA-Tobit 模型检验了农业补贴对玉米要素生产率的影响效应，研究认为，农业补贴有利于提高雇工投入，从而促进农业的专业化生产。另一部分学者（黄季焜等，2011）则认为，由于补贴范围分散、补贴环节和补贴方式的不完善、缺乏激励机制与稳定的增长机制、补贴额度较小等问题，农业补贴对农业生产的激励作用不明显，并进一步导致其对农村劳动市场上雇工需求的诱导作用微弱。黄少安等（2019）对农业补贴的政策分析也认为，随着生产资料价格的提高，农业补贴不具有增加农业成本投入的效应，从而对市场需求没有显著的影响。

本节认为，上述现象的存在是因为没有考察农业补贴异质性的差异，异质性的影响使得农业补贴的效应在不同的研究中结果各异。目前学者对农业补贴异质性的研究主要集中在两个方面：其一，土地规模异质性。根据在粮食生产中的研究发现，农业补贴对经营土地规模在6亩以上的农户具有增加生产要素投入的诱致作用，对小规模农户的诱导作用不显著（高鸣等，2016）。尚旭东和朱守银（2017）的研究结论对这一观点也予以支持，人均耕地面积越大，农业补贴的作用效果越强。其二，经济发展水平。由于中国农业发展的区域不平衡，农业补贴对经济收入较好的农户或是经济发达地区的诱致作用微弱，但是，对贫困地区有着不可忽略的影响（钱加荣和赵芝俊，2015）。在王欧和杨进（2014）的实证研究中，农业补贴对资本投入、粮食播种面积和农户粮食产量等有着显著的正向促进作用，并且在贫困地区这种影响更大。其他方面，还有一些学者从家庭年收入、非农就业比例、兼业化程度、农业增加值占经济总量的百分比以及农户在村中的地位等方面考察了农业补贴的异质性（韩喜艳等，2020；尚旭东和朱守银，2017）。

在农业补贴对农村劳动市场需求影响机制的探讨中，主要包含以下两条路径。其一，劳动力转移路径。一方面，农业补贴可能会促进农业生产收益的提高，进而增加劳动力农业生产的边际回报，使得外出务工群体返乡进行农业生产，降低对市场雇工的需求（Nordin，2014）；另一方面，农业补贴使农户额外获得一份收入，农户因而更加重视闲暇所带来的效用，从而减少劳动供给（包括农业与非农业），进而增加农村劳动市场上的雇工需求（Mary，2013）。从劳动力转移路径来看，农业补贴既有增加农业劳动供给又有抑制农业劳动供给的双重效应，从而导致农业补贴对农村劳动市场需求的诱致方向不明（Petrick & Zier，2011）。其二，土地流转路径。农业补贴提高农业生产的收益，抑制了农户流出土地的意愿，从而增加农户对雇工成本的投入（柯炳生，2018）。此外，由于农业生产收益的提高，激发农户流入土地的意愿，促进了市场雇工需求的产生（许庆等，2021）。从土地流转的路径来看，农业补贴对农村劳动市场需求有促进作用。

对于农业补贴长期效果的评估，有学者如 Adams et al.（2001）认为，农业补贴的长期效应不足，农业产量或投入的提高可能并非由于农业补贴对农业生产率的影响，而是为了获得更高补贴的预期，即农业补贴只具有水平效应而不具有增长效应。农业补贴的增长效应之于农村劳动市场，主要在于农业补贴带来的市场雇工需求能否促进农业经济的增长，若能促进则可以说农业补贴具有增长效应，反之则不具有增长效应。

综上所述，学术界对农业补贴的深入研究为本节在分析农业补贴对农村劳动市场发展的影响上提供了一定的借鉴与参考，但考虑到农业补贴的转移支付效应的基本认识，其对农村劳动市场的溢出影响——促进农民就近就地就业——则是更具研究意义的现实问题，然而这一部分研究还有待进一步完善：一是农业补贴的发放与农户的土地规模、当地的经济发展水平等直接挂钩，农业补贴对农村劳动市场需求的异质性考量具有重要价值；二是劳动力转移机制和土地流转机制对农村劳动市场发展产生两种截然相反的情况，农业补贴的作用机制还有待深入考察；三是农业补贴对农村劳动市场的发展是否具有增长效应有待评估。

三 研究设计

（一）数据来源

本节以中国家庭金融调查与研究中心公布的2013年、2015年两轮调查数据对上述问题进行验证。中国家庭金融调查数据（CHFS）采用三阶段、分层与规模比例的现代抽样技术，以先进的计算机辅助调查系统对调研数据进行记录，在29个省（自治区、直辖市）、637个县（县级市、区）、1481个社区选取了40011户家庭进行访问。调研信息涉及家庭基本人口特征、资产状况、支出与收入等方面。此外，该数据库对农户家庭中农业各种投入的成本、劳动力资源的分配、承包土地情况、农业生产收入等信息都有详细的记录。

为了使数据符合问题分析的前提条件，本节对数据作出如下清洗：（1）剔除所有非农业户籍的家庭数据，防止其对回归结果的干扰；（2）进一步删除所有当年未进行农业生产的家庭数据，不进行农业生产的农村户籍人群不属于本节的考察对象；（3）删除2013年与2015年两轮调查中未全部参加的农户。本节最终获得包含5771个个体的两期面板数据。

（二）变量界定

1. 农村劳动市场需求的界定

从理论上讲，需求包括意愿和能力两个方面。具体到农村劳动市场，其市场需求包括农户对劳动力需求的意愿和能力（农业雇工行为）。为了更加全面地表征农业补贴对农村劳动市场需求的影响，本节从两个方面对农村劳动市场需求进行表征：第一，农户是否存在雇工意愿，如果存在雇工意愿，则赋值为1；反之赋值为0，以期从整体上观测农业补贴能否促进农村劳动市场的需求扩张；第二，雇工需求量的多少，拟用当年农户市场雇工总支出进行表征，从而考察农业补贴对农村劳动市场需求的影响。

2. 农业补贴的表征

CHFS调研数据中有以下三个问题与农业补贴有关："去年您是否获

得了农业补贴",对于回答结果为"是"的农户则继续追问以下两个问题,"去年您获得的货币补贴为多少"以及"去年您获得的实物补贴的货币价值是多少",本节拟以这两个问题回答结果的加总值作为农业补贴的代理变量,以期反映农户每年获得的实际补贴多少。

3. 机制变量的选择

为了考察农业补贴到底经过何种路径影响了农村劳动市场的发展,本节拟考察劳动力转移与土地流转两种作用机制。

第一,劳动力转移机制。农业补贴可以影响农户劳动力的配置进而影响农村劳动市场需求,为了检验这一机制,本节从劳动力在农业与非农业之间的配置和劳动时间两个方面去检验农业补贴的替代效应与收入效应。其中,对于劳动力在农业与非农业中的配置,以务农就业人数与家庭总人数之比衡量农业补贴的替代效应;对于农业补贴的收入效应,考虑到收入效应不仅影响家庭从事农业的人数,还影响单个成员从事农业的时间,以家庭农业劳动力人数乘以单个劳动力从事农业的月数作为农业劳动时间变量。

第二,土地流转机制。为考察土地流转机制,本节拟以调研问卷中"去年您是否流出土地"以及"去年您是否流入土地"的回答结果,分别构建土地流出变量和土地流入变量,从土地流入、土地流出两个方面对该机制进行检验。

4. 控制变量

为了准确地反映农业补贴的影响,本节主要控制了个体层面、家庭层面、地区层面的因素作用,其中个体层面主要考虑户主的特征,包括户主的性别、年龄、是否上过经济类课程、受教育程度、风险规避程度;家庭层面包括家庭总人口、农业总收入、人均收入、人均耕作面积、机械总价值、农业产品市场率;地区层面主要是家庭所处地理区位、城乡收入差距。

(三)模型设定

农户是否产生雇工需求行为,包括两个阶段:第一阶段,是否具有雇工意愿;第二阶段,是否具有雇工能力,即在第一阶段的基础上确定需求量的多少。为此,本节拟采取两阶段模型与固定效应模型相结合的形式。

1. 两阶段模型

考虑到农户对农业生产等数据的回答多是主观记忆，在数据的准确性上可能存在异方差与正态分布的有偏性问题，本节采用不依赖正态假设与同方差的两阶段模型。第一阶段农户是否具有雇工需求，采用 Logit 面板二元模型进行回归：

$$Logit\ (Y_{it}=1\mid X_{it})\ = Logit\ (Y_{it}>0\mid X_{it})$$
$$= Lobit(\beta_0+\beta_1 sub_{it}+\sum_{j=2}^{n}\beta_j x_{jit}+\mu_{it}>0\mid X_{it}) \qquad (2—9)$$

第二阶段：农户雇工需求的多少：

$$W_{it}\ =\ Y_{it}>0\ =\ \beta_0+\beta_1 sub_{it}+\sum_{j=2}^{n}\beta_j x_{jit}+\varepsilon_{it} \qquad (2—10)$$

其中，Y_{it} 表示农户 i 在第 t 年是否具有雇工意愿，是则 $Y_{it}=1$，反之 $Y_{it}=0$；W_{it} 表示雇工需求量的多少；sub_{it} 表示农业补贴，x_{it} 表示控制变量；μ_{it} 与 ε_{it} 表示误差项，并且 $cov\ (\mu_{it},\ \varepsilon_{it})\ =0$；$\beta_0$、$\beta_1$ 与 β_j 分别表示常数项、农业补贴的估计系数、第 j 个控制变量的估计系数。

2. 固定效应模型

虽然本节利用两阶段模型控制了异方差以及正态分布有偏性的问题，但是可能存在一些不随时间变化或者不随个体变化的无法观测因素对实证结果产生干扰，基于此，本节借鉴 Kirwan（2009）的做法添加固定效应。首先，考虑到不同地区农业经济的发展条件不平衡，或者某一地区在 t 年进行惠农的基础设施建设等，都会对本节的实证结果产生干扰，因而添加地区固定效应，用以控制省级层面的差异性对回归结果的扰动；其次，考虑到中央政府可能会在某一年突然加大对农业经济的扶持力度等因素的影响，使得估计结果产生偏差，本节拟添加年份固定效应用以控制全地区的整体性变化，修正后的模型如下：

$$y_{it}\ =\ \beta_0+\beta_1 sub_{it}+\sum_{j=2}^{n}\beta_j x_{jit}+id+year+\varepsilon_{it} \qquad (2—11)$$

其中，y_{it} 表示农户 i 在 t 年的市场需求；id 与 $year$ 分别表示地区固定效应与年份固定效应。

四 实证检验

（一）相关性分析

在探讨农业补贴与农村劳动市场发展的因果关系之前，本节首先考察了农业补贴与农村劳动市场雇工需求之间的相关关系，以期为因果分析提供基本支撑。如表2—18所示，从雇工需求视角来看，获得农业补贴越多的农户家庭产生市场雇工需求的概率越大，农业补贴金额小于500元的家庭其产生市场雇工需求的概率仅为8.12%，大于等于500—1000元之间的家庭中市场雇工需求的概率上升到12.58%，在农业补贴大于等于2000元的家庭中市场雇工需求的概率最大为19.90%。而从雇工支出视角来看，随着农业补贴金额的上升雇工支出也是明显增加，其中农业补贴小于500元的家庭中雇工支出仅为117.99元，而农业补贴大于等于2000元的家庭中雇工支出则增长到3327.75元。总之，无论是从雇工需求还是雇工支出来看，农业补贴均与农村劳动市场需求之间存在正向关系。

表2—18　　　　　　　　　相关性统计

	补贴<500元	500≤补贴<1000元	1000≤补贴<1500元	1500≤补贴<2000元	2000≤补贴
是否雇工	8.12%	12.58%	13.24%	17.30%	19.90%
雇工支出	117.99元	647.45元	1145.42元	1642.45元	3327.75元

（二）基准回归

首先，两阶段模型回归结果表明：在雇工需求的选择方程中，农业补贴正向显著影响农户雇工需求的概率，农业补贴每提高1%，农户雇工的概率增加2.20%（如表2—19中（1）列所示）；而在雇工支出的回归方程中，农业补贴正向显著影响农户雇工支出，农业补贴平均每增加1元，农户的雇工支出将平均增加2.55元（如表2—19中（2）列所示）。

其次，引入地区固定效应的估计结果表明：农业补贴对农户雇工概率的促进作用，以及对雇工支出的提升作用同两阶段模型的估计结果具有一致性（如表2—19中（3）、（4）列所示）。有趣的是，当引入地区固定效应以后，农业补贴对农村劳动市场雇工概率的影响系数从2.20下降到 2.13、对雇工支出的影响系数从 2.554 下降到 2.547，这表明各地区普遍经历了农业基础设施的建设、惠农政策的出台等有利于市场雇工的变化。

最后，进一步引入时间固定效应，用以控制我国各地区整体性的变化对农村劳动市场需求的影响。回归结果显示：当引入时间效应以后，农业补贴对市场需求的影响程度进一步下降，对雇工概率的促进作用下降了 0.13，对雇工支出的促进作用下降了 0.004，但是并未改变农业补贴对市场需求正向促进作用的显著性（如表 2—19 中（5）、（6）列所示）。由此可知，无论是我国的中央政府还是各地方政府都在积极地推动农业经济的发展，使得农业经济朝着有利于市场雇工的方向前进，这将有利于乡村振兴稳步推进。

表 2—19　　　　　　　　农业补贴对雇工需求的影响

变量	(1) Y_{it}	(2) W_{it}	(3) Y_{it}	(4) W_{it}	(5) Y_{it}	(6) W_{it}
农业补贴	2.20*** (0.87)	2.554** (0.065)	2.13** (0.86)	2.547* (0.065)	2.00** (0.82)	2.543*** (0.065)
控制变量	Yes	Yes	Yes	Yes	Yes	Yes
id	No	No	Yes	Yes	Yes	Yes
year	No	No	No	No	Yes	Yes
F 统计量	54.80***	259.96***	56.05***	238.25***	60.76***	202.13***
样本量	5771	5771	5771	5771	5771	5771

注：*p<0.1，**p<0.05，***p<0.01；括号内为标准误；Y_{it} 表示是否雇工，W_{it} 表示雇工支出。实证结果因篇幅所限仅汇报核心变量的回归结果。下同。

（三）稳健性检验

1. 自选择效应

本节利用两阶段模型与固定效应模型在一定程度上解决了正态分布有偏性等问题的干扰，但是农户是否决定雇工可能是一个自选择而非随机事件，第一阶段的行为结果可能会对第二阶段的决策产生干扰。为此，本节拟采用 Heckman 两阶段模型来处理自选择问题，第一步测算农业补贴等因素对雇工意愿的影响，即农户是否选择雇工：

$$Probit(Y_{it}) = \beta_0 + \beta_1 sub_{it} + \sum_{j=2}^{n} \beta_i x_{jit} + \mu_{it} \qquad (2\text{—}12)$$

进而计算出逆米尔斯比：$imr_{it} = \varphi(\sum_{j=2}^{n}\beta_j x_{jit})/(1-\emptyset(\sum_{j=2}^{n}\beta_j x_{jit}))$。$\varphi$ 与 $\emptyset$ 表示概率函数。第二步在添加逆米尔斯比的基础上对雇工支出进行回归，从而纠正自选择效应的干扰：

$$W_{it} = \beta_0 + \beta_1 sub_{it} + \sum_{j=2}^{n}\beta_j x_{jit} + imr_{it} + Id + year_t + \varepsilon_{it} \qquad (2\text{—}13)$$

回归结果（如表 2—20 中（1）、（2）列所示）表明：无论是选择方程中的农业补贴对农户雇工需求的影响，还是回归方向中的农业补贴对农户雇工支出的影响均表现为正向显著性影响，与基准回归结果相一致。该结果也进一步表明，农业补贴对农村劳动市场需求的影响具有稳健性。

2. 工具变量检验

考虑到政府对农业补贴的发放标准可能与农业生产的经营方式（农业自雇、农业雇工）等因素相关，从而产生双向因果导致的内生性问题。例如政府可能出于鼓励雇工式经营的目的（雇工式经营有利于土地规模化），在惠农项目的补贴上向有农业雇工的家庭倾斜。为此，本节拟选取同一城市其他家庭农业补贴加总后的平均值作为工具变量以缓解可能存在的内生性问题。农业补贴的工具变量对雇工需求、雇工支出的回归结果显示（表 2—20 中（3）、（4）列）：F 统计量在两个回归方程中均显著，表明不存在弱工具变量问题。工具变量的回归结果同样表明，农业补贴对雇工需求存在显著正向影响，这意味着农业补贴对农村劳动市场需求的影响仍然具有稳健性。

表 2—20　　　　　　　　　　稳健性检验

变量	(1) Heckman-Y_{it}	(2) Heckman-W_{it}	(3) IV-Y_{it}	(4) IV-W_{it}
农业补贴	2.00 ** (0.83)	2.42 * (0.062)	1.76 ** (0.33)	2.39 *** (0.14)

续表

变量	(1) Heckman-Y_{it}	(2) Heckman-W_{it}	(3) IV-Y_{it}	(4) IV-W_{it}
控制变量	Yes	Yes	Yes	Yes
imr_{it}	Yes	Yes	No	No
id	No	No	Yes	Yes
year	No	No	Yes	Yes
F 统计量	70.77 ***	42.86 ***	295.36 ***	14472.17 ***
样本量	5741	5741	5771	5771

3. 安慰剂实验

本节虽然引入了地区固定效应与时间固定效应，但是只能控制地区维度、全地区时间维度上因素产生的干扰，对地区内部等因素的控制性可能存在不足。例如某一地区内地理环境的差异、某一地区中的某一区域在 t 年发生的自然灾害等。为了检验是否存在其他层面的遗漏变量问题，本节利用安慰剂实验进行间接识别。根据公式（2—11），可将估计系数 $\widehat{\beta_1}$ 表达为：

$$\widehat{\beta_1} = \beta_1 + \alpha \frac{cov(Out\_Work_{it}, \mu_{it} \mid Z)}{var(Out\_Work_{it} \mid Z)} \quad (2—14)$$

其中，α 表示其他遗漏变量带来的影响，Z 表示固定效应与控制变量的集合。如果样本数据支持 $\alpha = 0$，则表明遗漏变量对实证结果没有产生干扰。首先，把农户家庭获得的农业补贴随机打乱顺序并重新分配给每个家庭，然后，重新估计公式（2—11）。此时从理论上来看，β_1 的估计值应该为 0，如果重新估计公式（2—11）后得到的 $\widehat{\beta_1}$ 也近似为 0，则可以推断 $\alpha = 0$。本节以是否雇工、雇工支出作为被解释变量，对上述随机干扰过程重复 1000 次，并得到相应被错误估计的 $\widehat{\beta_1}$。如图 2—5 所示，$\widehat{\beta_1}$ 在两个方程中正态分布的均值都近似为 0，表明 $\alpha = 0$，则遗漏变量对实证结果的干扰性可以忽略不计，亦即农业补贴对农村劳动市场需求的影响具有稳健性。

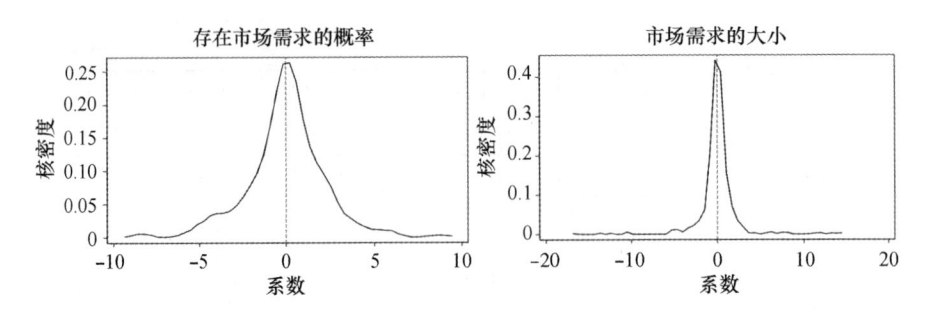

图 2—5 农业补贴对是否雇工（左）与雇工支出（右）的安慰剂实验结果

（四）异质性分析

1. 人均收入分组检验

从理论上来看，农业补贴对农业生产决策的边际效应在贫困地区的作用理应大于非贫困地区，市场雇工需求作为农业生产决策的范畴之一，农业补贴对其影响是否也受经济水平的影响？鉴于贫困的相对性，本节将人均收入高于均值的家庭划分为非贫困组，低于均值的家庭划分为贫困组。回归结果表明：非贫困组中，农业补贴对市场雇工需求的影响，无论是在雇工概率方程还是在雇工支出方程中，均不显著（如表 2—21 中（1）、（3）列所示）；而在贫困组中（如表 2—21 中（2）、（4）列所示），农业补贴对雇工概率、雇工支出的影响均为正向显著。非贫困组与贫困组的回归结果表明，农业补贴对农村劳动市场雇工需求的影响存在经济发展水平的异质性，对贫困组中农户家庭的影响大于非贫困组中的农户家庭。

2. 土地规模分组检验

根据尚旭东和朱守银（2017）的研究，农业补贴对于规模农户生产决策的影响较大。基于此，本节以农户土地面积的平均值作为分类依据，把农户分为大于均值组的规模农户以及小于均值组的小农户。表 2—21 中（5）—（8）列展示了分组后的回归结果：在大于均值组的规模农户中，农业补贴对雇工概率具有正向显著性影响，且高于表 2—19 中第（5）列未分组的回归结果；在雇工支出模型中，农业补贴的影响系数为 4.21，相比于表 2—19 中第（6）列中的回归系数有大幅的上升；在小于均值组的小农户中，农业补贴对雇工概率以及雇工支出的影响较少，其系数分别为1.05、1.19，均低于表2—19基准组中的系数绝对值，其中农业补贴对雇工概率的回归没有通过显著性检验。该结果表明，农业补贴在农村劳动市场雇工需求上的作用效果存在土地规模的异质性，对规模农户的促进作用相对较强，对小农户的促进作用相对较弱。

表2—21　　　　　　　人均收入与土地规模分组检验

变量	Y_{it}		W_{it}		Y_{it}		W_{it}	
	(1) 高	(2) 低	(3) 高	(4) 低	(5) 大	(6) 小	(7) 大	(8) 小
农业补贴	2.33 (1.54)	3.08* (1.74)	2.20 (2.04)	3.09** (0.75)	2.62** (1.27)	1.05 (1.19)	4.21*** (0.93)	1.19** (0.56)
控制变量	Yes		Yes		Yes		Yes	
id	Yes		Yes		Yes		Yes	
year	Yes		Yes		Yes		Yes	
F统计量	19.51***	44.62***	0.42	122.79***	32.45***	53.15***	76.35***	45.43***
样本量	1567	2689	1567	2689	1749	4022	1749	4022

3. 资金约束分组检验

农业生产的资金约束使得潜在的雇工需求演变成农业兼业化现象（李首涵等，2015），相较于不存在农业生产资金约束的农户，农业补贴是否能促进存在资金约束的农户产生更多的市场雇工需求？本节以CHFS调研问卷中"您家在进行农业生产时是否有贷款需求？"的回答结果作为分组依据，回答结果为"是"即存在资金约束，回答结果为"否"即不存在资金约束。回归结果表明（如表2—22中（1）、（2）列所示）：当农户存在资金约束时，农业补贴对雇工概率存在显著正向影响，且高于不存在资金约束的农户。在雇工支出的方程中，农业补贴同样表现出显著的正向影响，且存在资金约束组的影响系数大于不存在资金约束组（如表2—22中（3）、（4）列所示）。综上所述，农业补贴之于市场雇工需求的效应，在存在资金约束的农户中更加明显。该结果也进一步表明了农业生产的资金约束限制了农村劳动市场的发展。

表 2—22　　　　　　　　　资金约束分组检验

变量	Y_{it}		W_{it}	
	(1) 是	(2) 否	(3) 是	(4) 否
农业补贴	2.05*** (0.75)	0.75* (0.40)	2.68*** (0.22)	2.40*** (0.47)
控制变量	Yes	Yes	Yes	Yes
地区固定效应	Yes	Yes	Yes	Yes
时间固定效应	Yes	Yes	Yes	Yes
F统计量	81.02***	110.33***	3.34***	1799.46***
样本量	881	4125	881	4125

五　作用机制与增长效应

（一）农业补贴的作用机制

1. 劳动力转移机制

农业补贴通过劳动力转移机制对农村劳动市场雇工需求的影响可以概括为替代效应与收入效应：其一，农业补贴通过提高农业经营的回报率使得农户把更多劳动力投入农业部门，从而减少雇工需求，即替代效应；其二，农业补贴增加了农户的收入，使得农户闲暇的倾向增加，农业劳动的时间减少，从而增加市场雇工需求，即收入效应。本节从农业补贴与农业就业比例的交互作用中检验替代效应，从农业补贴与农业劳动时间的交互作用中检验收入效应。如果农业补贴确是通过劳动力转移机制对农村劳动市场雇工需求产生影响的，那么农业补贴与农业就业比例、农业劳动时间的交互项显著影响农村劳动市场雇工需求，反之交互作用不显著。

在替代效应的检验结果（如表 2—23 中 (1)、(2) 列所示）中，农业补贴与农业就业比例的交互作用并没有对雇工概率产生显著的影响，雇工支出方程中这一效应也不显著，这意味着农业补贴对劳动力转移的替代效应并非农业补贴诱导农村劳动市场雇工需求的主要机制。收入效应的检验结果与替代效应的检验结果相似，农业补贴与农业劳动时间的交互作用无论是在雇工概率的方程中，还是在雇工支出的方程中都没有表现出预期的显著性（如表 2—23 中（3）、（4）列所示）。综上所述，农业补贴对农村劳动市场雇工需求的诱导效应，并不是通过劳动力转移机制实现的，究其原因可能是目前农户家庭中非农就业收入已经占据家庭收入主导地位，而且农业补贴资金相对较少，从而对劳动力配置的影响比较微弱。

2. 土地流转机制

农业补贴提高了农业生产收益，从而增加了农户对农业生产重视的权重，是否可以通过抑制土地流出、促进土地流入的方式提高农户对市场雇工的需求？本节分别以农业补贴与是否流出土地、是否流入土地的交互项作为机制变量对这一问题进行验证。为便于理解农业补贴的作用，把未流出土地的农户赋值为 1，流出土地的农户赋值为 0；流入土地的农户赋值为 1，未流入土地的农户赋值为 0。

回归结果显示，农业补贴与是否流出土地的交互作用正向显著影响农户的雇工概率（如表 2—23 中（5）列所示）；在雇工支出的方程中，这一正向促进效果仍然显著（如表 2—23 中（6）列所示）。农业补贴与是否流出土地的回归结果表明，农业补贴可以通过抑制土地流出的方式增加市场雇工需求。在农业补贴与是否流入土地的回归结果中，交互项对雇工的概率具有显著的正向促进效果，但是交互项在雇工支出方程中并没有通过稳健性检验（如表 2—23 中（7）、（8）列所示）。该结果表明，农业补贴虽然能在一定程度上通过促进农户土地流入的方式增加农村劳动市场需求，但是作用效果不如通过抑制土地流出更加稳健。这一现象也反映了一个现实问题，农业补贴的激励作用有待提高，虽然能起到抑制土地流出从而增加农村劳动市场雇工需求的作用，但在进一步通过土地流入来诱导农村劳动市场雇工需求上略显疲软。

表 2—23　　　　　　　机制检验

变量	(1) Y_{it}	(2) W_{it}	(3) Y_{it}	(4) W_{it}	(5) Y_{it}	(6) W_{it}	(7) Y_{it}	(8) W_{it}
农业补贴	2.21*** (0.80)	2.24*** (0.63)	2.19* (1.33)	2.68** (1.25)	1.77*** (0.24)	1.62*** (0.34)	1.53** (0.78)	2.00*** (0.27)

续表

变量	(1) Y_{it}	(2) W_{it}	(3) Y_{it}	(4) W_{it}	(5) Y_{it}	(6) W_{it}	(7) Y_{it}	(8) W_{it}
农业补贴×农业就业比例	0.32 (1.22)	−1.58 (1.01)						
农业补贴×农业劳动时间			0.0098 (0.069)	−0.077 (0.056)				
农业补贴×是否流出土地					1.09** (0.49)	1.76*** (0.39)		
农业补贴×是否流入土地							2.53** (1.29)	−0.82 (0.94)
控制变量	Yes	Yes	Yes	Yes	Yes	Yes	Yes	Yes
id	Yes	Yes	Yes	Yes	Yes	Yes	Yes	Yes
year	Yes	Yes	Yes	Yes	Yes	Yes	Yes	Yes
F 统计量	202.04***	3.61***	65.41***	31.10***	208.92***	53.15***	59.53***	45.43***
样本量	5771	5771	5771	5771	5771	5771	5771	5771

(二)农业补贴的增长效应

农业补贴对农村劳动市场发展的增长效应，主要在于农业补贴诱导的农村劳动市场需求与农业经济增长之间能否形成良性循环。如果农业补贴诱导的农村劳动市场需求能带动农业经济的增长，则可以说明农业补贴之于农村劳动市场具有增长效应；反之农业补贴诱导的农村劳动市场需求不能与农业经济之间形成良性增长循环，则说明农业补贴只具有水平效应，不具有增长效应。基于此，本节以家庭农业总收入作为农业经济发展水平的代理变量，考察农业补贴与雇工需求交互项在其中的作用，从而推测农业补贴是否具有增长效应。回归结果显示：农业补贴与是否雇工的交互作用能够显著促进家庭农业总收入的提高，即在雇工的情况下，农业补贴平均每增加 1 个单位，则能带动家庭农业总收入平均增加 1.72 个单位（如表 2—24 中（1）列所示）。表 2—24 中第（2）列汇报了农业补贴与雇工支出交互项对农业总收入的影响，交互项对农业总收入有着正向显著作用,该结果表明农业补贴诱导的农村劳动市场需求有利于农业产出的提高,农业补贴对于农村劳动市场的发展具有增长效应。

此外,考虑到农户家庭中的收入来源不仅有农业收入,还有非农业收入,本节进一步以农户家庭总收入作为经济发展水平的代理变量,从农村经济的整体性上考察农业补贴的增长效应。表2—24中(3)、(4)列分别汇报了农业补贴与是否雇工、农业补贴与雇工支出的交互项对家庭总收入的影响,值得注意的是,这两个方程中交互项都没有对家庭总收入表现出显著性,对于以家庭总收入为表征的农村经济,农业补贴的增长效应似乎消失了。主要原因可能是在农村家庭中农业收入的占比仅为34.10%,[①] 非农就业收入已成为家庭收入的主流,虽然农业补贴诱导的农村劳动力雇工需求对农业总收入有良好的促进作用,但是尚不足以显著提高其家庭总收入。

表2—24　　　　　　　　　　增长效应分析

变量	农业总收入		家庭总收入	
	(1)	(2)	(3)	(4)
农业补贴×是否雇工	1.72*** (0.28)		0.95 (1.64)	
农业补贴×雇工支出		2.14*** (0.52)		0.0026 (0.0023)
控制变量	Yes	Yes	Yes	Yes
地区固定效应	Yes	Yes	Yes	Yes
时间固定效应	Yes	Yes	Yes	Yes
F统计量	840.02***	995.85***	20.45***	882.57***
样本量	5771	5771	5771	5771

---

① 该数据经作者对CHFS数据中农业总收入的均值/家庭总收入的均值计算所得。

综上所述，从农业经济的角度考察，农业补贴之于农村劳动市场具有增长效应；从农村经济整体性的层面看，农业补贴的增长效应还有待提高。

六　结论及其政策含义

本节采用中国家庭金融调查（CHFS）2013年与2015年两期面板数据探讨了农业补贴对农村劳动市场需求的影响，并且进一步考察了其作用机制与增长效应。研究结果表明，农业补贴无论是对以雇工概率衡量的市场需求，还是以雇工支出衡量的市场需求都具有显著的促进效果，并且无论是中央政府还是地方政府都在积极推动农业经济朝着有利于市场需求的方向发展。相较于非贫困家庭、小规模家庭以及不存在农业生产资金约束的家庭，农业补贴在贫困家庭、大规模家庭、存在资金约束家庭中对市场需求的诱导作用更强。农业补贴对市场需求的促进效果在考虑内生性等问题的干扰后仍然稳健。作用机制与增长效应分析表明，抑制土地流出、促进土地流入是农业补贴诱导市场需求的主要渠道，现阶段劳动力转移机制的作用效果并不明显。虽然农业补贴引致的市场需求并不能显著提升农村家庭的总收入，但是对家庭农业总收入有显著的促进作用，即农业补贴存在增长效应，并且增长效应在农业经济具有比较优势的地区比市场经济发达的地区更强劲。

本节研究结论的政策含义有三点：第一，实施具有针对性的补贴政策。目前我国农业补贴的受众群体分散并且缺乏激励机制，从而导致农业补贴政策没有发挥出应有的效果。2016年农业补贴政策的改革把补贴的重点转向规模农户，增强了农业补贴的精准制导性，改善了农业补贴激励对象的错配问题。政策制定者应该进一步明确与细化补贴的对象，因地制宜地实施差异化的农业补贴政策，激励农户走上农业现代化的道路。第二，适当提高农业的补贴力度。农业补贴额度的上升不仅可以凸显农业补贴缓解资金约束的效应，还可以增强农户抵御农产品价格波动等抗风险能力，从而推动农户采取更加积极的农业生产行为，打破小农户抱残守缺的困境，例如通过市场雇工扩大经营规模、引入新的农业生产技术等。第三，推动农村劳动市场的发展。一方面，以镇/乡为单位由政府出面搭建农村劳动市场平台,使劳动力需求方与劳动力供给方实现信息共享,从而完善农业生产劳动力的资源配置;另一方面,针对农业生产的资金约束,可以对进行市场雇工的农户实施专门的补贴政策,在推动农村劳动市场发展的同时提升补贴的效率。

第 三 章

乡村之替：农村关系信任的式微与重构

受市场经济改革渗透影响，农村劳动市场兴起，部分农民实现就近就地就业，有效提高了家庭总收入。然而在这一过程中，农村社会以人情等质交换的行为逻辑逐渐被以价交换的市场逻辑所替代，继而改变的是农村居民的关系信任日渐式微，是为乡村之替。为此，本章拟从农村关系信任的式微与重构视角阐释乡村之替。

第一节 农村关系信任：概念界定与变迁历程

一 概念界定

本书中的农村关系信任系指乡土社会中因为关系的差异而形成的由亲而信的熟人信任，是农村社会互动得以发生和农村社会秩序得以建构和维系的重要手段。"关系"包括人与人之间的血缘家庭关系和其他诸如同学、朋友、同事等一般性的交往关系，是构建中国社会的重要组成部分，也是认识理解中国人社会行为的重要依据（杨中芳和彭泗清，1999；李伟民和梁玉成，2002）。其中，"关系"中的人与人之间的血缘家庭关系也称之为特殊信任，而其他诸如同学、朋友、同事等一般性的交往关系也称之为普遍信任。

二 农村关系信任的变迁历程及其逻辑

为了更好呈现农村关系信任的变迁历程，本节拟呼应农村劳动市场的演进历程，选择三个较为一致的时间阶段来整理、归纳和思考农村关系信任变迁的生命历程，即以 1978 年改革开放为特征的人情互助式的特殊信任、以 1992 年市场经济改革为起始的人情交换式的特殊信任和以 2006 年农业税全面取消为标志的利益交换式的普遍信任。这与农村劳动市场的演进历程相互对应：人情互助式的特殊信任（人格化交易阶段）、人情交换式的特殊信任（类市场交易阶段）和利益交换式的普遍信任（市场化交易阶段）。之所以这么划分是因为：第一，农村关系信任的变迁与农村劳动市场的演进相辅相成，具有内在一致性；第二，三个重要时间节点，即 1978 年的改革开放、1992 年的市场经济改革和 2006 年的农业税全面取消，对农村经济、社会等方面的影响是全方位的；第三，农村关系信任的变迁是农村劳动市场演进的社会表现，而农村劳动市场的演进是农村关系信任的变迁的经济形式。

第一阶段（1978—1991 年）：人情互助式的特殊信任

中国的乡土社会特别重视以家庭为纽带的亲缘和地缘关系，这种对亲缘、地缘关系的重视影响人们的生活方式和社会交往方式，已成为一种"习性"，并具有很大的惯性（李培林，1996）。以血缘、地缘为人际关系初始禀赋的农村是一个以"己"为核心的"差序格局"社会环境下的关系取向为行动逻辑的"熟人社会"，并由此形成乡土社会中由"亲"而信的"熟人信任"（赵泉民和李怡，2007）。

第二阶段（1992—2005 年）：人情交换式的特殊信任

随着市场化改革的逐步推进，传统的熟人社会迎来了姻亲关系、拟血缘关系、业缘关系与团体格局的巨大冲击（陈柏峰，2011a），基于此，传统熟人社会下的人情效益利他式理性逐渐演变为原有熟人秩序解体与现存经济、法律体制不健全下的人情效益个体理性，这一理性既有转型下中国传统思想的遗留，又体现了新环境下人们对自身利益诉求的觉醒，是中国由原来的"乡土中国"到现在的"城乡中国"的特殊产物（刘守英和王一鸽，2018）。

第三阶段（2006 年至今）：利益交换式的普遍信任

伴随着市场经济改革的逐步深化，一个衍生性问题日渐浮出，即市场化与社会资本的关系，其核心争议是：对于市场化而言，社会资本是一种正在逐渐削弱的市场外力，还是持续绵延的市场内力（张文宏和张莉，2012）？已有研究结论基本表明，社会资本作为一种非正式制度随着国家市场化进程的深化而弱化（张文宏和张莉，2012；陆铭等，2010；赵剑治和陆铭，2009；张爽等，2007；Zhang & Li，2003；Knight & Yueh，2008；Bian，1997；Lin，1999）。而作为社会资本重要组成部分的关系信任也随着市场化进程的推进而发生相应的改变。当农村社会结构从非正式结构向正式结构转移时，农村关系信任的差序格局从以血缘、有限地缘为基础的特殊信任向以业缘关系为基础的普遍信任演化，形成一条U形农村信任差序格局的演进路径（罗杰和黄君慈，2005）。陆铭和张爽（2008）、马得勇（2008）、杨明等（2011）、余泓波（2017）等研究均进一步印证该结论，尤其是陆铭和张爽（2008）的研究清晰阐释了农村居民关系信任的演变机理，即如果把劳动力流动和收入差距扩大作为市场经济改革的两个结果，那么市场化通过增加劳动力流动而提升农村居民的普遍信任，但同时通过扩大收入差距而降低农村居民的特殊信任。

三　农村人情往来的实践逻辑：案例佐证

作为一种经验性的研究方法，案例研究能够对社会行为进行丰富细腻的描述，有利于清晰地展现人情消费与关系信任之间的内在逻辑，并有效实现对人情往来这一实践现象的诠释性解释。在这一过程中，为了进一步佐证农村关系信任的变迁历程，课题组多次作为人情消费的旁观者和实践主体对西南某县当地农村居民的人情往来进行参与性观察，以准确把握本节研究对象的真实想法和行为偏好，并聚焦人情消费和关系信任这一主题进行半结构式深度访谈，为完整保留原始资料，在征得受访者同意的情况下，访谈内容由录音设备和纸质笔记有效记录。访谈结束后及时整理工作日志，在对人名地名进行模糊化处理的同时保留访谈对象的"乡音"和语言表达习惯。若资料整理和分析过程中存在疑问，则再联系访谈对象进行二次访谈，充分利用定性分析深入挖掘人情往来背后的实践逻辑和现实意义。

（一）案例来源

丰富多元的调研素材可以保证数据之间的相互补充和交叉验证，进而提高案例的信度和效度。课题组利用2021年暑假和2022年寒假在四川省内江市进行了多次小规模的访谈调研和参与性观察,为本节案例研究收集了诸多宝贵的第一手和第二手数据资料,具体包括:(1)访谈记录,共组织访谈 18 人次,收集有效访谈时长约 5 小时;访谈人员是来自不同收入阶层和年龄阶段的当地农民,地理范围覆盖 7 个村,具有广泛的代表性。(2)礼簿册 4 份和参与性观察 5 类,包括老人寿宴(1 份)、新人结婚(1 份)、小孩满月(1 份)、考上大学(1 份)、丧事,几乎涵盖所有典型的仪式性人情消费情境。(3)专项媒体报道 1 份。

(二)案例阐释

案例研究主题按照三个序列相关的内容展开,首先考察了当地村民对于人情消费变化的感知及其与关系信任的内在关联,通过咨询不同年龄阶段的农村居民"从您记事开始到现在,人情消费在名目、形式、目的、情感表达方面都有哪些变化呢?""人情往来的范围(血缘、地缘、业缘)有什么变化呢?""如何评价这些变化给您的生活带来的影响?"其次,剖析人情消费作用于关系信任的途径,主要探讨的问题有"您认为人情消费具有哪些社会功能和意义,哪一种社会功能的作用效果最大?"。最后,通过"您认为有哪些原因导致了如今的人情演变呢?"这一问题挖掘出人情嬗变的可能解释。

1. 人情关系的渐变事实

本节讨论的人情既包含物质表现的人情消费,也囊括内在情感的关系信任,二者相互区别又存在联系。用村民们的话来说:

"送礼的意义就是觉得身边还有那么一大群人,朋友都在身边能够到(宴席)就表达了对主家的尊重。来了不管(礼金)多少,他(主家)也不会嫌弃而是会非常高兴,也就是一种情感的纽带。只能通过这种形式,大家才能够聚到一起。在农村里面几乎就是靠这种形式联络感情,其他就没有表达的形式了。因为现在外出打工的人特别多,他每一年无非就是过年呐或者什么时候回来,很多情况下他们过年回来,即使不是正生(真正生日那天),都会提前来做这个生(办宴席),就是为了大家聚一聚。"

"村里面张大爷做生,本来正生不在初三的,改在了初三就想着出去打工的(农民)这时候都在家。"

"(人情消费)形式上就是由实物演变成现金,它的意义就是一种情感纽带，而且是相互认亲（确认亲近情感）的一个最好的途径。"

"亲戚不走就不亲了。长期不来往不交流，就没有共同话题了，所以之间就没有什么情感了。"

不可否认的是在村民心目中，人情消费无论过去还是现在都是联络情感、建立信任的一种很好的途径，尤其是对于常年在外务工的农民工来说，这可能是唯一的途径。只是这种"纽带"随着时代的发展也在悄然变化着。

"以前用实物送礼，我们很小的时候（80年代）走人户，送一斤白糖到两斤，当时的白糖7角3分钱一斤，这样就可以走人户，探探亲了。带着一斤白糖一家人都可以走人户，而且这都算条件好的嘞！能送冰糖、送面就更好了。那时候，哪一家人做丧事就送草纸（冥币），送两刀或三刀（1元）。这是一种礼节，送过去就是表达对去世老人的一种尊重或是悼念。后来就演变成过生做寿送布（布料，两到三角钱一尺，一般送六尺）送匾，再后来就演变成送红包，到现在几乎就是送现金。由5元（1984年左右）到10元（1991年左右）到20元（1995年以后）再到50元（1998年以后），如果普遍都送50元，送100元就算大礼了，有送100元的就有送200元的逐渐到现在。"

"现在的农村过生做喜事一般就送双数，条件差一点的就送200元，关系一般的也就送200元；条件好一点的、关系好一点的就送400元或者600元。"

人情消费的形式由送实物（糖、面、纸、布）到现金（5元到600元），这与当地村民提供的专题报道相吻合。报道中是这样描述人情消费的演变的：20世纪六七十年代，亲朋好友及乡亲们的礼大多不是钱而是物。五到十个鸡蛋，一张印画，一面镜子，或一个脸盆等。有的是新人们缺什么小件东西，朋友们就合伙送什么东西。到后来开始资助些钱，从一两元到八九十年代的五元礼金。到了90年代末，农村礼金的变化稍大一些。人情消费随着物质生活条件的改善而逐渐攀升，但仅仅是表面形式的改变吗？

"我觉得现在的人情来往关系的建立变味了一样，但是又没有办法，现在不通过这种方式，也没有其他方式来往了。有时候就憋到不得不走（送礼），不得不喊（请客）。我觉得最好的就是走哪里去（赶人亲）打个空手或者是买点水果之类的多好。"

"这会走人户没有以前的感觉了，以前我们走同学那里去，送两块钱。随便买点麦片、豆奶粉提着去，一家人送一袋，几块钱十多块钱就解决了。别人（主家）心里面多高兴。这会儿就没有以前的感觉了。"

"以前是不管你拿（送）多拿少，只要你在场当天（参加宴席），大家就很高兴。现在我举个例子：二姑婆满70（岁），我们送20块钱（2001年），Y亲戚和二姑婆就在房间里讲：送20元钱老子（我）懒得洗碗。我在另外一个房间正好听见了，带着我的孩子饭都没吃就回家。当时她（二姑婆）就觉得我们送少了，因为那个时候有些人已经开始送50（元）了。后面我们就没有跟他们来往了，姑公满80（岁）我们都没有去，也没有挂礼（送礼）。"

可以看出人情消费形式的变化也伴随着关系信任的改变，村民们普遍感受到的是人情变味了。过去的人情消费是情感联络重于物质价值，人们在意的是这份情谊和信任。而现在，人情往来没有以前那么紧密了，人情消费所带来的关系认同也没有以前那么强烈了。有时甚至会因人情消费没有达到"标准"，而伤了情感、断了关系。时过境迁，过去的"唯一桥梁"逐渐演变成"高筑的围墙"，唯一不变的是物质形式的人情消费始终牵动着内核情感的关系信任，只是牵动的方式发生了改变。

2. 人情关系的渐变路径

在村里尤其是在村民普遍外出打工的当下，人情消费几乎成了人们联络情感的唯一方式，也正是因为这种机会的稀缺又使得人们开始为了不同的社会目的进行人情消费，进而引发关系信任的变动。这种变动可以从村民的处事逻辑中寻找真实的答案。

"人情送礼最开始说直白一点就是'拉帮结派'，后来经济条件好了大家送礼送得高，办席办得大，就有'面子'。还有些是正儿八经的'互助'，但是现在互助的比较少了。因为现在大家经济方面富裕起来了。有些就是为了显摆有钱。"

"当年村里的贺八爷祝寿，他亲家公为了给自己赚足面子，送礼送得最多，就是为了显示'我送礼就要送大礼，比你办事的人还风光'。"

村民所说的"拉帮结派"实际意指人情消费的"自己人化"，把更多的人"拉"进"自己人"的关系圈中；而所谓的"面子""显摆""风光"，就是前文所提及的"社会竞争"，类似于一种炫耀性消费；还有就是互助互惠。由此可以看出，在现实语境中，人情消费的社会功能也即作用于关系信任的路径主要包含自己人化、社会竞争、互助互惠。以前自己人化、互助互惠的社会目的表现得更多一点，而现在社会竞争的现象逐渐凸显，大家普遍觉得：

"以前大家都觉得情谊很重要，信任很重要。改革开放前，吃大锅饭的时候，那时候就是集体利益。后来改革开放，就是个人利益了。以前邓小平的政策是好的'一部分人先富起来带动另外的人'，但是现在成了富的越富，穷的越穷，两极分化太严重了。"

"对于挣得到钱的人，他觉得没得哈子的（送礼没有影响）；挣不到钱的人，它（送礼）确实是一种负担。大多数人都会觉得有负担，起码百分之六十到七十的人，他是觉得有负担的。"

当社会竞争开始主导人情消费的行为决策时，收入差距的拉大将影响不同收入阶层的心理状况。

"赶人亲在每个时代对于穷人来说都是一种负担，但又是必须付出的一个东西。因为如果不通过这种形式，就感觉从自身来讲或个人自尊来讲，不送礼又觉得不好。从别人的角度讲，但凡主人家比较势力一点，他也觉得这样的事情（没有收到礼金）是一种损失。如果大家都不送礼，吃（席）的人又多，他就觉得亏了。"

"任何一个时代送礼都有负担，我举个例子，过去幺阿公就跟别人说'四妹（受访者）他们走人户都要卖东西'。做（种）庄稼的人你不卖东西就没得钱的，要背了粮食去卖，卖了才有钱送人礼，那时候又没有打工，不卖粮食就没有钱啊。"

"现在没办法，别人买多少东西送多少钱，你如果还礼还少了，自己感觉就不好。或者有时还想着再加点（回送过去）。去年钟三我给他买条软云（烟）过去，结果他回过来给我爸送了一条中华。"

"坡下的吴毛二开铁厂挣了钱，过生做事摆酒席，叫村里面的人都去吃饭，不收大家的礼钱。有些人就会说'你不收我的礼，我就不来。'他就觉得你（主家）又渺小（藐视）了他，看不起他。有些人会认为现在我自己吃得起饭了，你这样叫我去白吃一顿就像是施舍。所以有些人反而对这种行为感到反感。"

一直以来，人情消费对于低收入阶层来说都有可能成为一种负担，无论是物质上还是精神上。而且随着社会收入差距的拉大，这种负担变得越来越严重。经济压力来自"礼尚往来"的传统，双方的人情消费至少应该等值；精神压力源于周围人的看法和个人的自尊。与此同时，社会阶层的分化也使得人们的厌恶异质心理更加凸显，将有钱人家的免礼金行为视为对其本人的藐视，这种情境在宁波农村也有所体现（陈柏峰，2011a）。从本质上讲，这说明人情消费作用于关系信任的路径发生了改变，过去村里大家经济条件相当的时候，人情消费重在情感而不是形式，人情消费主要通过自己人化或者互助互惠拉近彼此之间的情感。现在随着收入阶层的分化使得彼此之间的消费水平、价值观念发生了变化。人们对人情消费形式的在意程度多于其情感的表达，而这种社会竞争也就是"面子"思想在近些年的礼俗来往中多有体现，而这也使得村里彼此之间的信任变得更加脆弱。

3. 人情关系的渐变逻辑

经济行为总是在大的政治背景下发生。本节将在上述内容的基础上，从当地村民的视角出发进一步挖掘人情关系的渐变逻辑，进而为构建合理的农村关系信任提供参考。在与村民的交谈中，可以强烈地感受到农村人情的式微与人际关系网络的多元化有密切关联。这不仅体现在"内外有别"的关系格局中，还存在于"离土离乡"的社会现实中。

"人情变味我认为一般是关系不是特别近的那种，关系近的就不存在。关系不是特别近的人就会认为不来（宴席）也不好，来了又感觉到有压力，出了这么多钱。"

"现在大家工作的领域不同了，你工作的领域是什么，基本只对这一样了解。如果别人摆（聊）到另外的话题，你根本插不上嘴。哪像以前每天在一起挖泥巴，这会（现在）出去打工了，各个接触的都不一样。现在大家接触的行业不一样了，就聊不到一块，要聊的话都只能聊以前的事了。"

时代环境的变化，让村里的一些人"离了土"也淡了情。劳动模式（传统农民、半工半农、农民工）的改变扩大了村民的人际交往圈，一层层关系圈，远近亲疏各有不同。内层亲近的关系圈相对稳固，人情消费异化的影响较小；外层疏远的关系圈稳固性较弱，更容易受到人情消费的影响。另外，劳动力流动也使得传统农村世代聚村而居的乡土本色黯淡，乡里乡亲之间的情感在熟人社会的消解中逐渐式微。

"农村人情消费互相攀比的现象也有，但是我们这个地方比较少。比如我们这个地方（H村）做事（办酒席），像拿烟（饭桌上配的烟）呐，如果他要拿中华，那么可能当地的人都不会让你拿这么好的烟。他（当地长老）不会让你破坏当地的规矩。在这种情况下，当地比较有威信的人就会来劝你：我们这个地方大家抽的都是软云，那么你只能用软云。如果让你坏了规矩，以后别人做事（办酒席），又怎么办呢？我们这里几乎每个院子里面都有这样的一个让人信服的人维持着人情秩序。"

"像L村那边，我就听说他们有那种一年想方设法不断做事的（办酒席），聚富敛财。别人来也不好，不来也不好。他们的酒席吃得相当简单，就是为了赚礼钱。这就弄成了一种风气了，你做我也做大家都是这么搞。这种就非常伤感情。"

在调研的过程中，发现H村因为保留了传统的长老宗族观念，当地人情消费的风俗一直以来都维持在一种较好的状态，而L村因为内部治理的弱化，使得个人偏好凸显，聚富敛财、人情攀比的现象时有发生，进而损伤相互之间的信任。

总体而言，本节利用社会学的研究方法，通过访谈资料和参与性观察着重探讨了人情消费与关系信任之间的内在逻辑，由直观描述到机制剖析再到变迁逻辑一层层打开。在村民们的描述中，关系信任在人情消费的作用下，经历了增进信任到信任危机的转变。社会经济的发展、收入差距的拉大对个体行为决策产生了重要影响，而且这种影响明显高于自己人化和互助互惠的作用。更进一步地，在讨论人情关系的渐变逻辑时，关系远近的不同受人情消费的影响将存在较大区别，亲近关系相较于普通关系更不容易出现人情式微。除此之外，H村较好的内部治理结构也为后续的乡村善治提供了参考借鉴。

四 小结与本章余下安排

本节运用若干案例再现了农村人情往来的实践逻辑，在这一过程中，农村人情由互帮互助式转向利益交换式。为了更好厘清这一机制，接下来本章主要探讨如下两个问题：一是农村关系信任因何而变？既然人情关系最终转向利益交换，那么利益交换将落脚到收入差距，进而村庄内部收入差距如何影响农村因人情而产生的关系信任？二是如何重构农村关系信任？因市场经济改革向农村地区的逐步渗透，农村原有的差序格局呈现"内核重组—外层内嵌"的转变，在遵循这一转变的基础上，如何引导农村人情消费，以重构一个与当前农村秩序相适当的"差序格局"？

本章余下安排如下：第二节从村庄内部收入差距视角探讨农村关系信任的变化；第三节从农村人情消费视角探讨重构农村关系信任的实践路径。

第二节　农村关系信任的探因：村庄内部收入差距视角

一　引言

1978 年改革开放，尤其是 1992 年市场化经济改革以来，伴随着劳动力流动政策的逐年放松，农村剩余劳动力大规模持续性转移到城市非农就业部门，由此农村社会发生两方面重要变化：一方面，城市非农就业收入与农村农业收入之间的差异使得城乡收入差距呈现逐年扩大的趋势，同时农村内部也因家庭劳动力在农业与非农业之间的分工差异而引致的收入差距日渐扩大。截至 2019 年，农村最高 20% 分位组居民的人均可支配收入已达最低 20% 分位组居民收入的 8 倍之多（国家统计局，2020）。另一方面，社会流动性增强，人际关系网络异质性、松散性越来越高，由此带来的不确定性大大降低了人们对于未来的社会交换期望，致使农村关系信任日渐缺失（朱虹，2011；汪小红和朱力，2013；陈云龙，2017）。农村关系信任的式微进而村民之间基于不信任的交易行为，既不利于个体家庭效用的显著提升，也不利于国家乡村振兴善治的有效推行，甚至可能导致整个村庄发展陷入"不平等陷阱"（the inequality trap）。为此，本节拟探讨的问题是：因农村剩余劳动力转移而引致的收入结构变动，继而呈现的村庄内部收入差距是否是影响农村关系信任式微的重要因素？

信任作为社会资本的重要组成部分，与人类的经济行为具有密不可分的关系，是市场经济健康运转的基石。具体到中国乡土社会中的关系信任，其作用更是不言而喻。关系信任是村庄经济活动的"关系契约"，是村民之间互惠合作的"无形保障"（李培林，2014）。信任水平高的社会往往具有更低的交易成本和更高的交易效率，良好的信任环境在市场经济的发展与社会秩序的稳定中扮演着不可或缺的角色。因此，理解农村关系信任式微的内在机理，不仅有利于针对性地制定重构农村关系信任的指导政策，而且有利于全面地营造推进乡村振兴的外部环境。

较之于既有相关研究，本节的边际贡献可能有以下三点：第一，关系信任识别的互动设计。本节将关系信任视为信任双方在特定情境中的一种行为意愿，这是一个动态互动的过程，既包含典型村民对他人的信任，也包含他人对典型村民的信任，信任双方是对等的关系。双向信任识别设计较既有研究所使用的单向信任具有更强的稳定性，且因规避过于单一的测量方案而能挖掘农村关系信任更加丰富的内涵。第二，厘清了农村关系信任式微的收入差距作用机理。农村关系信任式微是农村居民在转型期的普遍感受，而市场经济向农村渗透的主要体现是农民收入的变化，为此本节选择村庄内部收入差距的视角试图阐释其动态变迁历程。第三，基于村庄内部收入差距对农村关系信任的作用机理，研究讨论了村庄内部收入差距的异质性对我国农村未来走势的三种预判，即消失型村庄、发展型村庄和维持现状型村庄。这可能将对乡村振兴战略的政策干预路径提供重要理论支撑。

二 文献回顾与进一步可能

既有研究认为，收入差距具有负的公共物品特征，不断扩大的收入差距已经并还将继续对社会经济发展和人民生活的诸多方面产生严重影响，比如阻碍经济的可持续增长（Torsten & Guido，1994）、威胁局部地区的稳定性（Alesina & Perotti，1996；Choe，2008；Huisman & Oldehinkel，2008）、损伤居民的主观幸福感和健康水平（Wilkinson & Kate，2006；Graham & Felton，2006）。不仅如此，一个社会中社会关系的质量是建立在物质基础之上，收入差距的拉大将削弱社区生活，减少互动关系，并不可避免地影响到人们之间的信任程度，尤其对于像中国传统农村这样的关系本位社会，关系信任的建立以互动网络关系为基础。

长期以来，国内外学者就收入差距与关系信任的相关关系以及内在机理展开深入而广泛的有益讨论。

首先，涉及关系信任与收入差距两者相关关系的研究尚未得到一致性结论。一方面，研究结论表明，收入差距对关系信任的作用方向存在差异。目前主流观点认为，收入差距与关系信任之间是高度负相关的，即收入差距越大，人与人之间的信任水平就越低（Zak & Knack，2001；张维迎和柯荣柱，2002；Rothstein & Uslaner，2005；汪汇等，2009；申广军和张川川，2016）。然而，也有一部分学者抱持着收入差距与信任水平之间并不存在显著关联的观点（Bjørnskov，2008；Fairbrother & Matin，2013；Hastings，2018）。另一方面，有研究认为，收入差距与关系信任之间并不是线性关系而是非线性关系。白锐和罗龙真（2014）利用中国综合社会调查（CGSS）2005年的数据验证了收入差距与信任之关系的非完全线性拟合，即两者呈现出三次多项式的"N"形曲线关系，且中国目前绝大部分省份正处于"N"形曲线的下行阶段，即收入差距对关系信任产生不利影响；类似地，认为收入差距与信任呈非线性关系的还有王绍光和刘欣（2002），他们基于新的理性解释指出，收入越高信任感越强，但其超出一定范围后，信任感反而会下降。不过遗憾的是，他们仅对绝对收入与信任的关系进行了简单分析，并没有深入探讨这一路径的内在机理。

其次，既有研究对收入差距与关系信任作用机理的研究主要体现在三个层面：第一，作为社会不平等的重要维度，收入差距的拉大可能通过进一步加强社会阶层的分化，从而削弱人们之间的信任。具体而言，一方面，收入差距拉大强化了社会界限，提高了环境异质性，高度分化的社会更为封闭，不同收入阶层的人接触、融合的机会减少，相互之间的信任度随之降低（Zak & Knack，2001）；另一方面，收入差距拉大导致社会地位分布两端增大，即一个社会中高社会地位与低社会地位的人群增多，而由于高社会地位和低社会地位的人往往有较低的信任程度，因此居民的平均信任水平下降（申广军和张川川，2016）。第二，逐渐恶化的收入分配会对人们的社会心态产生消极作用，关系信任将在潜移默化中衰弱。贫富悬殊加重了社会底层成员的相对剥夺感，此时人们往往会表现出不满和怨恨，导致其较难认同收入水平较之更高的群体，进而对他们产生不信任感甚至排斥心理（Uslaner & Brown, 2005; Hastings, 2018）。Rothstein & Uslaner（2005）认为，普遍化的信任在很大程度上取决于对未来的乐观程度，当人们对未来抱有美好憧憬时，信任陌生人的风险似乎就变小了；当经济不平等加剧时，人们对未来的乐观程度将受到负面影响，关系信任水平由此降低。第三，收入差距对于关系信任的影响存在着群体异质性表现，即该影响效果将在不同社会群体中存在不同表现。收入差距诱致信任水平降低主要集中在更为"边缘化"的人口群体中，低收入人群较高收入人群更容易表现出不信任他人。周广肃和李沙浪（2016）研究由收入差距持续扩大所带来的居民消费不平等程度加剧，发现消费差距扩大对人们信任的损害主要表现为对农民、低消费水平、低教育水平、低健康水平这样的弱势群体的影响。再者，有研究检验了关系网络在收入差距对信任水平不利影响中的调节作用，结果表明，关系网络越紧密的群体，收入差距的不利影响越小；关系网络越松散的群体，收入差距的不利影响就越大（丁从明等，2020）。

　　针对既有研究关于收入差距与关系信任的讨论，本节认为，还存在三个问题需要进一步厘清：（1）收入差距与关系信任水平之间的影响机理仍然存在争议，可能的原因之一是信任的测量问题。目前大部分田野调查关于信任的测量都依赖于这样一个标准问题："一般来说，你认为大多数人是可以信任的，还是在与人打交道时需要非常小心？"该问题因受到受访者的主观情绪影响而能否有效衡量人们之间的信任，还存在进一步讨论的空间（Delhey et al., 2011）。（2）既有研究大多将收入差距对关系信任的影响假定为线性相关，但也有少部分研究发现线性相关不足以用来完整解释二者之间的复杂作用关系。目前学界对收入差距与关系信任的非线性关系研究相对较少，且缺少清晰完备的理论支撑和逻辑解释。例如，白锐和罗龙真（2014）的研究以"N"形曲线描述收入差距与关系信任的动态变化关系。一方面，这一拟合结果对于现有研究是很好的补充，为后来者提供了更加多元的研究思路；另一方面，研究仅对"N"形曲线的下行阶段作出部分解释而缺少对上行阶段的原因分析，这使得其研究结果缺乏一定的说服力。因此，关于非线性的动态变化轨迹仍有以下两个问题值得进一步探索：第一，在收入差距的影响下，关系信任将表现出何种动态变化轨迹；第二，如何将这一动态变化轨迹与我国经济实际发展情况相结合，给出一个合理的"中国解释"。(3) 收入差距拉大导致关系信任水平式微的传导机制的解释仍是一个难点问题。一是收入差距拉大固化了社会结构，使得不同阶层的人合作互动的机会减少。具体地说，收入差距是通过增加信任水平低的人来拉低平均信任水平，还是通过强化人们之间的交流距离，增加不确定性，从而降低全体成员的信任水平，这一问题是不明确的。二是收入差距的扩大可能会通过损害人们对机构、社会组织、社会规则或权威的信任，进而侵蚀人与人之间的信任意愿。三是相关研究已经证明，在收入差距的影响下，社会不同群体的信任水平的回归系数存在着显著差异。不同群体的成员拥有不同的社会身份，而不同社会身份的施信度与可信度普遍不同。那么，在不同人群中具体异质性表现又将如何？

综上所述，针对既有研究的基本共识以及可能存在的研究不足，本节拟将重点围绕村庄内部收入差距与农村关系信任之间是否存在非线性关系这一问题展开，一方面尝试构建双向动态关系信任测度指标，以更精准测度农村关系信任水平；另一方面对比不同收入阶层与不同经济环境对影响效果的调节作用，以系统验证相关研究争论。

三 分析框架与研究假设

（一）分析框架

中国农村关系信任何以式微？要回答这一问题首先需要厘清传统乡土社会中关系信任的构建机制。社会学家费孝通（1985）在其著作《乡土中国》中就中国社会结构的基本特性指出：中国乡土社会的基层结构是一种其所谓的"差序格局"。社会结构的基本形式决定着人们之间关系的建立和维持，关系信任也就以此为基础而建立。换句话说，中国乡土社会的关系信任是以差序格局的社会关系进行划分的，主要包括血缘关系、地缘关系、业缘关系。具体而言，差序格局的社会关系是"从自己推出去的和自己发生社会关系的那一群人里所发生的一轮轮波纹的差序"，这是一种以"己"为中心富有伸缩性的关系网络，距离中心越远，关系就越淡，信任水平也越低。总而言之，中国传统乡土社会的关系信任，主要构建于由血缘、地缘、业缘组成的社会关系网络基础之上，因此农村关系信任式微其本质上涉及的是乡土社会人际关系网络的淡化与重构问题。

首先，为更加深入地挖掘农村关系信任变迁问题的症结所在，本节将进一步梳理主要构成乡土社会中人情关系网络的血缘、地缘和业缘关系。血缘即根据生育和婚姻事实所发生的社会关系。中国传统社会中的宗族、家族概念就是血缘关系。费孝通（1985）对纯粹地缘的解释是没有血缘关系的人结成的一个地方社群，也有学者将其形象地定义为村民从孩童时代的游戏，到稍大后的劳动、学习及相互帮助、照顾中结成的一种密切关系（曹锦清和张乐天，1992）。这些概念都绕不开一个核心——地缘关系是人们生活上的互助机构，其范围大小取决于中心势力的强弱。以上论述的两种关系是乡土社会天然的社会关系，二者合一就是社区的原始状态。在相对封闭的熟人社会中，建立在血缘和地缘关系上的关系信任是先在的、是义务（本能）的，无须人为地强调和制造。在这样的环境中，倘若出现了失信，其付出的代价远比守信要高。在此之后，随着乡村工业化、现代化进程的推进以及社会流动性的加大，光有血缘和地缘远不能应对新环境的变化，此时获致性的业缘关系和正式组织关系开始出现。业缘关系的建立以交往为基础，关系信任取决于交往的深度和情感的紧密度。个人之间的互动与责任缺乏血缘亲缘的连带和熟人社会的保证（杨宜音，1999）。业缘关系是工具性的，信任双方需要尽职地达到双方交往目的，两人的关系才得以维系。

其次，在厘清农村关系信任的构建机理基础上，需要进一步明晰收入差距如何影响关系信任？血缘、地缘和业缘共同构成了现代农村差序格局的人情关系网络，网络的每一个结，都附着一种道德规范要素，血缘和地缘关系主要受"互识社会"的道德人伦的约束，业缘关系主要受"匿名社会"的制度条例的约束。这些约束决定了在中国的人情社会中，人与人之间的交往更多的是多次长期的合作互动而不是单次短期的简单交易。这是一种多阶段的动态博弈，人们在这一过程中为实现长期利益而表现出"合作精神"，也即信任——博弈双方相信对方有将博弈延续下去的意愿。然而，现实生活中，人们的行为选择将受到多方面因素的影响，本节所重点关注的收入差距就是其中之一。在超越经济人的社会偏好理论中就指出，结果导向的厌恶异质偏好使得人们在互动博弈中不仅只关心自身的利益，还存在减少与他人收益差异的动机（陈叶烽等，2012），也即个人的行为不仅被自身的绝对收益驱使，也将为相对收益所激励（Bolton & Ockenfels，2000）。在这一行为偏好的驱动下，人们对于异质性的厌恶将对其最终的关系信任选择产生影响。一般情况下，随着异质性的增加人们的信任意愿将逐渐降低。然而，在考虑中国人情社会的特殊文化背景下，我们往往可以发现收入异质性并不能完全将人们的信任意愿消抹。因为人们还存在社会阶层向上流动的动机，人们希望与不同阶层人士互动来往以提升社会经济地位，进而实现自身效用最大化。因此，与既有文献所不同的是：本节认为，在厌恶异质偏好和社会阶层向上流动偏好的共同驱使下，人们对于收益异质的厌恶存在一定的容忍性，只有当收入差距足够大时，才会损伤人们的信任合作意愿。具体而言：一定范围内的收入差距并不会阻隔人们的交流互动，反而可能有助于关系信任的建立。对于收入弱势一方，一定范围内的收入差距会让人们看到社会阶层向上流动的可能性，更容易激发人们合作互惠的偏好和倾向（Cheung，2015）；对于收入强势一方，中国传统社会中的人情互换往往是一个连续博弈的过程，它无法完全像市场交换一样，严格遵循即时结算、等价交换的原则；一般情况下，人情互换更像是一种"高利贷"，现时的投资将会换得未来的加倍偿还，所谓"滴水之恩当涌泉相报"，因此人们也非常乐意去做这样的"人情投资"。但是，随着收入差距的进一步拉大，巨大的贫富落差将打破人们心中人情收支的平衡，"人情投资"无法得到偿还，社会阶层难以实现逾越，人们对于未来的社会交换预期随之降低，原有的乡土人情难以维系，执行非市场交换功能的社会关系网络相应地发生调整，建立在此基础之上的关系信任逐渐瓦解。

（二）研究假设

根据上述讨论，从多阶段动态博弈与社会偏好理论视角出发，基于厌恶异质偏好的解释与社会阶层向上流动偏好的补充，进一步探究村庄内部收入差距以何种角色、通过何种机制对农村关系信任产生影响，是本节试图阐释的问题。具体而言，可以从两个层面将这一问题分解：第一，村庄内部收入差距对农村关系信任的直接作用效果将有助于解释收入差距以何种角色对关系信任产生影响；第二，在不同收入阶层以及不同经济环境中考察此种作用效果的异质性将有助于解释收入差距通过何种机制对关系信任产生影响。基于此，本节首先提出研究的基本假设：

假设1：收入差距对农村关系信任的影响呈现非线性路径，即随着收入差距的扩大，农村关系信任先增大后减小。

这一研究假设的提出一方面是要回应前文提到的收入差距对关系信任的影响并不是简单的线性相关关系这一理论观点，换句话说，收入差距对农村关系信任的影响效果应该是随收入差距的变化而呈现出动态的、变化的作用效果；另一方面，这一研究假设的提出也是基于经验事实的判断：在社会发展变迁过程中，收入差距对关系信任的影响将体现出双重作用，即适当的收入差距能维持信任双方的社会交换预期，促进彼此之间的合作互惠；过大的收入差距能打破信任双方的社会交换预期，阻隔彼此之间的信任联系。

其次，不同收入阶层人群的关系信任受收入差距影响的异质性表现，正是收入差距双重作用的回应。一方面，低收入阶层作为社会经济地位的底层群体，收入差距越大，其所受的向下歧视的压力越大，相较于高收入阶层，其信任他人的意愿将更是不堪一击；另一方面，收入差距过大也不利于高收入阶层关系信任的建立。一般情况下，低收入阶层相较于高收入阶层更容易让人接触和了解，因而人们对于低收入阶层可信度的判断并不会过多地依赖其社会经济地位的高低，而是更看重例如个人品质之类的内在因素；然而，高收入阶层往往与人们的日常生活存在一定"隔离"，人们无法从其内在品质对他们的可信度进行判断，只能通过可观察的收入差距加以认知，而高收入阶层作为收入差距的既得利益者将更容易受到他人的不平等仇视，并进一步产生不信任感。由此，本节提出第二个假设。

假设2：村庄内部收入差距对农村关系信任的影响在不同收入阶层中存在差异，收入差距拉大使低收入阶层更容易表现出不信任他人，使高收入阶层更容易引发他人的不信任。

最后，收入差距对农村关系信任的动态影响也将体现在不同经济环境中。当村庄处于不同发展状态和发展阶段时，收入差距的影响效果必将呈现出不同的结果。对这一影响路径的探索，一方面将进一步深化对农村关系信任变迁的理解，另一方面这将是探讨中国农村未来发展前景的理论基础与政策诉求。由此，本节提出第三个研究假设。

假设3：村庄内部收入差距对农村关系信任的影响在不同经济环境中存在差异，不同发展类型的村庄其关系信任变迁路径可能不同。

四　数据来源与实证设计

（一）数据来源

本节数据来自课题组 2020 年 5 月收集的入村调研数据，该数据概况如第一章中的"数据来源"所述。

（二）变量选择

1. 被解释变量：农村关系信任

农村关系信任不但在人际交往中产生，而且建立在人们彼此之间的互动状态之上（杨中芳和彭泗清，1999）。为此，本节将其理解为信任双方在特定情境中的一种行为意愿，既包含村民个人对他人的信任，也包含他人对村民个人的信任，双方应该是对等的关系。这样的信任考察设计相较于既有研究通常所使用的单向信任调查问题具有更强的稳定性，且因规避过于单一的测量方案而能挖掘农村关系信任更加丰富的内涵。

进一步地，将农村关系信任分为施信者与受信者两个维度以明晰村庄内部收入差距对村民之间信任关系的影响。具体而言，本节拟用原始问卷中"如果同村人（亲戚除外）遇到困难，您是否愿意主动提供帮助？"来度量村民个人是否愿意信任他人（*trust*），以及"当您家遇到困难时，是否有同村人（亲戚除外）主动询问关心？"来度量村民个人是否受到他人的信任（*trusted*），选择肯定回答的，赋值为 1；选择否定回答的，赋值为 0。只有当信任双方都作出肯定回答时，关系信任才证明在彼此之间存在。

2. 核心解释变量：村庄内部收入差距

对村庄内部收入差距衡量的方式很多，考虑到在中国传统社会中，人们日常的收入与消费都是以家庭为单位，家庭内部几乎不存在收入差距一说，因此本节研究的收入差距主要以家庭为测量单位，不考虑家庭内部的个体收入差距。另外，参考已有文献对收入差距的计算方法，且便于被人理解，本节收入差距采用受访者家庭年收入与村户平均年收入比值的对数来表征；为了检验正负收入差距整体水平上的倒"U"形曲线，本节对收入差距取绝对值以衡量直接的差距，即 i 村庄 j 家庭的村庄

内部收入差距的最终形式是 $income\_gap_{ij} = \left| \ln \dfrac{income_{ij}}{income_{iaverage}} \right|$，村民的家庭收入与村平均收入相差越大，村庄内部收入差距也就越大。

根据以往研究，本节还控制了一些已发现的影响信任水平的重要变量，主要分为两类：一类是村民个体层面的微观特征，包括性别、年龄、收入水平、婚姻状况、教育水平、健康、党员、家庭人数。一般来说，女性作为传统上更容易受到歧视对待的群体，其信任水平相比于男性更低；随着年龄增长和教育水平提高，人们的认知分析能力和风险控制能力增强，信任水平也随之提升；家庭降低了人与社会外界互动的强度，但也为人们提供了抵御外部社会风险的机制（李涛等，2008），信任将随着婚姻的联结而发生变化；健康与信任水平呈正相关，健康的身体状况能带来更加幸福的生活和更加乐观的心态，面对不确定性时，更有可能倾向选择信任他人；在中国，党员是一种特殊的政治身份。与群众相比，党员拥有更为丰富广泛的关系网络，其社会交往的机会和范围更大，关系信任水平将受其影响（陆铭和张爽，2008）；家庭规模的大小将作用于人们对于收入差距的容忍程度（丁从明等，2020）。另一类是村域层面的宏观环境，包括村庄所属地理区位、与县城的距离、治安情况，村庄的地理区位、与最近县城的距离是影响村庄经济发展和人口流动的关键因素，一方面其与村庄内部的收入差距存在一定关联，另一方面也在无形之中影响着人与人之间的信任。除此之外，居住在一个安全、稳定的环境中，人们将表现出更高的信任水平。

需要说明的是，已有研究存在将收入差距或收入水平作为解释信任的关键变量因素而并未讨论绝对收入和相对收入的区别的情况，其结果导致究竟是绝对收入影响着信任还是相对收入影响着信任或两者皆是的疑问。针对这一问题，本节在研究中对村民的绝对收入进行了控制，以探明相对收入即收入差距对于农村关系信任的独立效应。此外，考虑到人的社会经验或人情交往史会受到时代大环境的冲击，其信任也将会有时代的烙印，故研究引入变量是否经历"文化大革命"来控制信任水平受社会经验或人情交往史的影响。农民自评收入水平也可能对关系信任产生影响，因此研究将农民自评没钱购买商品房赋值为1，表示自感收入水平较低；其他回答赋值为0，表示自感收入水平较高。在农村，由于会定期进行健康检查的人群较少，大部分人对于自己的身体状况可能存在较乐观的误判，所以，关于健康自评的数据，研究将自评健康赋值为1，自评一般和较差赋值为0，以减少这样的偏差。

相关变量描述统计（表3—1）表明：（1）按照双向互动的构建依据，抽样的村民关系信任平均水平仅为69%，其中有大约21%的人由以前的信任变为了现在的不信任，这既是农村关系信任式微的现实写照也是其衰落的直接表现；（2）据统计分析，农村家庭平均年收入水平为7.74万元，村庄内部最高收入可达80.00万元，最低可为0元，其贫富悬殊之大可见一斑；（3）从社会人口特征来看，总体样本男女分布均匀，其中受访者平均年龄约为50岁，大多数都是已婚人士且平均教育水平偏低，只有6%的人完成了高等教育，平均家庭规模已超过4人。由此，可以看出该样本具有较强的代表性，反映出农村相比于城市老龄化严重、教育水平低下、家庭规模偏大等特点；（4）调研样本覆盖了我国东南西北中五个区域，且样本分布均匀，具有一定的普遍性意义。

表3—1　　　　　　　　　相关变量描述统计

变量名称	变量定义	样本数	均值/%	标准差/%
农村关系信任				
信任（他人）	是=1；否=0	774	0.86	0.34
（受他人）信任	一直都会=1；不会或以前会，现在不会=0	774	0.69	0.46
村庄内部收入差距	村庄内部家庭收入比对数的绝对值	768	0.83	8.38
个人特征和家庭特征				
性别	受访者为男性=1；为女性=0	774	0.54	0.50
婚姻状况	受访者已婚=1；其余=0	774	0.95	0.22
年龄	受访者年龄	774	50.06	12.16
收入水平	家庭年收入	774	7.74	8.38
教育水平（小学）	受访者教育水平为小学及以下=1；其余=0	774	0.45	0.50
教育水平（中学）	受访者教育水平为中学以上=1；其余=0	774	0.059	0.24

续表

变量名称	变量定义	样本数	均值/%	标准差/%
健康	受访者身体状况为健康=1；其余=0	774	0.58	0.24
党员	受访者是党员=1；不是=0	774	0.057	0.23
家庭人数	受访者家庭人数	774	4.15	1.77
"文化大革命"经历	受访者生于1956年之前=1；之后=0	774	0.38	0.49
自评收入水平	受访者自感收入水平低=1；其余=0	774	0.29	0.46
村庄特征				
地理区位（东）	村庄位于我国东部地区=1；否=0	774	0.17	0.38
地理区位（西）	村庄位于我国西部地区=1；否=0	774	0.28	0.45
地理区位（南）	村庄位于我国南部地区=1；否=0	774	0.18	0.39
地理区位（北）	村庄位于我国北部地区=1；否=0	774	0.26	0.44
与县域距离	村庄与最近的县城的距离	774	34.97	18.28
治安情况	村庄治安情况	774	2.69	0.46

（三）模型构建

考虑到本节研究对"信任"的衡量是依据个体间双方互动的一个效果，且被解释变量农村关系信任的代理指标 trust、trusted 都是二值变量，两个 Probit 模型的扰动项之间可能存在相关性。因此，本节拟采用双变量 Probit 模型进行估计。另外，基于现有文献关于收入差距对信任水平非简单线性影响的研究讨论（王绍光和刘欣，2002；白锐和罗龙真，2014；丁从明等，2020），本节假设在一定范围内的收入差距能够激发当地村民合作互惠的偏好和倾向，有利于村民之间关系信任的建立；当收入差距超过一定范围之后，农村关系信任因为过大的收入差距改变人们的社会交换预期而开始逐渐降低。总体来看，研究假设收入差距对于农村关系信任的影响是非线性的，所以有别于前人研究构建的简单线性模型，本节在基准模型中加入了收入差距的二次项，其具体表达式如下：

$$\begin{cases} trust_{ij}^* = \alpha_0 + \alpha_1 income\_gap_{ij} + \alpha_2 income\_gap_{ij}^2 + \alpha_3 X_{ij} + \varepsilon_1 \\ trusted_{ij}^* = \beta_0 + \beta_1 income\_gap_{ij} + \beta_2 income\_gap_{ij}^2 + \beta_3 X_{ij} + \varepsilon_2 \end{cases} \quad (3-1)$$

其中，$trust_{ij}^*$ 和 $trusted_{ij}^*$ 为不可观测潜变量，$income\_gap_{ij}$ 是村庄内部收入差距的衡量变量，X_{ij} 表示个体层面和村域层面的控制变量，包括性别、年龄、婚姻状况、教育程度、健康水平、村庄地理区位、治安情况等。扰动项（ε_1，ε_2）服从二维联合正态分布，期望为0，方差为1，相关系数为ρ。

可观测变量$trust_{ij}$表示i村第j个人是否信任他人，$trusted_{ij}$表示i村第j个人是否受他人信任，本节将决定$trust_{ij}$的模型称为施信者模型，决定$trusted_{ij}$的模型称为受信者模型，二者由以下方程决定：

$$trust_{ij} = \begin{cases} 1, & trust_{ij}^* > 0 \\ 0, & trust_{ij}^* \leq 0 \end{cases} \quad (3-2)$$

$$trusted_{ij} = \begin{cases} 1, & trusted_{ij}^* > 0 \\ 0, & trusted_{ij}^* \leq 0 \end{cases} \quad (3-3)$$

由此，当$\rho = 0$时，此模型等价于两个单独的Probit模型，当$\rho \neq 0$时，i村第j个人具有关系信任的概率可用公式表达为：

$$\begin{aligned} Prob(trust_{ij} &= 1, trusted_{ij} = 1) = Prob(trust_{ij}^* > 0, trusted_{ij}^* > 0) \\ &= Prob\begin{pmatrix} \varepsilon_1 < \alpha_0 + \alpha_1 income\_gap_{ij} + \alpha_2 income\_gap_{ij}^2 + \alpha_3 X_{ij}, \\ \varepsilon_2 < \beta_0 + \beta_1 income\_gap_{ij} + \beta_2 income\_gap_{ij}^2 + \beta_3 X_{ij} \end{pmatrix} \\ &= \int_{-\infty}^{x\alpha} \int_{-\infty}^{x_{ed}\beta} \varphi(z, z_{ed}; \rho) dz dz_{ed} \\ &= \Phi(x\alpha, x_{ed}\beta; \rho) \end{aligned}$$

$$(3-4)$$

式（3—4）中$\varphi(z, z_{ed}; \rho)$和$\Phi(x\alpha, x_{ed}\beta; \rho)$为标准化的二维正态分布的概率密度函数和累计分布函数，期望为0，方差为1，相关系数为ρ，$x = x_{ed}$为解释变量的向量表示，运用极大似然估计法估计便能同时得到α和β的一致结果。

五 实证发现与讨论

（一）基准分析

基准回归结果（表3—2）表明：首先，双变量Probit模型Wald检验结果拒绝原假设，表明施信者与受信者的方程之间存在正向联立关系，模型选择合理。其次，模型1和模型4检验了在不加任何控制变量时的估计结果。模型2和模型5检验了在未区分收入类型时，村庄内部收入差距对农村关系信任的影响。在其他条件不变的情况下，收入差距及其平方项均与农村关系信任显著相关，农村关系信任随着村庄内部收入差距的增加而先增加后减小；且施信者与受信者行为表现一致，再一次印证了信任是主客体互动产物的观点。最后，模型3和模型6区分了收入类型，并控制了绝对收入对关系信任的影响；估计结果显示，收入差距的估计系数略有变动，但估计结果仍然显著。更进一步地，通过计算双变量Probit模型的平均边际效应（表3—2中模型7），我们可以得到村庄内部收入差距的拐点值约为1.809，即当收入差距低于拐点值时，随着收入差距的增加，关系信任逐渐上升；当收入差距高于拐点值时，随着收入差距的增加，关系信任逐渐降低。由表3—2的估计系数可以看出，村庄内部收入差距对农村关系信任存在倒"U"形曲线的影响关系。这一结果与王绍光和刘欣（2002）等的非线性观点相一致。

以上回归结果表明，收入差距对于农村关系信任的影响不是简单的线性相关拟合，适度的收入差距能够让人们看到社会阶层向上流动的机会，且在这种情况下仍然能维持好人情收支的平衡。这在一定程度上有效推动不同收入阶层的人际交流合作，社会关系网络随之扩大延展，最终关系信任得以提升；但这一状态并不能随着收入差距的拉大而始终维持，当收入差距过大导致人们社会经济地位天冠地屦时，不同阶层之间存在的社会鸿沟将阻碍人们的交流互动，导致信任关系的式微。至此，假设1得到验证。

表3—2　　村庄内部收入差距对农村关系信任的影响：基准回归

变量名称	模型1	模型2	模型3	模型4	模型5	模型6	模型7
	trust			trusted			平均边际效应
村庄内部收入差距	0.572*** (0.22)	0.717*** (0.25)	0.637** (0.25)	0.549*** (0.20)	0.908*** (0.24)	0.815*** (0.25)	0.199*** (0.06)
村庄内部收入差距平方	−0.181** (0.07)	−0.203** (0.09)	−0.166* (0.085)	−0.123* (0.08)	−0.264*** (0.09)	−0.229** (0.090)	−0.055** (0.02)
农户收入			0.036** (0.02)			0.020 (0.11)	0.008** (0.00)

续表

变量名称	模型1	模型2	模型3	模型4	模型5	模型6	模型7
	trust	trust	trust	trusted	trusted	trusted	平均边际效应
户主性别		0.095 (0.13)	0.093 (0.13)		0.034 (0.11)	0.020 (0.11)	0.010 (0.03)
婚姻状况		0.605** (0.28)	0.568** (0.29)		-0.199 (0.27)	-0.250 (0.28)	-0.015 (0.07)
户主年龄		-0.001 (0.01)	0.002 (0.01)		0.014** (0.01)	0.017*** (0.01)	0.003** (0.02)
教育程度（小学）		-0.525*** (0.15)	-0.560*** (0.15)		-0.153 (0.14)	-0.181 (0.14)	-0.069** (0.03)
教育程度（中学）		0.535* (0.31)	0.468 (0.32)		0.101 (0.25)	0.020 (0.26)	0.032 (0.06)
健康		-0.029 (0.14)	-0.059 (0.14)		0.180 (0.13)	0.161 (0.13)	0.028 (0.03)
党员		0.155 (0.30)	0.019 (0.30)		0.245 (0.25)	0.122 (0.26)	0.025 (0.06)
家庭人数		0.034 (0.04)	0.022 (0.04)		0.101*** (0.04)	0.088** (0.04)	0.019** (0.01)
"文化大革命"经历		0.185 (0.15)	0.149 (0.15)		0.049 (0.13)	0.021 (0.13)	0.013 (0.03)
自评收入状况		-0.040 (0.14)	-0.015 (0.14)		-0.157 (0.13)	-0.132 (0.13)	-0.027 (0.03)
与县域距离		0.281** (0.11)	0.296** (0.12)		0.022 (0.09)	0.020 (0.09)	0.022 (0.02)
治安情况		-0.032 (0.17)	0.033 (0.18)		-1.549*** (0.15)	-1.502*** (0.16)	-0.295*** (0.03)
地区效应	否	是	是	否	是	是	是
常数项	0.850*** (0.12)	-0.854 (0.73)	-1.310 (0.80)	0.196* (0.101)	2.641*** (0.59)	2.326*** (0.60)	
LR test	0.000	0.000	0.000	0.000	0.000	0.000	
N	768	768	768	768	768	768	768

注：(1) * $p<0.1$，** $p<0.05$，*** $p<0.01$；(2) 括号内为稳健标准误。下同。

(二) 稳健性检验

为进一步检验村庄内部收入差距对关系信任影响效果的稳健可靠，本节主要从以下几个方面进行了稳健性检验。第一，为克服潜在异方差带来的估计偏误，基准回归（表3—2）中所有模型统一使用了异方差稳健标准误进行估计。作为对照，表3—3中模型1运用普通标准误再次进行估计，结果表明：两者标准误相差不大，这进一步佐证了基准模型设定的合理性。第二，在不考虑施信和受信相互影响的情况下，表3—3中模型2进行了单独的Probit估计，估计结果显示：村庄内部收入差距对农村关系信任的非线性影响仍然至少在5%的显著性水平上显著。第三，表3—3中模型3再次对比不同估计方法对本书基本结论稳健性的影响。具体而言，模型3运用OLS对线性概率模型进行估计，其结果显示的回归系数与基准回归基本吻合，说明本节的基本结论运用不同估计方法进行估计，结果仍然稳健。第四，考虑到我国居民受"低调""不漏财""面子文化"等传统思想的影响，这可能会使收入差距的测量产生一定的偏误，而刚性的消费支出取决于长期稳定的预期收入，其受短期波动和主观判断影响较小。因此，本节试图通过引入村庄内部消费差距作为村庄内部收入差距的代理变量，再次进行双变量Probit估计。估计结果表明（表3—3中模型4），村庄内部消费差距对农村关系信任的影响同样呈现出倒"U"形曲线，与村庄内部收入差距表现一致。第五，本节的内生性问题主要来源于：测量误差偏差和遗漏变量偏差，从而使得解释变量与误差项相关，得不到一致估计。为此本节参照既有文献的普遍做法（黄祖辉等，2009；祝仲坤和冷晨昕，2020），在施信者模型和受信者模型中分别加入识别变量，具体采用调查问卷中"您主观感觉村里人情关系如何？"的回答作为施信者模型的识别变量，因为人们对人情关系的评价与其施信意愿强弱密切相关，一般情况下，人情关系评价越高，其更愿意表现出信任倾向，反之亦然。但这一识别变量与施信者是否受到他人信任并不存在直接关联，因此满足识别变量的要求；另外，采用调查问卷中"是否帮忙或参与同村人家红白事情"的回答作为受信者模型的识别变量，帮忙或参与同村人的红白事宜表现出了调查对象的可信程度，往往参与帮忙者其可信度高，进而影响其受信水平，而这一变量并不会直接影响人们的施信意愿。将这两个识别变量带入基准模型，运用似不相关双变量 Probit 模型再次进行估计，表 3—3 中模型 5 的估计结果与基准回归模型的结果基本一致，这进一步验证了本书基本结论的稳健性。

表3—3　村庄内部收入差距对农村关系信任的影响：稳健性检验

变量名称	模型1 标准误	模型2 probit	模型3 OLS	模型4 替换变量	模型5 似不相关双变量 Probit 模型
			trust		
村庄内部收入差距	0.637 ** (0.27)	0.699 *** (0.25)	0.150 *** (0.06)		0.594 ** (0.26)
村庄内部收入差距平方	−0.166 * (0.09)	−0.190 ** (0.08)	−0.043 ** (0.02)		−0.170 ** (0.09)
村庄内部消费差距				0.550 ** (0.24)	
村庄内部消费差距平方				−0.164 ** (0.070)	
控制变量	是	是	是	是	是
地区效应	是	是	是	是	是
			trusted		
村庄内部收入差距	0.815 *** (0.25)	0.748 *** (0.25)	0.182 ** (0.06)		0.804 ** (0.25)
村庄内部收入差距平方	−0.229 *** (0.09)	−0.211 ** (0.09)	−0.055 ** (0.02)		−0.225 ** (0.09)
村庄内部消费差距				0.847 *** (0.24)	
村庄内部消费差距平方				−0.294 *** (0.09)	
控制变量	是	是	是	是	是
地区效应	是	是	是	是	是
N	768	768	768	774	768

（三）竞争性假说检验

为了进一步说明收入差距与农村关系信任之间关系的稳健性，本节研究主要从两个方面开展竞争性假说检验：一方面，收入差距到底是不是影响农村关系信任变化的重要因素？为此，本节引入另外两个可能影响农村关系信任变化的因素，即交流距离和移民，加以检验以期进一步排除其他因素的影响途径。另一方面，农村关系信任变化是不是收入差距作用的重要结果？为此，本节引入农村制度信任以检验收入差距扩大是否会损害人们对于社会正式组织与公共政治制度的信任。

1. 交流距离与农村关系信任

伴随农村剩余劳动力的转移，大部分农村劳动力常年（一般在6个月以上）在外务工，居住距离严重抑制同村人之间的交流需求，基于情感或信息的互动减少可能是导致农村关系信任日渐降低的一个原因，而这也将是收入差距对农村关系信任影响效果的竞争性原因。针对这一问题，本节以"与同村外出务工的人联系频率"作为交流距离（contact）的代理指标，联系频率越低，交流距离越远。表3—4中模型1的估计结果表明，交流距离拉大仅对村民的施信意愿存在负向显著影响，即交流距离拉大，人们的施信意愿降低，而人们的可信程度并不受交流距离的显著影响。在此基础之上，本书在模型1中加入了收入差距及其平方项以进一步对比交流距离与收入差距的影响效果。表3—4中模型2的估计结果表明，无论在施信者模型中还是在受信者模型中，收入差距对农村关系信任仍然存在显著的倒"U"形作用轨迹，且影响效果略大于交流距离；而交流距离仍仅在施信者模型中显著。换句话说，交流距离对农村关系信任存在着一定程度的影响，但其影响效果非常有限且不及收入差距所产生的影响。

这里值得说明的是：本节所考察的农村关系信任是基于现在居住在同一村的村民之间，而受数据可获得性限制，本节所衡量的交流距离仅是现居村民与同村外出务工人员的联系频率，仅代表由劳动力转移所引起的部分交流距离，并没有完全表征村民日常的交流接触，也不能排除收入差距可能会通过交流距离的拉大来影响关系信任。

2. 移民与农村关系信任

另一个同样值得关注的竞争性原因是移民（immigrant）对农村关系信任的影响。在解释高异质性导致低信任水平时，异质性对信任的影响在很大程度上是由于个人更信任那些与自己相似的人，即"厌恶异质性"。他们提出一种可能的心理解释——局部相互作用，当信任环境变化时，个体的信任水平会受到社区中平均信任水平的影响。中国传统社会"以农为生"的生产结构，决定了其世代定居、不易迁移的生活稳定状态。因此，传统乡土的农村关系信任主要来源于先在的血缘地缘的差序格局，然而近年来，伴随着劳动力的流动和农村户籍管理政策的缺失，移民成为一种可能并在很多农村实际发生着。移民的进入打破原有村落的居民结构，降低原始社区的稳定性，加之原有居民对外地居民的天然防备或者不信任势必影响整个村域的信任结构。为此，本节进一步检验移民对农村关系信任的影响。

估计结果（表3—4中模型3）表明，本村是否存在移民对于关系信任没有显著的影响。对于这一结果，本节作出如下分析：第一，在大多数情况下，移民与本地居民因语言或是生活习惯等方面的不同而交流甚少，二者仍为分离的个体。关系信任在移民与本地居民之间较难建立，而且因为接触少，移民的进入对于本地人之间的关系信任也影响较小，因此整体上，移民对于该村的关系信任影响并不显著；第二，在本次调研中，因存在移民的村庄样本数相对较少，一定程度上影响了统计结果的显著性，所以移民对农村关系信任的影响作用不能就此被完全否认。

3. 收入差距与农村制度信任的改变

转型期的中国社会，民众对机构、社会组织或社会规则的信任感是个体与社会系统之间的多重互动与资源共享的社会心理资源（井世洁和杨宜音，2013）。建立在正式制度之上的制度信任与产生于非正式制度之中的关系信任是现代社会经济发展的基石，二者共同影响着人们的行为选择。前文已经证明个体之间的收入差距对于农村关系信任存在显著影响，那么，与关系信任相辅相成的制度信任（trust_system）是否也将受到收入差距的影响？制度信任基于对抽象制度的合理预期，是个体对公共社会组织、权力或权威机构的信任。收入差距拉大所导致的社会分层，主要通过影响人们的"地位准入"公平观对制度信任产生消极影响。为检验收入差距对农村制度信任的影响，本节拟采用受访者对基层政府工作人员的信任来表征农村制度信任。与此同时，由于村民对社会保障制度的了解和认知水平有限，在新型农村合作医疗保险等制度方面与政府进行有效合作就能体现出其制度信任的高低。因此，本节另选用受访者是否购买新型农村合作医疗保险（medicare）作为补充指标。在表3—4中模型4，仅收入差距一次项的估计系数负向显著，村庄内部收入差距对制度信任可能存在消极影响，即收入差距越大，制度信任越低。但这一结果并不稳健，当用补充指标 medicare 进行回归时（表3—4中模型5），收入差距对制度信任的负向影响效果并不显著。也就是说，可能还有其他因素在影响着制度信任，收入差距不是影响制度信任的决定因素。

表3—4　村庄内部收入差距对农村关系信任的影响：竞争性假说检验

变量名称	模型1	模型2	模型3	模型4	模型5
	交流距离		移民	制度信任	
	trust			trust_system	medicare
交流距离	-0.274*** (0.05)	-0.202*** (0.05)			
移民			0.263 (0.38)		
村庄内部收入差距		0.615*** (0.24)		-0.546** (0.22)	0.020 (0.43)
村庄内部收入差距平方		-0.186** (0.08)		0.126 (0.08)	-0.046 (0.12)
	trusted				
交流距离	-0.065* (0.04)	0.002 (0.04)			
移民			0.352 (0.29)		
村庄内部收入差距		0.810*** (0.20)			
村庄内部收入差距平方		-0.233*** (0.07)			
athrho	1.148*** (0.13)	1.091*** (0.12)	1.129*** (0.12)		
N	774	768	774	768	768

注：* $p<0.1$，** $p<0.05$，*** $p<0.01$；括号内为标准误；实证结果因篇幅所限仅汇报核心变量的回归结果。下同。

(四)异质性检验

1. 收入分层

既有研究表明,不同消费层次的人对信任的感知存在差异,且高消费群体对消费不平等程度的感知较弱,其信任水平受消费差距的影响较小(周广肃和李沙浪,2016)。收入作为消费的来源和基础,收入差距大小在一定程度上决定着人们消费差距的大小。那么,收入差距的回归会不会剥离不同收入层次之间信任的异质性?按照通常的做法,本节将村民家庭年收入低于平均收入者定义为低收入人群,将村民家庭年收入高于平均收入者定义为高收入人群,以此来比较不同收入层次影响效果的大小。

估计结果(表3—5)表明,村庄内部收入差距对不同收入层次表现出不同的影响效果。对于低收入人群,当他们作为施信者时,收入差距对信任水平产生倒"U"形影响;当他们作为受信者时,农村关系信任将不受收入差距的显著影响。对于高收入人群,无论是作为施信者还是受信者,收入差距对其农村关系信任的影响都是显著的。当进一步估算高低收入人群倒"U"形曲线的拐点时,研究发现低收入人群的拐点值为负值,而本研究的村庄内部收入差距始终大于零,显然低收入人群将一直处于倒"U"形曲线的右侧,即收入差距的拉大始终对低收入人群的农村关系信任产生消极影响。然而,高收入人群的拐点值约为0.41,也就是说,当高收入人群的家庭年收入大于7.74万元小于11.66万元时,随着收入差距的拉大,村民的关系信任水平将逐渐上升;当高收入人群的家庭年收入大于11.66万元时,收入差距的拉大又将使得关系信任下降。其潜在含义是:作为施信者一方,低收入人群对收入差距的容忍度相较于高收入人群更低,面对相同的收入差距,他们更容易表现出不信任的心理。针对这一结果,其可能原因包括但不限于:其一,低收入人群抗风险能力相对较差,在面对不确定性时,他们更多地会选择规避风险,不信任他人;其二,低收入人群生活环境和生活质量大多数都是低于平均水平的,来自生活的压力和地位焦虑感使他们表现出更低的关系信任;其三,低收入人群是收入差距弱势一方,其相对剥夺感、厌恶异质性的心理更加强烈,他们对收入差距的容忍度偏低。这与周广肃和李沙浪(2016)的研究结果相一致,即收入差距(消费差距)的扩大对人们施信意愿的损害主要表现为对弱势群体的影响。

表 3—5　　　　　　　　　　收入分层异质性检验

变量名称	模型 1 （低收入人群）	模型 2 （高收入人群）
	trust	
村庄内部收入差距	-0.860** （0.43）	1.984** （0.80）
村庄内部收入差距平方	-0.076* （0.05）	-2.292* （1.27）
	trusted	
村庄内部收入差距	-0.5134 （0.41）	2.766*** （0.69）
村庄内部收入差距平方	-0.063 （0.05）	-3.460** （1.02）
athrho	1.281*** （0.17）	0.897*** （0.23）
N	512	256

然而，作为受信者一方，情况则截然不同。低收入人群的可信度不再受收入差距的显著影响，而高收入人群仍然显著。也就是说，相较于低收入人群，收入差距拉大将使高收入人群更容易引发他人的不信任。其可能的解释是一定范围内的收入差距能有效提高高收入人群的声誉和威望，让人产生信任感和可靠感；当收入差距超过一定范围后，高收入人群作为既得利益者，更容易让人产生仇视心理和距离感。收入差距越大，仇视心理越强烈、距离感越明显，信任水平也随之降低。而低收入人群的可信度不随收入差距的变化而变化，说明人们对于低收入人群可信度的判断不依赖收入差距的大小，而可能更依赖于其他一些不容易观测的因素，如个人品质。

通过对收入分层异质性的检验，对比高低收入人群施信度与可信度的差异，研究发现：收入差距拉大对关系信任的作用效果主要表现在对低收入人群施信度和高收入人群可信度的消极影响，即收入差距拉大，低收入人群更容易表现出不信任他人，高收入人群更容易引发他人的不信任。至此，假设 2 得到验证。

2. 地区差异

在不同地区，收入差距对关系信任的影响可能随着经济环境的变化而变化。本书结合经济发展与地理区划将调研数据分为中国东部、中部、西部地区。以此探讨村庄内部收入差距对关系信任的影响如何随经济环境的变化而有所不同。回归结果（表3—6）表明，收入差距对农村关系信任的影响具有地区异质性。从估计系数可以看出，收入差距对农村关系信任的非线性作用路径在各地区之间仍然存在，但其作用效果的显著性并不稳健，主要表现为收入差距对中部和西部地区村民们的施信意愿只存在部分显著影响。至此，假设3得到验证。

表3—6　　　　　　　　　　地区差异异质性检验

变量名称	模型1（东部）	模型2（中部）	模型3（西部）
	trust		
村庄内部收入差距	1.483*** （0.59）	0.274 （0.48）	0.613** （0.33）
村庄内部收入差距平方	-0.497*** （0.19）	-0.120 （0.14）	-0.094 （0.10）
	trusted		
村庄内部收入差距	1.059* （0.62）	0.516 （0.43）	0.989*** （0.31）
村庄内部收入差距平方	-0.252 （0.19）	-0.148 （0.13）	-0.254** （0.11）
athrho	14.725*** （3.08）	1.713*** （0.29）	0.937*** （0.13）
N	135	280	353

对于上述差异性结果，本节进一步作出如下分析：首先，东部地区作为我国沿海经济发展较快区域，市场经济对农村关系信任的渗透远大于中部和西部地区，因而收入差距对农村关系信任的影响也将是三者之中最为显著的。其次，对调查数据进一步估算，可以发现：中部地区收入差距最大，信任式微拐点值最小，关系信任正处于倒"U"形曲线的高位；西部地区收入差距最小，信任式微拐点值最大，关系信任正处于倒"U"形曲线的低位；东部地区收入差距适中，信任式微拐点值适中，关系信任正处于倒"U"形曲线的中位。对此，以经济发展进程作为时间坐

标，本节对收入差距与农村关系信任变迁路径作出如下纵向讨论。西部地区代表发展初期，中部地区代表发展中期，东部地区代表发展后期。在我国农村经济发展初期，村庄内部收入差距较小，个体之间存在的资源竞争较大，加之生活水平和生活质量较低，村民之间关系信任水平较低；随着经济发展的推进，村庄内部收入差距逐渐拉大，生活质量得到了有效改善，不同收入阶层群体之间的合作互惠，显著提升了农村关系信任水平，这也就是我国中部地区所处的状态。当越过信任式微拐点后，收入差距对关系信任的正向作用将会消失，转而产生消极影响；到了经济发展后期，伴随着村庄内部收入差距的进一步拉大，村庄内收入较高的家庭开始迁出原村，此时，村庄内部收入差距暂时处于一种较低的水平，农村关系信任也暂时得到回升。我国东部地区很可能正不断经历着村民的外迁并仍处在倒"U"形曲线的变化轨迹上，从而使得此时期的农村关系信任不至于过低也不至于过高。

收入差距对农村关系信任影响效果的地区异质性表现，既反映了收入差距对农村关系信任的影响在宏观环境中的变异，也折射出经济发展与农村关系信任随收入差距变化的复线互动。上文所讨论的信任变迁路径仅是我国由东到西变化趋势之一，由纵向时序来看，村庄不同的关系信任变迁路径必将对应不同的经济发展路径，农村关系信任的变迁在一定程度上透视村庄未来的发展方向。

（五）进一步讨论

本节基准回归分析、稳健性检验和竞争性假说检验验证了收入差距与农村关系信任之间较为稳健的因果关系，收入分层异质性检验剖析了收入差距对农村关系信任在微观主体中的传导机制，地区差异异质性检验拓展了收入差距与农村关系信任在纵向时序中的延伸讨论。在此基础之上，研究将继续详细分析经济发展与农村关系信任随收入差距的具体发展模式，以此作为本节纵向时序讨论的进一步补充。最终实现：基于村庄内部收入差距与农村关系信任变迁路径对村庄未来可能的发展方向作出宏观层面的探讨，提出未来村庄发展构想，以深化对乡村振兴村庄经济与社会发展路径的理解。

1. 消失型村庄

如图3—1所示，第一阶段，村庄内部收入差距一开始比较小，农村关系信任水平比较高，随着村庄内部收入差距的适度扩大，农村关系信任水平在一定范围内逐渐上升；当收入差距超过了一定范围之后，村民的关系信任开始下降，直至到达 t_1 时刻村庄中收入相对较高的家庭迁出原村，那么村庄内部收入差距一时间相对降低，农村关系信任水平也相对提升，从而进入第二阶段的演进过程。

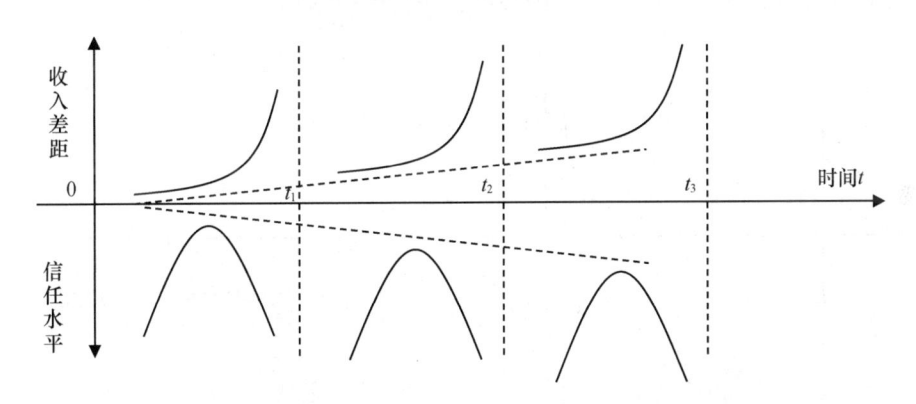

图 3—1　消失型村庄（收入差距与关系信任）的关系变迁

第二阶段，开始时村庄内部收入差距较第一阶段的最初水平略高一些，同时农村关系信任水平也较第一阶段最初水平略低一些，按照同样的演进过程，直至到达 t_2 时刻又有村庄中收入相对较高的家庭迁出原村，那么村庄内部收入差距与农村关系信任水平又恢复到相对均衡的状态。

以此类推，原村庄伴随着内部收入差距的扩大，关系信任水平的降低，越来越多相对收入较高的家庭迁出，最终可能导致该村庄的终结。

2. 发展型村庄

如图 3—2 所示，发展型村庄将出现两个显著不同的发展阶段，在前面的发展阶段中，与"消失型村庄"模型一样，随着村庄内部收入差距的扩大，农村关系信任先增加后降低，呈倒"U"形变化。但不同的是在时间节点 t_1 处，该村庄有效实现发展转型，比如政府主导的产业支持，在其后面的发展阶段实现村民收入的有效增长，村庄内部收入差距逐渐缩小并控制在一个适当的区间内，村民关系信任呈现逐年向好的局面，最终形成政经社合一的"超级村庄"。"超级村庄"这一概念是由学者折晓叶等根据 20 世纪 90 年代我国城镇化过程中出现的发达村庄所提出的定义。这是一种新型社区形态，这些村庄在经济转型的过程中，既发展出能够很好适应现代企业制度的管理方式，又保留了乡土社会的文化特征与社会结构。超级村庄在基础设施建设上具有"拟城市化"特征，但在内部组织构造、生活方式和人际关系等方面，仍不具有典型的城镇意义（折晓叶和陈婴婴，1997）。因此，它们既不同于传统意义的"乡"，也不同于现代意义的"城"，而是一种城乡融合的中间形态。

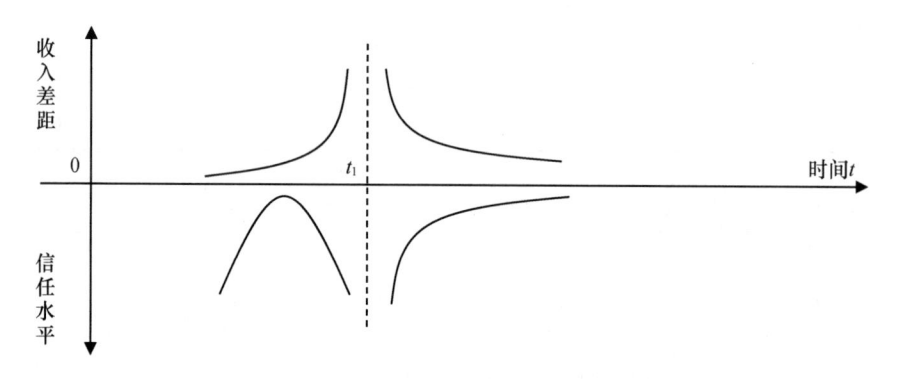

图3—2 发展型村庄（收入差距与关系信任）的关系变迁

3. 维持现状型村庄

如图3—3所示，由于地理位置偏僻、农业条件苛刻等恶劣的自然环境，这类村庄经济发展缓慢，村内人员流动性较小，与外界的往来疏少。村民一般依靠农耕来维持生计和获取额外收入，个体之间收入差距较小，社会关系网络稳定，关系信任水平较高。这样的社会更为接近费孝通（1985）笔下的"传统乡土社会"，人们的社会生活囿于村域范围，村民的关系信任主要源于先赋的血缘与地缘。在没有外界干扰下，这类村庄将维持低收入差距、高信任水平的现状。

以上三种不同类型的村庄是中国现在乃至未来大多数农村变迁路径的真实写照，经济发展与社会转型对其产生着不同的影响。消失型村庄是李培林（2014）著作《村落的终结》中的一个个"羊城村"的缩影，他们在城市铁律之下难逃终结的命运；但其可悲的不是实体空间的消失，而是社会关系意义的泯灭，是"熟人社会"的散场。维持现状型村庄保持着原始社会的形态，非正式制度组织着村民社会生活的秩序。这样的

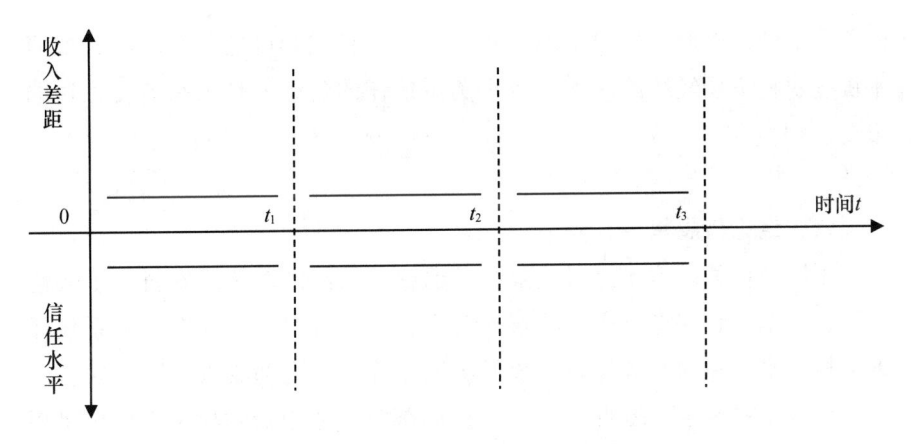

图3—3　维持现状型村庄收入差距与关系信任关系变迁

社会虽然达到一种理想状态，收入差距小，关系信任水平高，但人们的生活仍然处于较贫困的境况，医疗、教育、养老等社会保障制度水平低下，生活质量难以改善。对于这一类村庄，应该鼓励其异地搬迁，改变资源贫乏的生活环境，但保留原住居民聚村而居的状态，使村民仍然可以生活在一个"熟人社区"。在逐渐嵌入正式制度的同时，也让非正式制度延续与传承。发展型村庄是未来村庄的一个发展方向，也是目前人们一直在探索尝试的改革途径，所以有了现在的"一村一品""美丽乡村"等国家政策。发展型村庄的实现不仅需要国家政府的合理规划，也需要乡里乡亲的信任配合，只有在双方力量共同发挥作用的情况下，才能实现村庄的转型和再发展，并完成关系信任的修复。

乡土社会中关系信任的式微，标志着村落最核心的社会边界的解体，这也预示着一个村落的终结与非正式制度的消逝。现代化的推进，不应该是正式制度替代非正式制度的过程，也不应该是城市彻底吞灭农村的必经之路。非正式制度与乡土人情都有其存在的意义和价值，当缺乏正式制度供给的情况下，非正式制度与关系信任便成为低成本传递各种社会资源的主要渠道（费孝通，1985），促进着人们的合作互惠，规范起人们的行为标准，这是维系共同社会生活的重要因素。作为非正式制度的关系信任是村落之"礼"，它具有修正、补充和完善正式制度与市场经济的作用，减少机会主义的负激励，提升不完备契约的自我执行力，维持社会运行的正常秩序（罗杰和黄君慈，2005）。社会的发展需要一定程度的关系信任，因此，如何实现正式制度与非正式制度的同行并存，如何平衡好农村市场经济的渗透与乡土关系信任的延续才是未来需要探讨的重要议题。

六 结论与展望

中国农村关系信任何以式微？考虑到市场经济对传统农村乡土人情的渗透，本节研究将村庄内部收入差距这一经济因素纳入农村关系信任的分析中来，并利用微观调查数据实证检验村庄内部收入差距对农村关系信任的影响。结果表明：（1）村庄内部收入差距对农村关系信任呈现非线性影响，即随着村庄内部收入差距的拉大，村民之间的关系信任水平在这一过程中将经历先增大后减小的倒"U"形变化轨迹；且这一基本结论在对模型设定、估计方法、测量误差、内生性问题进行稳健性检验后仍然成立。（2）村庄内部收入差距对农村关系信任的影响具有收入阶层异质性。不同收入阶层的关系信任受到村庄内部收入差距的影响不同：收入差距拉大使低收入阶层更容易表现出不信任他人，使高收入阶层更容易引发他人的不信任。（3）收入差距对关系信任的影响将随着经济环境的变化而变化，且这一影响在经济较为发达的东部地区更为显著。以上研究结论表明，经济因素——村庄内部收入差距——是引致农村关系信任式微的重要原因，同时这一因素因不同收入层次、不同区域发展程度的差异而导致农村关系信任式微的程度也有所不同，这进一步佐证了农村关系信任式微的经济内因。该结论也启示我们，在市场经济不断渗透农村的大背景下，何以维系农村关系信任以更好地支持乡村振兴可以从村庄内部收入差距途径着手，优化与平衡农村内部第三次收入分配。

尽管本节从村庄内部收入差距视角厘清了农村关系信任式微的内在机理，但论证过程中仍有部分重要因素未能深入探讨，未来可以在包括但不限于如下四个方面开展进一步研究：第一，收入差距对农村关系信任的影响是否受人情收支的调节作用，尤以"份子钱""人情礼金"为显著表现。"随份子"在中国传统社会的人情交往中由来已久，份子钱的大小一定程度上反映了收入差距的大小，同时也决定了人们之间关系信任的深浅。收入差距的逐渐拉大不仅破坏了人情收支的平衡，还可能拉开人与人之间的距离，将关系信任推向消逝。第二，交流距离对农村关系信任是否存在独立效应，如果存在，其具体影响又将是如何。一方面，劳动力流动、收入差距的拉大将使交流距离增加；另一方面，随着移动互联网的普及、智能媒体的应用，人们之间的联系互动不再存在困难，交流距离减少。这两种机制共同作用于农村关系信任，最终关系信任将表现出怎样的变化路径，这是未来需要探讨的。第三，既有研究多数将农村与城市看作一个整体，研究其关系信任变迁，较少关注农村与城市的比较研究。城乡二元结构是我国社会结构的一个重要特点，将城市与农村进行区分对比研究，对于进一步探讨城乡融合的改革路径具有一定的帮助。第四，在宏观层面，如何确保正式制度与非正式制度兼容并蓄、并行不悖，共同发挥作用调节市场组织结构，推动社会的发展进步，这也是日后实现乡村振兴战略亟待解决的重要问题。

第三节　农村关系信任的重构：农村人情消费视角

一　引言

乡土社会特别重视以家庭为纽带的亲缘地缘关系，这种团体社群观念影响着人们的生活和交往方式，已成为一种习性，并具有很大的惯性（李培林，1996）。以亲缘地缘为初始禀赋的农村是一个以差序格局为特征的熟人社会，并由此形成乡土社会中由亲而信的熟人信任（费孝通，1985；赵泉民，2007）。人情取向是熟人社会的乡土逻辑，是农村社会互动得以发生与农村社会秩序得以建构和维系的重要手段（贺雪峰，2011；陈柏峰，2011b）。人情消费嵌刻在这样的乡土社会基因里，具有明显的关系认同和情感寄托的社会经济活动特征，特别是在物资匮乏年代，乡里乡亲共同筹措财物互帮互助以实现资源转移和收入再分配，并完成婚丧嫁娶等重大生命仪礼。传统乡土社会以差序格局巧设熟人关系网络，并在人情消费中不断巩固与强化彼此之间的信任意愿。人情消费在礼尚往来中实现社会关系的再生产，从而有效维护和延续熟人社会中的关系信任。因乡土社会彼此间的交往互惠所生成的关系信任是形塑乡村基本社会结构的联结纽带，也是弥补农村市场经济中正式制度缺失的关键要素，更是推动乡村现代化发展的内核动力（贺雪峰，2011）。

然而，以关系为根基的农村居民信任同时也受制于人际关系的差序格局和圈层结构，进而决定其信任范围的有限性和封闭性（赵泉民，2007）。特别是在农村现代化进程中，一方面，村庄边界的开放与生产生活方式的变化将村民置身于更为广阔的社会交往与合作范围之中，传统农村社会关系发生重大更新（张维迎和柯荣住，2002；江立华和卢飞，2015）；另一方面，以经济利益为标尺的生产合作排斥原有的亲缘地缘关系，经济利益成为个体家庭联系的重要纽带，乡土社会的人情取向渐趋弱化（郭于华，1994；黄玉琴，2002；陈柏峰，2011b）。农村熟人关系的差序格局正经历着内核重组与外层内嵌的系统更新，传统农村的人情规范业已不能阐释现代农民的行为逻辑，利益取向正成为决定农民关系亲疏的一个重要维度（陈浩天，2011）。在此情景中，以生命仪礼为依托的农村人情消费作为一种延续至今的共同价值传统和集体行为准则显示出自身的矛盾，农村人情消费被打上经济效益的烙印，"货币化""功利性"等异化趋势凸显。根据对2018年中国家庭追踪调查数据（CFPS）的估算，农村人情消费占家庭日常开销比重的均值已达到11.47%，明显高于城市地区的8.47%。近年来，中央有关文件①多次强调要持续推进农村移风易俗行动，遏制人情攀比、大操大办等陈规陋习，推进诚信建设。其背后深意在于农村人情消费的异化不仅关乎名目、周期、规模等表面形式的增减有无，而且涉及整个乡土社会人情交往法则与关系信任秩序的蜕变演化。另根据对2005—2015年中国综合社会调查（CGSS）数据的测算，农村居民对自己关系网络中不同圈层人士的信任具有不同程度的减弱趋势。具体而言，农村居民十年间对亲戚、朋友和近邻的信任度下降5.42%，对同村人的信任度下降9%，对同事和同学的信任度下降33.79%。在贯彻新发展理念引领下，迫切需要理性引导农村人情消费，以重新建构一个与之相匹配的更高质量的"差序格局"以规范农村关系信任，并适应新时代农村经济发展的内在需求。为此，本节致力于阐释

---

① 文件包括：中共中央办公厅、国务院办公厅：《关于实施乡村振兴战略的意见》（2018）、《关于坚持农业农村优先发展做好"三农"工作的若干意见》（2019）、《关于加强和改进乡村治理的指导意见》（2019）、《关于抓好"三农"领域重点工作确保如期实现全面小康的意见》（2020）、《关于全面推进乡村振兴加快农业农村现代化的意见》（2021）。

农村人情消费能否重构关系信任新格局。作为非正式制度，关系信任具有修正、补充和完善正式制度与润滑市场经济的重要作用，可减少机会主义的负向激励与协调市场资源的有效配置，并维持农村社会秩序的正常运行（汪汇等，2009；何可等，2015；周广肃等，2015；高明等，2021）。因此，推进农村诚信建设、构建亲清的关系信任生态，既是维系农村和谐稳定的关键着力点，也是整合农村优秀文化资源的精神诉求，更是倡导以乡村善治赋能乡村振兴的题中应有之义。

相较于既有研究，本节可能的边际贡献有两点：一是基于农村人情消费异化的客观事实，本节重新阐释并检验了农村人情消费对关系信任的倒"U"形影响，并依此测度农村人情消费异化的拐点，为确定合理的农村人情消费标准提供重要参考。二是本节实证检验了农村人情消费通过自己人化、社会竞争和互助互惠等作用路径对关系信任的影响，并借以上路径为营造亲清的农村关系信任生态提出具体建议。

二 文献梳理与研究假说

（一）农村人情消费与关系信任：倒"U"形影响

1. 农村人情消费的界定与功能

农村人情消费是农村居民在特定情境中因人际关系的需要而发生的礼物或礼金的相互馈赠，是农村重要的礼俗传统（邹宇春和茅倬彦，2018；吴清华等，2018）。在我国农村地区人与人之间的单线关系与群体内部的网络关系的孕育主要依靠礼物交换得以实现，农村人情消费恰巧为这一关系的构建创造条件，并搭建给者与受者之间的精神联系（阎云翔，1996），从而有效地维系、强化和延展农村人际关系（黄玉琴，2002；翟学伟，2004；贺雪峰，2011；江立华和卢飞，2015）。关系是牵连熟人社会中每个个体的引力，人们是否愿意与他人建立信任取决于双方关系的远近亲疏（王飞雪和山岸俊男，1999；罗家德和李智超，2012），以差序格局为基础而建立的关系信任是信任双方共同持有的信念。这种由亲至疏的信任格局不但在人际关系中产生，而且在彼此之间人情往来的互动状态之中得以强化（杨中芳和彭泗清，1999；王绍光和刘欣，2002）。以生命仪礼为契机的人情消费为参与者提供了消息互通和情感联络的机会，使之成为对方潜在社会支持网络的一部分，这将有利于构建和增进彼此间的信任水平。这一农村家庭人际关系网络的重构不仅是人情消费的客观效果（郭于华，1999），也是人情仪式的社会聚合与扩张（江立华和卢飞，2015）。

2. 农村人情消费的功能转变

受转型期社会变革的冲击，人情消费由原本的情感表达和关系维系转变为一种具有功利性质的聚富敛财或是财富炫耀的工具，且这种人情异化现象在农村地区尤为严重（陆铭和李爽，2008；周广肃和马光荣，2015；刘玉飞等，2020）。人情消费扮演着分担风险和构建信任的重要角色（Townsend，1994；Bulte et al.，2018），然而，人情消费异化现象的出现使得这面风险防护墙开始失效，究其出现的原因，学界主要从外界环境变化与主体内在诉求两个角度加以分析。一方面，外界环境变化包括市场经济的利益原则和交换关系对于农民日常生产生活的渗透（汪汇等，2009）、农村传统文化建设在现代化进程中逐渐式微（李敏和张利明，2018）、社会财富的增加与地区权力腐败的出现（于铁山，2015）等。另一方面，从主体内在诉求角度来看，过高过密的人情消费造成大量资源浪费的同时也为农村居民带来沉重的经济压力，人们被非理性的人情消费所裹挟（贺雪峰，2011）。交换预期的普遍缩短、农村居民日常行为的功利化、个人心理偏好的凸显、家庭收入水平的提高等（陈浩天，2011）都使得农村人情消费背离初始的情感联系和精神表达的意涵。农村人情消费的功能转变不仅体现在挤占其他商品的消费，造成无谓损失和经济负担，更重要的是人情消费开始出现信号传递失真，进而对居民的信任意愿造成不同程度的负面影响（Waters et al.，2000）。

基于上述文献梳理可知，农村人情消费最初生成的重要功能是建构和维系农村居民的情感联系，进而有效促进人们之间关系信任的生成和维系。人情往来是否越多就越可以保持农村熟人社会的再生产、自己人的再生产，从而越能有效维护农村熟人社会？答案是否定的，因为人情往来是要花费成本的，过频过密的人情往来的花费太高，就可能导致部分社区成员退出人情循环，人情往来不可持续（贺雪峰，2011）。而如今农村地区因过高过密的人情消费而出现的非主动性的人情消费则已说明，农村人情消费对农村居民之间的关系信任的维系明显产生了负面影响，该转变表明农村人情消费对关系信任的影响可能存在拐点。为此，本节提出如下假说：

假说1：农村人情消费对关系信任存在倒"U"形影响，即一定范围内的农村人情消费能够促进关系信任的提升；超过一定范围后，农村人情消费的增加将导致关系信任的降低。

(二) 农村人情消费与关系信任：作用机制

20世纪90年代，大量亲社会行为的发现，例如信任行为、回报行为、捐赠行为等，促使学者们开始对传统经济人假定的合理性和适用性进行重新审视，社会偏好理论应运而生。后经学者们的共同努力，逐渐形成较为完善的理论体系（夏纪军等，2003；Dufwenberg & Kirchsteiger, 2004；Fehr et al., 2005；Falk & Fischbacher, 2006）。社会偏好理论主要包括利他偏好（Altruism）、厌恶异质偏好（Inequality-Aversion）和互惠偏好（Reciprocity），其中，利他偏好是指人们不仅关心自身利益，还具有无条件帮助他人的倾向，即他人的利益与自身效用正相关；厌恶异质偏好是人们对个人处境差异所表现出的厌恶倾向，具体指在社会竞争中，处于劣势不公平与处于优势不公平将对个人效用产生影响，且人们往往更厌恶自己处于收益劣势一方；互惠偏好是指人们以善报善，以恶报恶的条件性合作倾向，即人们对于善意行为会选择回报，对于恶意行为会进行惩罚。考虑到人情消费具有利他倾向（Levine，1998）、社会地位象征（Postlewaite，1998）和互惠倾向（Andreoni & Bernheim，2009；Ellingsen & Johannesson，2008）的信号传递功能，贺雪峰（2011）将这种信号传递总结为人情消费的三大社会功能：自己人化、社会竞争和互助互惠。为此，本节以个体偏好为逻辑切入点，拟将社会偏好理论纳入考察范畴之中，基于利他、厌恶异质和互惠三大偏好视角，将农村人情消费的三大社会功能——自己人化、社会竞争和互助互惠——分别用社会偏好理论中的利他偏好、厌恶异质偏好和互惠偏好加以解释，对信任双方的行为选择进行分析，以期厘清农村人情消费如何通过自己人化、社会竞争、互助互惠作用于人们的利他偏好、厌恶异质偏好和互惠偏好，继而对关系信任产生影响（详细的数理分析参见附录2）。

首先，自己人化在农村人情消费与关系信任之间的作用。每每面临人生大事，人情维系了人与人之间的互动，通过相互帮助和相互支持促使人与人之间自己人化，并不间断地生产出相互的熟悉及这种熟悉基础上的自己人认同。而当人情发生超过预期的变化，参与者容易产生不良感受，人情循环就可能中断，或即使仍然维持人情的循环，但人情已不再生产自己人的认同（贺雪峰，2011）。这说明一定范围内的农村人情消费将有利于农村居民拉近彼此间的距离，进而激发人们的利他偏好，信任水平提高；但是，当农村人情消费达到一定程度之后不仅会增加自己的消费成本，而且可能会降低对方的利他偏好，进而信任水平下降。为此，本节提出如下假说：

假说2：农村人情消费通过自己人化对农村关系信任产生倒"U"形影响。

其次，社会竞争在农村人情消费与关系信任之间的作用。在适当的限度内，红白事等重大生命仪礼不仅为村民间带来经济上的帮助，也能够带来心理和精神上的安慰。而当通过送超过常规的人情来获得村庄竞争中的优势地位时，农村社会交往则出现群体间的关系排斥。一方面，收入较高的群体在与村庄社会互动中为彰显自身财力和社会地位而强行抬高农村人情消费的平均水平（陆铭和张爽，2008）；另一方面，农村人情互动的平衡性被打破，原本指向农村社会整合的人情交往反而释放出关系排斥的社会效应（杜鹏，2019）。这说明农村人情消费对村民的厌恶异质偏好可能存在拐点，即合理的农村人情消费有利于通过良性的社会竞争拉近人情关系，降低农村居民的厌恶异质偏好，进而促进农村关系信任的提升；过高的农村人情消费则可能引发盲目攀比等，激化农村居民的厌恶异质偏好，造成信任危机。为此，本节提出如下假说：

假说3：农村人情消费通过社会竞争机制对农村关系信任产生倒"U"形影响。

最后，互助互惠在农村人情消费与关系信任之间的作用。在传统农村社会，农民面对人生重大事变，如婚丧嫁娶等重大生命仪礼，往往需要得到亲朋邻里的帮助。既有研究表明农村人情消费得以维系关系信任的关键在于人情往来的互惠平衡，一个人"给"更多的是因为期待着"回"，而一旦有一方拒绝遵循这一互惠原则，另一方将会终止人情来往，进而关系信任中断（Hwang，1987；阎云翔，1996；李涛等，2008；杜鹏，2019；Stamos et al.，2019）。一般来讲，农村人情中有互助的成分，即当一个家庭遇到人生大事如婚丧事时，亲友邻里都有帮助支持的义务，典型表现是以送人情来尽义务。一旦等到送人情家庭有了同样的人生大事，收人情家庭需还回人情。从长期来看，人情是平衡的（贺雪峰，2011）。上述分析表明，一定范围内的农村人情消费有利于激发人们的互助互惠偏好，并实现人情往来的互惠平衡，双方信任水平提升；但是，当农村人情消费达到一定程度后可能会导致人情往来的不平衡，进而引发对方的互惠逆向厌恶，双方信任水平下降。为此，本节提出如下假说：

假说4：农村人情消费通过互助互惠机制对农村关系信任产生倒"U"形影响。

三 数据、模型与变量

（一）数据来源

本节选用具有全国代表性的中国家庭追踪调查（CFPS）数据展开实证研究，该调查目前包括2010年、2011年、2012年、2014年、2016年、2018年共6年的微观入户调查数据，覆盖了25个省、市、自治区人口，收集了个体、家庭、社区三个层次的数据。鉴于本节主要探究农村居民的人情消费与关系信任，而2010年和2011年问卷缺少关系信任水平的调查数据，2012年问卷缺少人情消费的调查数据，因此本节仅对2014年、2016年和2018年三期数据进行整理和分析，其中数据整理包括：（1）剔除关键变量存在缺失值的样本，且只保留农村居民样本；（2）依据个人ID对满足条件的三期样本进行跨期合并；（3）对合并而成的数据进行缩尾处理，将农村家庭收入的前后2.5%删除，以期缓解异常值对回归结果的干扰，最终形成一套样本总量为32320个的混合截面数据；（4）考虑通胀因素，将最终样本以2014年为基期，2016年和2018年农村人情消费除以当年CPI，以排除通胀干扰。

（二）模型构建和变量界定

1. 模型构建

本节拟使用双向固定效应logit模型考察农村人情消费对关系信任的倒"U"形影响。实证模型如下：

$$logit(trust_{it}=1\mid X_{it}) = \beta_0 + \beta_1 interper\_con_{it} + \beta_2 interper\_con_{it}^2 + \beta_3 X_{it} + \alpha_i + \mu_t + \varepsilon_{it} \qquad (3—5)$$

其中，$trust_{it}$ 表示个体 i 第 t 年信任与否。$interper\_con_{it}$ 表示个体 i 所在家庭第 t 年人均年人情消费金额。X_{it} 表示个体 i 随时间变化的相关控制变量。α_i 表示个体固定效应，μ_t 表示时间固定效应，ε_{it} 表示随机干扰项。

2. 变量界定

（1）被解释变量：关系信任，即个体 i 第 t 年的信任与否。要准确表征"关系信任"，应遵循农村人情规范，即关系信任要体现农村人情关系的亲疏，并兼具等质交换而非等价交换的原则。为此，本节选取CFPS 调查问卷中"一般来说，您认为大多数人是可以信任的，还是和人相处要越小心越好"的回答作为度量关系信任的代理指标。关于该问题的回答选项有两个，分别为"大多数人是可以信任的"和"要越小心越好"。前者反映受访者偏好信任（赋值为1），而后者反映受访者倾向怀疑别人，即不信任（赋值为0），从而构建一个 0—1 型虚拟变量，即关系信任。

乡土社会是一个具有差序格局的圈层结构，根据在农村关系信任中所处的相对关系网络位置，关系信任可细分为特殊信任和普遍信任（李伟民和梁玉成，2002）。其中，特殊信任源于乡土社会天然的社会关系，这种信任以血缘家庭关系为基础；普遍信任建立在后天的社会交往之上且主要取决于情感的深度和往来的密度，以观念信仰共同体为基础（李伟民和梁玉成，2002；Reeskens，2013）。为了进一步明确农村居民的关系信任因关系的亲疏而带来的差异，本节分析了受访者对邻居和陌生人的关系信任，以期分别表征农村居民的特殊信任和普遍信任。值得说明的是：一是选用对邻居的关系信任度量特殊信任可能会存在一定的偏差，因为邻居不一定与自己具有血缘关系，这主要是受 CFPS 调查问卷所约束，尚未找到更适合的问题选项来度量特殊信任；二是在 CFPS 调查问卷中，对邻居和陌生人的信任程度被划分为 0—10 分 11 个档次，[①] 其中 0 分代表非常不信任，10 分代表非常信任，即分值越大，信任程度越高。这就与对关系信任的刻画标准（0—1 型虚拟变量）产生不同，为了与对关系信任的度量趋于一致，本节做了如下处理：当受访者打分为 5 分及

[①] 在 CFPS 问卷中，对邻居和陌生人信任的刻画问题分别是："对邻居的信任程度能打几分？""对陌生人的信任程度能打几分？"

以下，则认为农村居民对邻居或陌生人更趋向于不信任，并赋值为0。特别是当受访者打分为5分时，即受访者既不偏好信任，也不倾向于不信任，而就我们对农村居民生活习性的理解，没有态度可能更倾向持负面评价，即不信任；当受访者打分为6分及以上，则认为农村居民对邻居或陌生人更倾向于信任，并赋值为1。通过上述处理，可将对特殊信任和普遍信任的度量与关系信任的度量均转化为0—1型虚拟变量，以便后续的实证检验及其结果解释保持一致性。

（2）核心解释变量：农村人情消费，即个体i所在家庭第t年人均人情消费金额。本节旨在探究具象为人情消费的礼俗传统对关系信任的影响，为此，本节选用CFPS调查问卷中"过去12个月，您家因为亲朋好友家里有结婚、考上大专/大学、生小孩、去世、拜年（给压岁钱）等，总共出了多少人情礼？"的回答来衡量农村人情消费。该农村人情消费测度指标具有如下两点合理性：第一，为真实反映乡土礼俗传统，参考黄玉琴（2002）的做法，本节所考察的农村人情消费始终以生命仪礼（如结婚、升学、拜年等）为依托，这主要是为了有效区别农村人情消费与一般消费支出；第二，在这种礼俗文化背景下农村人情消费的高低往往由周边群体而不是个人意志所决定，存在一个约定俗成的标准，这是因为在熟人社会范围，人情参与者、仪式和酒席三方面内容一般都有一个相对客观的地方性共识，即哪个名目的人情是合理该办的，应邀请什么人参与，由哪些人参加，送多少礼金，举办什么仪式，置办什么档次的酒席，都有一个相对稳定的标准（贺雪峰，2011）。

（3）为了尽可能控制农村人情消费对关系信任影响的约束条件，本节选取的控制变量包括性别、年龄、婚姻状况、受教育年限、家庭人均年收入水平、是否党员、健康水平、社会保障、就业状况（包括是否从事农业工作、是否从事个体私营、是否受雇）、家庭劳动力人数、社会经历。

表3—7报告了部分变量的描述性统计结果，其中农村居民的特殊信任（6.753）明显大于普遍信任（1.881），这说明农村关系信任仍以特殊信任为主导模式。农村家庭人均年人情消费为927元。农村居民的人口特征主要表现为老龄化严重（平均年龄51.246岁）、受教育水平较低（平均受教育年限5.789年）、主要从事农业工作（82.61%的样本）、家庭人

均年收入水平较低（11256元）、家庭规模较大（平均劳动力人数7.031人）等。

表3—7　　　　　　　　　　描述性统计

变量		变量描述	均值/比例	标准差
关系信任		信任=1，不信任=0		
信任			53.01%	
不信任			46.99%	
特殊信任		非常不信任0……10非常信任	6.753	2.234
普遍信任		非常不信任0……10非常信任	1.881	2.129
家庭人均年人情消费		家庭人均年人情消费：千元	0.927	1.109
性别		男=1，女=0		
男			48.81%	
女			51.19%	
年龄		周岁	51.246	15.354
婚姻状况		已婚=1，未婚=0		
已婚			85.32%	
未婚			14.68%	
受教育年限		已完成的受教育时长：年	5.789	4.437
是否党员		党员=1，非党员=0		
党员			4.31%	
非党员			95.69%	
健康水平		非常健康1……5不健康	3.187	1.295
社会保障		购买医疗保险的数量	0.765	0.451
就业状况	是否从事农业工作	是=1，否=0		
	是		82.61%	
	否		17.39%	
	是否从事个体私营	是=1，否=0		
	是		8.49%	
	否		91.51%	
	是否受雇	是=1，否=0		
	是		53.46%	
	否		46.54%	

续表

变量	变量描述	均值/比例	标准差
家庭人均年收入	家庭人均年收入：千元	11.256	40.478
家庭劳动力人数	家庭劳动力数量：人	7.031	3.697
社会经历	借钱是否被拒：是＝1，否＝0		
是		33.48%	
否		66.52%	

四 回归结果分析与讨论

（一）基准回归分析

在控制其他变量不变的情况下，基准回归结果①如表3—8所示。表中第（1）（3）（5）列分别报告的是农村人情消费对关系信任及特殊信任和普遍信任的影响效果。考虑到关系信任、特殊信任和普遍信任均为0、1型虚拟变量，为了更加清晰地展示农村人情消费的单位变动对三种信任概率的边际影响，回归结果同时报告了农村人情消费的边际效应，如表3—8中第（2）（4）（6）列所示。

首先，农村人情消费正向影响关系信任，并在5%水平上显著，同时其平方项负向影响关系信任，并在10%水平上显著。这表明农村人情消费对关系信任存在显著的倒"U"形影响，即一定范围内的农村人情消费能够促进关系信任的提升；超过一定范围后，农村人情消费的增加将引致关系信任的降低。根据式（1）进一步测算表明，从全国平均水平而言，农村家庭人均年人情消费的拐点值为3344.83元，这也正是农村人情消费异化的临界值，即当农村家庭人均年人情消费超过3344.83元时，农村人情消费对农村关系信任产生负面影响。值得说明的是，这一拐点值

---

① 基准回归之所以采用双向固定效应模型是基于以下考虑：一是共线性检验，所有变量VIF值最大为1.14，远小于10，各变量之间不存在明显的多重共线性。二是联合显著性F检验，解释变量在1%的显著性水平上联合统计显著。三是模型检验，研究对样本数据分别进行了混合回归、随机效应模型回归和个体固定效应模型回归。固定效应模型的F统计量表明应该允许每位个体拥有截距项，说明固定效应模型的估计结果优于混合回归。运用经典Hausman和Bootstrap Hausman检验对比固定效应与随机效应，结果表明固定效应模型更为有效。进一步检验所有年度虚拟变量的联合显著性表明模型应包括时间效应。综上所述，基准回归采用双向固定效应模型（FE_TW）较为合适。

是针对2014年、2016年和2018年三期混合截面数据中农村家庭人均年人情消费而言的,考虑到我国区域经济发展水平的差异,这一拐点值对某个具体区域而言可能并不总是合宜。但这一拐点值将为判断一个区域内农村关系信任是否临近异化带来重要参考。结合农村家庭人均年人情消费的分位数①来看,样本期内农村人情消费总体存在异化问题,但是只占不到总体5%的比例。以上分析表明,总体而言,样本期内农村人情消费异化问题并不严重,维持适度的人情消费是建构和维系农村关系信任的重要举措。

表3—8　　　　　　　　　　　　基准回归结果

变量	关系信任		特殊信任		普遍信任	
	(1) FE_TW	(2) dy/dx	(3) FE_TW	(4) dy/dx	(5) FE_TW	(6) dy/dx
家庭人均年人情消费	0.194* (0.082)	0.047* (0.021)	0.148† (0.086)	0.030† (0.018)	0.145 (0.158)	0.033 (0.040)
家庭人均年人情消费平方	-0.029† (0.008)	-0.007† (0.004)	-0.035* (0.018)	-0.007* (0.004)	-0.016 (0.033)	-0.003 (0.007)
个体固定效应	是	是	是	是	是	是
年份固定效应	是	是	是	是	是	是
控制变量	是	是	是	是	是	是
观测值	7649	7649	7344	7344	2426	2426

注:† $p<0.1$,* $p<0.05$,** $p<0.01$,*** $p<0.001$;括号内为聚类稳健标准误;dy/dx 表示边际效应;实证结果因篇幅所限仅汇报核心变量的回归结果。下同。

其次,基于农村差序格局系统更新的认知,为了明确农村人情消费异化的动态演变,本节进一步对特殊信任和普遍信任展开相应检验,继而比较农村人情消费对其差序格局内层和外层的关系信任的异质性影响。结果表明:(1)农村人情消费正向影响特殊信任,并在10%水平上显著,

---

① 25%为250元/人·年,50%为500元/人·年,75%为1000元/人·年,95%为3333元/人·年,99%为5000元/人·年。

同时其平方项负向影响特殊信任，并在5%水平上显著。这表明农村人情消费对特殊信任（差序格局的内层）同样存在显著的倒"U"形影响。确切地说，当农村家庭人均年人情消费小于2114.29元时，农村人情消费有利于农村居民增进对特殊关系人的信任；而当农村家庭人均年人情消费大于2114.29元时，农村人情消费将引致农村居民特殊信任逐渐降低。（2）农村人情消费及其平方项均未对普遍信任产生显著影响。相较于特殊信任，该结果表明农村人情消费对关系信任的影响具有圈层局限性，农村人情消费异化在差序格局内层关系圈中更为普遍。

最后，上述回归结果表明，农村人情消费对关系信任存在显著的倒"U"形影响，并且这一影响仅限于农村差序格局内层关系圈中的特殊信任。至此，假说1得到验证。该假说初步回答了农村人情消费异化产生的可能原因，即农村人情消费超出其促进关系信任提升的临界值，这也为理性引导农村人情消费提供重要参考。

（二）稳健性检验

1. 基于样本选择偏差的检验

考虑到混合截面数据的使用，基准回归将未追踪成功的农户样本剔除，这可能造成样本选择偏差。为此，表3—9中（1）列汇报的是保留被剔除样本的回归结果。由估计结果可知，即使将剔除样本保留，农村人情消费对关系信任依然存在显著的倒"U"形影响。

2. 基于模型估计偏差的检验

为了考察双向固定效应logit模型估计可能存在的偏差，本节分别采用固定效应Probit模型和随机效应Probit模型进行对照估计，三个模型的差异主要在于对变量分布要求的不同，既有研究通常用来相互佐证实证结果的一致性。估计结果如表3—9中（2）—（3）列所示，农村人情消费对关系信任存在显著的倒"U"形影响，即与基准回归结果相一致。

3. 基于变量度量误差的检验

考虑到农村人情消费的选择指标可能存在度量误差，借鉴邹宇春和茅倬彦（2018）的做法，本节采用人情消费负担变量，即家庭人情消费占总收入比例，作为农村人情消费的替代性指标展开对照检验。由回归结果如表3—9中（4）列所示可知，农村人情消费对关系信任仍然存在显著的倒"U"形影响，这也进一步佐证了基准回归结果的稳健性。

4. 基于遗漏变量的检验

农村人情消费和关系信任可能同时受到当地文化风俗和经济发展程度的影响（Jing et al., 2021），本节按照中国四大经济区域①将村庄所在省份进行区域划分，以虚拟变量地理区位控制地区固定效应，对照估计农村人情消费对关系信任的影响，由估计结果如表3—9中（5）列所示可知，在控制地区固定效应的基础上，农村人情消费对关系信任仍然存在倒"U"形的显著影响。

表3—9　　　　　　　　稳健性检验结果

变量	（1）包含剔除样本	（2）Probit_FE	（3）Probit_RE	（4）替换解释变量	（5）地区固定效应
家庭人均年人情消费	0.129* (0.065)	0.067* (0.027)	0.082** (0.033)		0.195* (0.082)
家庭人均年人情消费平方	−0.019* (0.013)	−0.013* (0.006)	−0.016* (0.007)		−0.030† (0.017)
家庭人情消费占比				0.333* (0.142)	
家庭人情消费占比平方				−0.046 (0.029)	
观测值	12196	18675	18675	2550	7649

（三）内生性讨论

本节研究问题的内生性主要源于两个方面：一方面，农村人情消费与关系信任之间可能存在双向因果关系，即某些农村家庭可能因为不信任他人而不愿进行人情消费；另一方面，可能存在遗漏随时间变化的个体特征变量。对于这两类内生性问题，本节拟采用工具变量法对其进行

---

① 根据中国统计年鉴数据，村庄地理区位划分，包括：东部地区有北京市、天津市、河北省、上海市、江苏省、浙江省、福建省、山东省、广东省、海南省；中部地区有山西省、安徽省、江西省、河南省、湖北省、湖南省；西部地区有内蒙古自治区、广西壮族自治区、重庆市、四川省、贵州省、云南省、西藏自治区、陕西省、甘肃省、青海省、宁夏回族自治区、新疆维吾尔自治区；东北地区有辽宁省、吉林省、黑龙江省。

处理。

就工具变量的选取原则而言，一是受自然实验的外生冲击，考虑将中国传统农历闰月年份是否发生人情消费作为农村人情消费的工具变量。闰月这一概念始于中国古代汉朝时期一直沿用至今，特指传统农历历法中为协调阴阳历差距，每隔两到三年增加一个月的一种置闰方式。一方面，目前中国农村仍普遍采用农历历法记录时间周期，人们的生命仪礼将会随着闰月年的出现而发生改变，例如闰月生日将会有两个日期。另一方面，因闰月年极为特殊，人们往往乐于对其赋予不同的含义，例如某些地区偏好在闰月年举办婚礼或者其他重大事宜，甚至有时为了吉利，包的红包是闰月年13个月的倍数，这将明显多于其他年份。在本节的样本数据中，2014年为闰月年，2016年和2018年为非闰月年，据统计，2014年中国农村家庭重大事件（包括婚丧嫁娶、孩子出生、子女升学等）发生率（18.11%）分别高于2016年（17.44%）和2018年（17.3%），同时，2014年中国农村家庭重大事件举办仪式和宴请的平均支出（18992.73元）也都明显高于2016年（15262.03元）和2018年（14277.29元）。以上逻辑解释和数据统计都说明了闰月年与农村人情消费的相关性，即闰月年的出现将提高农村人情消费的发生率并可能使其人均支出金额高于非闰月年。另外，闰月年作为一种传统历法，农村居民的关系信任无法改变它的发生，闰月年的出现也不能直接影响农村居民的关系信任，因此这一外生冲击满足外生性约束。具体而言，本节将2014年（闰月年）发生农村人情消费的样本作为实验组（赋值为1），其余样本作为控制组（赋值为0），继而构造出一个0—1型的自然实验工具变量。二是考虑村居环境的影响，将除自身外，同村重大事件人均发生频数作为农村人情消费的另一个工具变量。在相关性方面，同村其他人发生重大事件的频率越高，个体支出的人情消费也就越多；在外生性方面，同村其他家庭发生重大事件往往由其家庭成员的生命周期外生决定，个体关系信任无法直接影响他人生命仪礼的发生，所以该指标同时满足工具变量的两个约束条件。因基准模型中还包含农村人情消费的平方项，所以在工具变量的模型估计中也加入了该指标的平方项。

工具变量回归结果如表3—10所示，第一阶段的估计结果表明选取的工具变量对农村人情消费具有较好的解释力，且第一阶段F检验值

397.69 远大于 10，符合经验法则，表明不存在弱工具变量的问题，过度识别检验接受了工具变量的外生性假设，因此本节的工具变量通过了计量经济学意义上的有效性检验。总体而言无论是 2SLS 估计还是 GMM 估计，农村人情消费对关系信任仍然存在显著的倒"U"形影响，该检验结论进一步佐证了基准回归的稳健性。

表 3—10　　　　　　　　　工具变量回归结果

变量	Two-step (1) 第一阶段 家庭人均年人情消费	Two-step (1) 第一阶段 家庭人均年人情消费平方	Two-step (2) 第二阶段	MLE (3) 第一阶段 家庭人均年人情消费	MLE (3) 第一阶段 家庭人均年人情消费平方	MLE (4) 第二阶段
家庭人均年人情消费			2.867* (1.446)			1.910** (0.416)
家庭人均年人情消费平方			−0.722† (0.426)			−0.456** (0.126)
闰月年	0.659* (0.329)	1.096 (1.543)		0.665** (0.200)	1.307 (0.881)	
同村重大事件人均发生频率	0.354** (0.136)	1.526* (0.640)		0.369* (0.147)	1.590** (0.606)	
同村重大事件人均发生频率平方	−0.865*** (0.258)	−3.327** (1.214)		−0.893*** (0.221)	−3.450*** (0.897)	
F 检验	397.686			60.232		
过度识别检验			0.478			
内生性检验			0.022			0.000
观测值	24300		24300	24808		24808

（四）异质性检验

考虑到农村关系信任在社会结构群体中的分布差异，通过识别农村社会中"高信任者"和"低信任者",这有利于剖析农村关系信任式微背后潜在的结构性根源,并为后期制定相关政策修复农村关系信任提供优先选项。为此,本节拟对不同年龄、教育水平、兼业程度、收入阶层以及所处地理区位的农村居民进行分样本回归,以检验农村人情消费对关系信任倒"U"形影响的异质性。

1. 年龄异质性

基于受访者年龄划为青年组(18—44岁)、中年组(45—59岁)和老年组(60岁以上)的三个子样本回归结果如表3—11中第(1)—(3)列表明,只有中年组中农村人情消费对关系的倒"U"形影响是显著的,这说明农村人情消费对关系信任的倒"U"形影响主要集中在中年人群中。

2. 教育水平异质性

基于农村居民是否完成九年义务教育,本节将样本划分为低教育水平和高教育水平两个子样本。估计结果如表3—11中第(4)—(5)列,只有低教育水平组中农村人情消费对关系信任的倒"U"形影响是显著的,这说明相比于高教育水平的农村居民,低教育水平的农村居民的关系信任更容易受到人情消费的倒"U"形影响。

3. 兼业程度异质性

按照农村居民是否存在兼业①,本节将样本划分为低兼业和高兼业两个子样本,估计结果如表3—11中第(6)—(7)列,只有高兼业群体中农村人情消费对关系信任的倒"U"形影响是显著的,这说明高兼业群体关系信任相较于低兼业群体更容易受农村人情消费的倒"U"形影响。

4. 收入阶层异质性

按照农村居民家庭年收入水平是否高于村庄居民收入中位数,本节将样本划分为低收入群体和高收入群体两个子样本。估计结果如表3—11中第(8)—(9)列,只有低收入中农村人情消费对关系信任的倒"U"形影响是显著的,这说明相比高收入人群,农村低收入人群的关系信任更容易受到人情消费的倒"U"形影响。

---

① 兼业是指除了自家农活,农村居民还有其他获取收入的工作,并将工作数量不超过一种的界定为"低兼业",即没有兼业的情况或只有一种能获取收入的工作,将工作数量为两个及以上的界定为"高兼业"。

表3—11　异质性回归结果

变量	(1)青年组	(2)中年组	(3)老年组	(4)低教育水平	(5)高教育水平	(6)低兼业	(7)高兼业	(8)低收入群体	(9)高收入群体	(10)东部	(11)中部	(12)西部	(13)东北
家庭人均年人情消费	0.041 (0.110)	0.332* (0.138)	0.192 (0.184)	0.213* (0.0902)	0.051 (0.141)	0.001 (0.076)	0.310* (0.138)	0.222* (0.137)	0.036 (0.136)	0.213† (0.134)	−0.069 (0.177)	0.227 (0.137)	0.306 (0.215)
家庭人均年人情消费平方	−0.012 (0.031)	−0.069* (0.027)	−0.016 (0.038)	−0.032† (0.018)	−0.012 (0.017)	−0.003 (0.007)	−0.061* (0.028)	−0.038† (0.029)	−0.003 (0.027)	−0.050† (0.027)	0.016 (0.039)	−0.036 (0.030)	−0.040 (0.286)
观测值	2235	2665	1547	6529	874	2084	3051	2724	2838	2292	1692	3232	982

5. 地理区位异质性

按照地理区域将样本分为东部、中部、西部、东北四个子样本。估计结果如表3—11中第（10）—（13）列，只有在东部中农村人情消费对关系信任的倒"U"形影响是显著的，这说明农村人情消费对关系信任的倒"U"形影响效果只在东部地区显著。

五　机制检验

上述回归结果揭示出农村人情消费对关系信任存在显著的倒"U"形影响，但这一估计结果并未回答农村人情消费通过什么样的路径引致了关系信任的动态变化。虽然本节已经明确农村人情消费可能通过自己人化、社会竞争、互助互惠三条具体路径影响关系信任，但对于以上估计结果，究竟哪一条路径发挥着怎样的作用并不清楚。为此，本节拟运用中介效应模型展开检验，检验模型如式（3—6）~（3—8）所示：

$$trust_{it} = \beta_0 + \beta_1 interper\_con_{it} + \beta_2 interper\_con_{it}^2 + \beta_3 X_{it} + \alpha_{1i} + \mu_{1t} + \varepsilon_{1it} \quad (3—6)$$

$$M_{it} = \gamma_0 + \gamma_1 interper\_con_{it} + \gamma_2 interper\_con_{it}^2 + \gamma_3 X_{it} + \alpha_{2i} + \mu_{2t} + \varepsilon_{2it} \quad (3—7)$$

$$trust_{it} = \delta_0 + \delta_1 interper\_con_{it} + \delta_2 interper\_con_{it}^2 + \delta_3 M_{it} + \delta_4 X_{it} + \alpha_{3i} + \mu_{3t} + \varepsilon_{3it} \quad (3—8)$$

其中，式（3—6）即为基准模型，衡量的是农村人情消费对关系信任影响的总效应。式（3—7）中的 M_{it} 表示中介变量，即检验自己人化、社会竞争、互助互惠三条路径的代理变量，γ_1 和 γ_2 表示农村人情消费对中介变量的影响程度。式（3—8）中 δ_1 和 δ_2 表示农村人情消费对关系信任影响的直接效应，M_{it} 的系数表示在控制农村人情消费的影响下中介变量对关系信任的间接效应。

（一）自己人化机制检验

本节选择CFPS调查问卷中"您家借钱金额较大时（例如用于买房、经营周转等），有没有被拒绝的经历？"的回答作为自己人化的代理指标。一般来说，当家庭人情消费增加时，自己人化的参与范围增加，利他偏好增加，自己借钱被拒绝的概率减小，双方信任水平得以提升；而当家庭人情消费超过某一范围时，这种人情平衡将会被打破，自己人化的参与范围缩小，利他偏好降低，自己借钱被拒绝的概率增加，双方信任水平随之降低。由表3—12中自己人化机制列估计结果可知：自己人化负向影响关系信任，且在1‰水平上显著；同时Sobel检验系数为正，并在5%水平上显著。这表明自己人化的中介效应成立，且这一效应占到总效应的4.42%，即一定范围内的农村人情消费将有利于农村居民拉近彼此间的距离进而激发人们的利他偏好，自己借钱被拒绝的概率减小，从而信任水平提高；但是当农村人情消费达到一定程度不仅会增加自己的消费成本，而且可能会引发对方的厌恶，借书借钱被拒绝的概率增加，进而信任水平下降。至此，假说2得到验证。

（二）社会竞争机制检验

本节选取CFPS问卷中"村庄年平均重大生命仪礼事件次数"来代理农村居民之间的社会竞争关系。村庄年平均重大生命仪礼事件次数则是农村居民是否存在诸如人情攀比等恶性社会竞争的具体体现。由表3—12中社会竞争机制列中的估计系数可知：社会竞争负向影响关系信任，且在5%水平上显著；同时Sobel检验系数为正，且在10%水平上显著。这表明社会竞争的中介效应成立，且这一效应占到总效应的8.08%，即一定范围内的农村人情消费有利于减少农村恶性社会竞争，降低农村居民的厌恶异质偏好，进而促进农村关系信任的提升；过高的农村人情消费则可能激化农村居民的厌恶异质偏好，造成信任危机。至此，假说3得到验证。

（三）互助互惠机制检验

本节选取CFPS调查问卷中"过去12个月，不包括社会捐款，您家向其他人（如朋友、同事）提供的现金或实物的经济帮助共值多少钱？"表征受访者对他人的付出，和"不包括社会捐款，过去12个月，您家从其他人（如朋友、同事）那里获得了多少现金或实物方面的经济帮助？"表征受访者感知他人对自己的付出，并由该双向评价的乘积构造一个互助互惠的平衡指标。由表3—12中互助互惠机制列估计结果可知：互助互惠正向影响关系信任，且在1‰水平上显著；同时Sobel检验系数为正，且在1‰水平上显著。这说明互助互惠的中介效应成立，且这一效应占总效应的11.29%，即一定范围内的农村人情消费有利于激发人们的互助互惠偏好，双方信任水平提升；但是当农村人情消费达到一定程度后可能会引发对方的互惠逆向厌恶，进而信任水平下降。至此，假说 4 得到验证。

表 3—12　　　　　　　　　　机制检验结果

变量	自己人化机制 自己人化	自己人化机制 关系信任	社会竞争机制 社会竞争	社会竞争机制 关系信任	互助互惠机制 互助互惠	互助互惠机制 关系信任
家庭人均年人情消费	0.026 ** (0.009)	0.020 * (0.010)	−0.013 *** (0.002)	0.009 (0.008)	0.563 *** (0.117)	0.024 ** (0.010)
家庭人均年人情消费平方	0.007 *** (0.002)	−0.004 * (0.002)	0.001 *** (0.000)	−0.002 (0.002)	−0.064 ** (0.025)	−0.005 * (0.002)
自己人化		−0.033 *** (0.008)				
社会竞争				−0.062 * (0.031)		
互助互惠						0.005 *** (0.001)
Sobel 检验		−0.001 * (0.000)		0.001 † (0.000)		0.003 *** (0.001)
间接效应占比		−4.42%		8.08%		11.29%
观测值		18578		24866		18310

六　结论及其政策含义

本节从农村人情消费异化与关系信任日渐式微这一普遍而值得深思的经济社会现象出发，深入考察了农村人情消费对关系信任的影响效果及其作用路径，并基于 2014—2018 年中国家庭追踪调查数据（CFPS）展开相关检验。主要研究结论有：第一，农村人情消费对关系信任存在显著的倒"U"形影响，即随着人情消费的增加，农村居民的关系信任将经历一个先增加后减少的变化轨迹。这一基本结论在考虑了样本选择偏差、模型估计偏差、变量度量误差、遗漏变量和内生性等一系列稳健性检验之后依然成立。进一步测算表明，从全国平均水平而言，农村家庭人均年人情消费的拐点值为 3344.83 元，这也是农村人情消费对关系信任产生负面影响的平均临界值；特殊信任对象（如邻居等熟人）相较于普遍信任对象（如陌生人）更容易面临人情消费异化风险。第二，农村人情消费主要通过自己人化、社会竞争和互助互惠三种机制倒"U"形影响关系信任。第三，从分样本来看，农村人情消费对关系信任的倒"U"形影响具有一定的异质性：中年、低教育水平、高兼业程度、低收入水平的东部农村居民的关系信任受人情消费影响更为敏感。

农村人情消费集中体现了乡土社会的联结方式，以重大生命仪礼为契机的人情消费塑造和更新着熟人社会的关系网络和关系信任。在贯彻新发展理念构建农村新发展格局的背景下，迫切需要理性引导农村人情消费以期重新建构一个与之相匹配的更高质量的"差序格局"以规范农村关系信任，进而营造亲清的关系信任生态，适应农村新发展阶段的内在需求。本节研究结论对营造亲清的农村关系信任生态具有重要的政策含义，包括但不限于：第一，理性引导农村人情消费，推出农村人情消费建议标准，合理构建自己人化关系圈。一方面，当地政府应当鼓励农村居民以传统方式实现自己的人情链接；另一方面，当地政府可考虑通过设立第三方的红白喜事办事处，推出农村人情消费建议标准，规范农村人情消费往来以期降低因农村人情消费过高而导致关系信任的式微。第二，营造良好的农村社会竞争环境，培育亲清的农村关系信任生态。一方面，努力消除农村内部人情攀比等不良社会竞争行为，合理标准下的农村人情消费因发挥资源转移和收入再分配的作用而有利于弱化农村内部社会竞争；另一方面，努力营造农村互助互惠的人文环境，夯实农村优秀传统文化根基，以优良传统赋予农村现代化新的高度。第三，完善农村治理体系，推动形成具有"一方一习"社群差异化的治理模式。构建农村新发展格局不仅需要顶层设计的全面把控，更应结合实际情况和当地风俗进行精准管理。一方面，应继续推动正式制度的完善，逐渐缩小教育、收入和地区发展间的差异；另一方面，应重点关注村庄内相对弱势群体，倡导淳朴民风，在继承和发扬优良礼俗传统的同时尽量减少不必要的人情消费压力。

第四章

乡村治理：基于劳动市场与关系信任的再考察

基于劳动市场之兴与关系信任之替的相关分析，本书初步厘清了我国农村发展的两条主线。以史为鉴，可以知兴替，而知兴替更大的价值在于如何面向未来，农村问题亦是如此。在厘清农村劳动市场的兴起历程与农村关系信任的转变特征的基础上，本章试图从劳动市场和关系信任两个视角进一步深入探讨乡村治理之道。

第一节 乡村治理的理论逻辑

一 问题接续

回到本书最初提出的问题，即如何理解农村发展的两个显著变化及其内存关联？一个基本的结论是：以利益交换为特征的农村劳动市场逐渐形成并快速发展，与此同时，以人情关系为纽带的农村关系信任经历"内核调整—外层内嵌"的重组，两者在各自演进的路径中相互影响。该结论将为本节接续从农村劳动市场和关系信任两个视角探讨乡村治理之道提供重要的理论支撑与实践启发。

二 乡村治理的分析框架

基于前面章节对农村劳动市场和关系信任的分析，本章将接续从劳动市场和关系信任两个视角进一步开展分析，并落脚到乡村治理，此为本书研究的价值拓展。本节拟从劳动市场和关系信任出发，提出乡村治理的分析框架。

首先，回归到农村劳动市场。所谓劳动市场即反映劳动力供求关系的市场。在农村，就劳动力而言，主要存在的问题是劳动力来源不稳定且整体质量不高，其主要表现是大量农村剩余劳动力的迁移与老人妇女儿童大量留守农村。近些年，针对该问题，农村劳动市场的主要做法或应对策略表现在两个方面：一方面发布支持农村发展相关政策，吸引农村劳动力回流，补充农村劳动市场劳动力的供给；另一方面农村经济水平提升，购买大量机械用于农耕，替代农村劳动市场中的劳动力。为此，本章拟从劳动力回流与机械化替代两个视角进一步探讨基于农村劳动市场发展的乡村治理问题。

其次，考察农村关系信任。如何扭转农村人情关系式微之势，构建乡里乡亲的和谐氛围是乡村振兴要求的治理有效的题中应有之义。2018年中央农村工作会议提出"必须创新乡村治理体系，走乡村善治之路"，并将其作为中国特色社会主义乡村振兴道路的具体路径之一，乡村善治是重构农村关系信任的重要举措，而法治和德治是乡村善治的"两翼"，为此，本章拟从法治和德治两个视角探讨乡村善治的既有实践与可能经验。

最后，基于"梳理乡村兴替—落脚乡村治理—回归乡村振兴"的基本思路，本章的分析框架如图4—1所示。

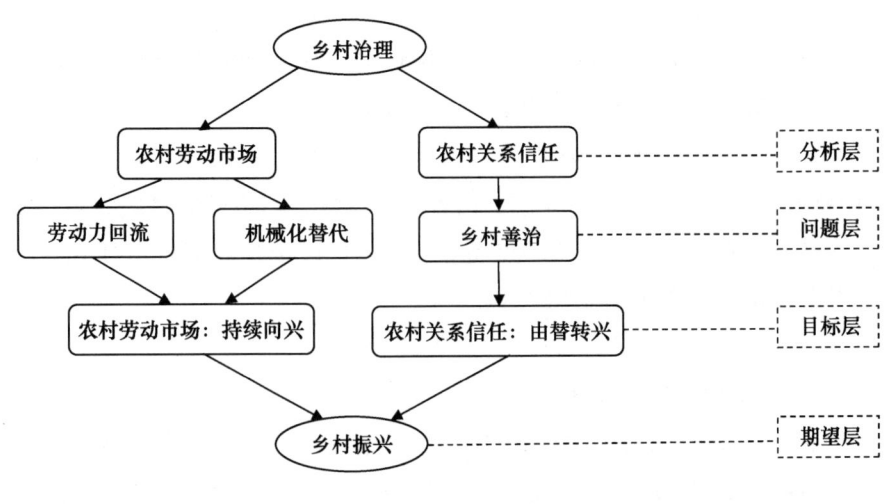

图4—1 本章分析框架

三 小结与本章余下安排

本节基于前文对农村劳动市场和关系信任的分析，提出了乡村治理的理论逻辑与分析框架，以期为本章提供问题研究拓展的必要支撑。

本章余下安排如下：第二节探讨农村劳动力回流对农村劳动市场发展的影响，以及对乡村治理的启示；第三节从机械化介入视角分析农村劳动市场雇佣行为的变化；第四节从乡村善治视角探索培育亲清关系信任的实践路径。

第二节 乡村治理中的劳动力重组：劳动力回流视角

一 引言

对于农村地区而言，全面推进乡村振兴的关键在于合理配置劳动力资源，让农村劳动力充裕起来作为乡村振兴战略的驱动力和能动要素，并让他们留得住、干得好、能出彩，以保障人才数量、结构和质量能够满足乡村振兴的需求。然而，随着城市化和工业化的不断推进，城市"拉力"不断增大，为了追求高回报的工作和高质量的生活，农村劳动力大量涌入城市。据统计，2022年中国外出农民工数量达到29562万人，占到流动人口总数的78.46%，这说明由农村流向城镇的农村劳动力仍然是当前城乡劳动力双向流动的关键主体。农村劳动力的大量转移为我国经济社会发展作出巨大贡献的同时，也造成农村青壮年劳动力缺失、农村"精英"的匮乏，并出现农村居住人口和农业从业人口"空心化"和年龄结构"老龄化"的农村衰落现象，对农村现代化进程造成严重阻碍。在此情况下，如何吸引农村外出劳动力回流已成为推进乡村振兴战略的关键一环。

农地是农民最重要的资源和财产，农地制度作为农村基本的经济制度，与农民所持有农地的产权稳定性密切相关，深刻影响着农村劳动力的流动决策（仇童伟和罗必良，2017）。改革开放以来，中国的农地制度经历了从人民公社制向家庭联产承包责任制的转变。不可否认，家庭联产承包责任制调动了农民的生产积极性，促进了粮食产量的提高。但在这一制度背景下，农地所有权属于村集体，农民只拥有农地的承包经营权，降低了农地产权稳定性和农民生产的积极性。加之城镇工资水平和生活质量的不断提高，家庭联产承包责任制以及户籍制度下农地按人均耕地承包所形成的农地细碎化经营方式导致务农收益低于外出务工的收益，即便农民进城面临失地风险，但由于农业生产不具备比较优势，农村劳动力纷纷离农进城寻求非农就业（林亦平和滕秀梅，2017）。可见，农地产权的不稳定成为阻碍农村外出劳动力返乡从事农业生产的一大壁垒。

为切实保障农民土地权益，我国正在有序推进农村承包地的确权工作。2008年中央一号文件首次提出"加快建立土地承包经营权登记制度"；2009年启动新一轮农地确权试点工作；2013年中央一号文件正式提出确权时间表，要求用5年时间基本完成全国农村承包地确权登记颁证工作；2019年中央一号文件强调在基本完成确权颁证工作后，要做好收尾工作，确保将土地承包经营权证书发放至农户手中。农地确权政策解决了农村承包地面积不准、四至不清、空间位置不明和登记不健全等问题，明确了农民和农地的权属关系，在法律层面上保证了农民拥有农地产权的稳定性，从而引起农村劳动力回流决策的变化。在考察农地确权对农村劳动力回流影响的同时，不仅要考虑农地确权制度本身的影响，还要关注农民自身农地产权安全感知的影响。一直普遍存在的农地调整在很大程度上降低了农地产权的稳定性，诸多调查显示，很多农户在一轮承包和二轮承包期间虽然已经获得具有法律效力的土地凭证，并完成确权流程，但是仍有相当比例的农户经历过农地调整（郑志浩和高杨，2017），这使得农民的农地产权安全感知普遍较弱，并使其主观地形成对农地调整可能发生的认知担忧。换言之，产权安全并非完全建立在法律赋权的基础上，法律上的确权并不能完全带给农户心理上的产权安全。农户对产权安全的认知不仅受到现有信息的影响，也受到其过去经历的影响，若农民所处的村庄或区域发生过多次农地调整，其产权安全感知和对农地确权制度的信任便会较弱，从而影响新一轮确权改革对农村劳动力回流的效果。为此，本节拟研究的问题是：农地确权如何影响农村劳动力回流？不同农地调整经历的农民具有不同的产权安全感知，农民的产权安全感知是否在农地确权与农村劳动力回流中发挥调节作用，从而引致农地确权政策效应的分化?

二 文献综述

在世界范围内,人口流动一直是统筹各国协调发展中不可回避的问题。劳动力回流作为人口流动的一部分,其理论主要源自迁移理论。推拉理论被公认为是最早的迁移理论,该理论将人口迁移因素分为"拉力"和"推力"两部分,认为人口流动受到流出地、流入地、迁移障碍和个人因素四个方面的影响。新古典迁移经济理论和新迁移经济理论基于经济理性的角度对回流问题展开研究,前者将人口流动的原因解释为个人追求效用最大化(Todaro,1976);后者则将决策个体转向家庭,从家庭利益最大化角度出发分析劳动力流动,通过流动丰富家庭收入组合以分散家庭收入风险(李强,2003;石智雷,2013)。生命历程理论认为,结婚等生命历程事件会使迁移劳动力作出回流决策(King & Strachan,1980)。社会网络理论认为,迁移劳动力与迁出地的家庭联系越密切,回流的概率越大。概括而言,新古典迁移理论、新迁移经济理论、生命历程理论和社会网络理论更多关注劳动力个体和家庭等微观层面因素。从微观层面看,劳动力所具有的人力资本要素(牛建林,2015)、家庭禀赋、来自家庭的羁绊(任远和施闻,2017)和对家乡的留恋(康姣姣等,2021)等也会对劳动力回流产生不同程度的影响。从宏观层面看,流入地和流出地的制度环境会对劳动力回流产生一定影响(白南生和何宇鹏,2002;张吉鹏等,2020)。一方面,我国城乡分割的二元户籍制度在诸多方面给外来流动人口带来一定限制,如缺少社会保障、受到一定歧视、缺少住房和教育条件等,从而让他们产生"外来人"的身份感知,没有本地人身份认知使得他们未来返回老家的可能性也较大(孙文凯等,2019)。另一方面,农村现行的农地制度影响了农民所持有农地产权的稳定性,农地作为农村最基本的生产资料,其产权的改善与农村劳动力流动也密切相关(Giles & Mu,2018)。

尽管农地确权在劳动力要素配置中发挥十分关键的作用(仇童伟和罗必良,2018),但是已有关于农地确权对农村劳动力转移影响的研究并未达成一致。一方面主流观点认为,产权稳定性促进农村劳动力外流。理由如下:首先,当地权不稳定、不清晰,存在频繁的农地调整时,农民面临较大的失地或调地风险（李尚蒲和罗必良，2015），外出务工会使其面临较大的机会成本，农民只能采取"占有耕种"的方式来捍卫自己的土地，由此可见，农地产权的不稳定会降低农民外出务工的积极性。而通过农地确权不仅可以明晰政府、村集体和农民的权力边界，在一定程度上解决农地不完全契约问题，提高农民对农地的剩余控制权（林文声等，2017），减少因外出就业长期出租而担心失去农地的顾虑，从而增强农户外出就业和转出农地的信心（张莉等，2018）；而且可以提高农地承包经营权的稳定性，增加农地资源的内在价值，推高农地租金（程令国等，2016），使得农户在外出后转出农地的收益保障程度增加。这种情况下，农村劳动力非农转移的机会成本被降低，理性的农村劳动力会选择非农就业转移以提高家庭收入（陈江华等，2020）。另一方面少部分学者对农地确权促进劳动力转移的观点提出疑问，认为农地确权会抑制农村劳动力非农转移。理由如下：从农民个人而言，农地是广大外出务工农村劳动力面临风险时的社会保障，农地确权之后，地权稳定性增强，农民对农业生产的预期收入提高，农民对土地视若珍宝并强化其禀赋效应，从而抑制农地转出（许佳贤等，2022；孙小宇等，2023）；与此同时，激励农民增加农地投入，提高农业生产率，强化农业生产经营，由此抬高非农就业的机会成本，从而抑制非农劳动力转移（黄季焜和冀县卿，2012）。

  与此同时，行为心理学的研究表明，基于小概率事件的记忆与信息处理会在人们面对现实环境进行决策时发挥特别重要的作用（罗必良和洪炜杰，2021）。一项制度的经济绩效不仅与制度本身有关，同样也会受到个体经历或记忆的影响。因此，在分析政策效应时，不能脱离历史情境，尤其要关注既往制度运行所产生的影响，因为既往制度的运行效果会给个体带来不同的历史体验，从而影响新一轮确权改革的经济效应。已有研究表明，农地调整经历会影响农民产权安全感知，进而削弱农民对新一轮确权颁证的制度信任（钱龙等，2021）。在分析新一轮确权的政策效应时，有必要考察异质性调整经历可能带来的影响（应瑞瑶等，2018）。

  综上所述，基于既有研究关于农地确权与劳动力回流的讨论，本节认为仍有两点值得进一步厘清：第一，关于劳动力回流影响因素的研究已十分丰富，但现有研究多从城镇"推力"角度和个体微观层面的"拉力"对该问题进行研究，忽略了农村宏观层面的"拉力"因素。现阶段，随着乡村振兴战略的提出，农地确权政策作为推动农业现代化的重要举措将会影响农村劳动力资源的配置，可能会对农村迁移劳动力产生"拉力"，因此本节立足于农地制度——农地确权，探讨其对劳动力回流的影响。第二，现有研究多从产权经济学或行为经济学某一视角单方面考察农地确权对农村劳动力回流的影响，而少有研究涉及产权安全感知是否导致新一轮确权对农村劳动力回流的影响，对产权安全感知增强或削弱确权效应的机理阐述有待深化。在农地确权的背景下，农业经营主体的行为决策依赖于农民的农地产权安全感知。因此，需进一步厘清农民的产权安全感知在农地确权对农村劳动力回流的影响中的作用机制。

针对既有研究的基本共识，本节把握现实和历史两个维度，试图回答两个问题。其一，总体而言，新一轮农地确权如何影响农村劳动力回流？其二，农民的产权安全感知是否会影响农地确权的政策效果，由此导致确权政策对农村劳动力回流的影响效果产生差异？

三 理论基础与研究假说

（一）农地确权如何影响农村劳动力回流？

农地确权可以通过带来生产率改进效应和转移成本降低效应影响农村劳动力转移（杨金阳等，2016）。从生产率角度，地权不稳定意味着农户对未来从事农业预期收入的不确定，从而引发微观农业经营主体出现"消极怠农"的现象（姚洋，2000），使大量农地闲置抛荒、农地投入激励不足，从而使农业生产效率下降，在城市部门相对较高的非农就业回报率下，外出务工的农村劳动力更倾向于留在城市部门从事非农工作。而农地确权可以激励农民增加农地生产性投入，减少农地抛荒并扩大农业生产面积，从而带来农业生产效率的改进提升，促进农业增收，吸引大量农村劳动力从事农业生产。从转移成本角度，在农户承包权没有完全保障的情况下，农户从事非农工作便会面临失地风险，且地权不清晰或不稳定会诱发农民产权排他性的降低和产权强度的不足，农村无法形成严格意义上的市场交易，农地租金被压低，进一步增加了农民非农转移的机会成本。而农地确权可以激发农民的禀赋效应，提高其对转出土地的要价，降低非农转移的机会成本，从而促进农村劳动力非农转移。可见，农地确权对劳动力转移的影响取决于农地确权生产率改进效应和转移成本降低效应的正负效应对比。然而，相较于商品市场和服务市场，要素市场发育不够充分，特别是土地要素市场发展更为滞后（胡骞文等，2023），严重制约农地财产性功能的发挥，从而影响农地确权的转移成本降低效应。因此，本节认为现阶段农地确权主要发挥生产率改进效应，通过激励农民增加农地长期投资并扩大农业生产面积带来农业生产率的改进提升，促进农业增收，从而激励外出务工的农村劳动力回流从事农业生产。基于此，提出假说1和2。

假说1：农地确权可以促进农村劳动力回流。

假说2：农地确权通过改进农业生产率，促进农业增收并扩大农业经营面积，从而激励农村劳动力回流。

(二) 产权安全感知在农地确权影响农村劳动力回流过程中的作用

制度的实施及其效果与人们的制度信念紧密关联，而这种信念的形成源于行为主体对过去知识和经验的记忆，在考察一项新制度的实施绩效时，不能忽略历史的作用。只有那些严格执行、能够保护个体权利的制度，才能让个体形成制度认同（龚天平，2015），并且从其基础上衍生的新制度，相对容易获得人们的认可和信任，通常会取得较好的制度效果。而那些没有得到严格执行的制度，由于丧失制度可信性，很容易沦为"空制度"。从"空制度"基础上衍生的新制度，由于路径依赖，通常很难赢得人们的信任。也就是说，既往制度的实施效果会强化或弱化人们对新制度的可信性预期，从而引致政策效应的分化。

农民的农地产权安全感知是他们对未来可能失去土地，或土地权益遭受侵害的主观感受（Broegaard，2005），其形成与农民过往的产权经历具有高度相关性。自家庭联产承包责任制以来，国家出台了一系列农地政策及相关法律文件，一再强调农地承包权的稳定性。然而，理论与政策导向并非总能得到实践的一致响应，农地调整仍时有发生，这严重影响农民的产权安全感知。在新一轮农地确权前，不同农户的农地调整经历可能不同，差异化的农地调整经历会强化或者弱化农民的农地产权安全感知，进一步影响农户对新一轮确权政策的制度信任，从而影响农业经营主体的选择行为，造成农地确权政策效应的分化。若农户从未经历过农地调整，其产权安全感知和对新一轮确权的制度信任水平较高，对于这类外出务工的农村劳动力群体来说，农地确权的激励效应更强。相反，经历过农地调整的农户，产权安全感知较低，对新一轮确权的制度信任水平则较弱。基于此，提出假说3。

假说3：产权安全感知对新一轮确权影响农村劳动力回流的政策效应具有正向调节作用。

四　数据来源与实证设计

（一）数据来源

本节研究的数据来源于中国劳动力动态调查（CLDS）2014年、2016年和2018年混合截面数据。为保障研究数据的高质量和可靠性，特对原始数据做如下处理：（1）利用家庭编码和村庄编码将个人数据、家庭数据和村庄数据进行匹配。（2）将劳动力样本年龄区间限定在15—64岁，并剔除非农业户籍样本。（3）剔除缺失数据。根据上述规则，共得到有效数据37517份。其中2014年有效数据13836份，2016年有效数据13743份，2018年有效样本9938份。

（二）变量选择

1. 被解释变量：农村劳动力回流

农村劳动力回流指农村劳动力从农村迁移到城市一段时间后重新流动回其户籍所在地区的迁移过程。借鉴石智雷和杨云彦（2012）的研究，将农村回流劳动力具体界定为保留有农村户籍且拥有半年以上的外出务工经历并返回家乡的劳动适龄人口（15—64岁）。根据调查问卷中的问题"请问您是否有外出务工跨县流动半年以上经历？"和"您离开您的户口所在地超过半年吗？"识别出有外出务工经历且已返回家乡的农村劳动力，并将其赋值为1，将在离开户口地工作超过半年的农村劳动力赋值为0。

2. 核心解释变量：农地确权

农地确权指通过发放证书的形式，对农户依法享有的土地承包经营权进行确定。土地承包经营权证书是中国农村农地确权最主要的书面文件，且经验研究中也经常使用是否持有土地承包经营权证书来衡量农户农地是否确权，本节借鉴郑淋议（2022）的研究，以问卷中"目前，您家是否已经领到了《农村土地承包经营权证书》?"来界定农地是否确权，若回答是，则表示已确权，赋值为1；若回答否，则表示未确权，赋值为0。

3. 中介变量：农业生产率改进

理论上讲，农地确权带来农业生产率的改进指以农地确权为核心的农地产权制度改革增强了农地产权保护强度，通过促进农民扩大农业生产面积和增加农业投资直接促进农业增收。本节借鉴李哲和李梦娜（2018）的做法，以被访者家庭年农业收入的对数，即农、林、牧、副、渔业的总体毛收入的对数和家庭总耕地面积的对数值作为中介变量，用以表征农业生产率改进。

4. 调节变量：产权安全感知

安全的农地产权经历会强化农民的产权安全感知（马贤磊等，2015），这类群体对农地确权政策的信任度越高，则农地确权对其的激励效果越强。本节拟用农户在2003年后是否经历过农地调整作为产权安全感知的代理指标（仇童伟和罗必良，2020），并以此识别产权安全感知是否在农地确权与农村劳动力回流间发挥调节作用。若未经历过，则赋值为1；若经历过，则赋值为0。

5. 控制变量

根据以往研究，本节从个体、家庭和村庄三个层面控制影响农村劳动力回流的重要变量：

（1）个人特征：主要包括年龄、性别、自评健康状况、受教育情况和婚姻状况。

（2）家庭特征：主要包括家庭人口数量、互联网使用情况、农用牲畜和家庭年总消费。

（3）村庄特征：主要包括村庄区位、农业服务情况、村庄地势和村庄教育情况。村庄区位以"距离最近的县城/区政府的距离"来确定，实证分析过程中，主要以该值对数形式代入模型；农业服务情况以"本村是否提供机耕服务"来衡量；村庄教育情况以"行政区划范围内是否有小学"来确定，村庄农业服务较为完善、区位优越、地理环境适合发展农业且教育条件良好，其对流出农村劳动力的拉力更大。

本节的变量界定及其描述性统计分析如表4—1所示。

表4-1 变量定义及描述性统计

类别	变量名称	变量含义	均值	标准差	最小值	最大值
被解释变量	农村劳动力回流	被访者是否为农村回流劳动力：是=1；否=0	0.61	0.49	0.00	1.00
解释变量	农地确权	被访者家庭是否领到《农村土地承包经营权证书》：是=1；否=0	0.52	0.50	0.00	1.00
中介变量	家庭农业收入	被访者家庭年农、林、牧、副、渔业的总体毛收入的对数（元）	5.00	4.64	0.00	14.73
中介变量	家庭总耕地面积	被访者去年度家庭总耕地的对数（亩）	1.53	0.97	0.00	8.32
调节变量	产权安全感知	被访者家庭2003年后是否经历过农地调整：是=1；否=0	0.21	0.41	0.00	1.00
控制变量 个人特征	年龄	被访者年龄（周岁）	43.24	13.42	15.00	64.00
	性别	被访者为男性=1；女性=0	0.47	0.50	0.00	1.00
	自评健康状况	被访者身体状况为非常健康及健康=1；一般、比较不健康及非常不健康=0	0.59	0.49	0.00	1.00
	受教育情况	被访者教育水平为从未上过学=0；初中及以下=1；高中、职业高中、中专、技校、中专=2；大专及以上=3	1.11	0.69	0.00	3.00
	婚姻状况	被访者婚姻状况为已婚=1；未婚=0	0.88	0.33	0.00	1.00

续表

类别	变量名称	变量含义	均值	标准差	最小值	最大值
控制变量	家庭特征	家庭规模	被访者家庭成员数量	4.80	2.00	1.00	20.00
		互联网使用情况	被访者家庭过去一年是否使用互联网：是=1；否=0	0.57	0.50	0.00	1.00
		农用牲畜	被访者家庭是否有用于农业生产的牲畜：是=1；否=2	0.10	0.30	0.00	1.00
		家庭年总消费	被访者家庭年消费（元）的对数	10.17	1.22	0.00	15.43
	村庄特征	村庄区位	村庄距离最近县城/区政府距离的对数	2.95	0.89	0.00	5.71
		农业服务情况	村庄是否提供机耕服务：是=1；否=0	0.30	0.46	0.00	1.00
		村庄教育情况	村庄行政规划范围内是否有小学：是=1；否=0	0.61	0.49	0.00	1.00
		村庄地势	平原=1；丘陵=2；山区=3	1.72	0.83	1.00	3.00

（三）模型构建

1. 基准回归模型：$Probit$ 模型

考虑到被解释变量农村劳动力回流为二元虚拟变量，为考察农地确权对农村劳动力回流的影响，本节研究拟构建 $Probit$ 模型加以分析。方程如下：

$$Returnlabor_i = \alpha_1 property_i + \alpha_2 control_i + \mu_1 + \varepsilon_1 \quad (4—1)$$

在（1）式中，i 表示第 i 个被访者，$Returnlabor$ 为被解释变量，表示农村回流劳动力；$property$ 为解释变量，表示农地确权；$control$ 为控制变量，表示被访者个人特征、家庭特征和村庄特征的控制变量，μ 为常数项。ε 为随机扰动项；模型所关注的系数为 α_1，代表了农地确权对农村劳动力回流的影响效应。

2. 中介效应模型

为了考察农地确权对农村劳动力回流的作用机理，借鉴温忠麟等（2004）提出的关于中介效应模型的检验方法，构建如下中介效应模型：

$$Returnlabor_i = \gamma_1 property_i + \gamma_2 control_i + \mu_2 + \varepsilon_2 \quad (4—2)$$

$$M = \beta_1 property_i + \beta_2 control_i + \mu_3 + \varepsilon_3 \quad (4—3)$$

$$Returnlabor_i = \delta_1 property_i + \delta_2 M + \delta_3 control_i + \mu_4 + \varepsilon_4 \quad (4—4)$$

其中，M 为中介变量，表示家庭农业收入和耕地总面积；γ_1 为总效应的待估计参数；β_1 为中介效应的待估计参数。

3. 调节效应模型

为估计产权安全感知在农地确权对农村劳动力回流影响中的调节效应，在（4—1）式的基础上建立包含农地确权和产权安全感知交互项的回归模型。方程如下：

$$Returnlabor_i = \lambda_1 property_i + \lambda_2 adjust_i + \lambda_3 property_i \times adjust_i + \lambda_4 control_i + \mu_5 + \varepsilon_5 \quad (4—5)$$

$adjust$ 为农地调整经历，用以表征调节变量产权安全感知；$property_i \times adjust_i$ 为农地确权与农地调整经历的交互项；λ 为待估计参数。

五 实证发现与讨论

（一）基准回归

表4—2 汇报了农地确权对农村劳动力回流的估计结果，$Probit$ 模型

Wald 检验结果拒绝原假设，模型选择合理。在模型 1 中，仅考虑农地确权对农村劳动力回流的影响，系数显著且为正，这说明农地确权能够促进农村劳动力回流。在模型 2 中，加入其他影响农村劳动力回流变量的情况下，农地确权对农村劳动力回流的影响依旧为正且在 1% 统计水平上显著。平均边际效应结果显示，在其他因素不变的情况下，农地确权将使农村劳动力选择回流的概率提高 7.04 个百分点，这表明农地产权稳定性的改变会对农村劳动力资源进行重新配置，提高农民对未来从事农业生产的预期收入，从而激励农村劳动力回流。至此，假说 1 得以验证。

表4—2　　农地确权对农村劳动力回流的影响：基准回归

变量	模型 1	模型 2	模型 3
	农村劳动力回流	农村劳动力回流	平均处理效应
农地确权	0.3796***	0.3429***	0.0704***
	(0.0479)	(0.0624)	(0.0128)
控制变量	未控制	已控制	已控制
观测值	4543	3274	3274
R^2	0.0168	0.1615	

注：***、**、* 分别表示 1%、5% 和 10% 显著性水平；括号内为标准误；实证结果因篇幅所限仅汇报核心变量的回归结果。下表同此。

（二）稳健性检验

为进一步检验农地确权对农村劳动力回流影响效果的稳健性，本节主要从以下几个方面进行稳健性检验。

1. 更换解释变量

为排除由衡量偏误可能引起的估计偏差，本节参照许庆和章元（2005）的研究，使用产权强度作为解释变量，根据问卷中"土地调整主要通过下列哪种途径进行？"的回答，分为两类：将利用村里的机动土地进行调整和村组内部分农户土地小调整视为小调整，前者赋值为3，产权强度最强；后者赋值为2，产权强度次之；将村组内土地打乱重分视为大调整，赋值为1。表4—3中模型1回归结果显示，产权强度的系数在10%的水平上显著且为正，说明农地产权强度越高，其对农村劳动力回流的促进作用越明显，与基准回归结果一致。

2. 缩短样本区间

为进一步检验结果的稳健性，使用CLDS2016年和2014年数据样本重新进行估计。回归结果如表4—3中模型2所示，农地确权的系数在1%的水平上显著且为正，说明农地确权能够促进农村劳动力回流，与基准回归结果一致。

3. 剔除劳务输出大省数据

陈奕山等（2018）认为，农地确权政策的推广可能存在选择性偏误，劳务输出大省倾向于率先实施农地确权，从而干扰农地确权对农村劳动力回流产生的影响。因此，本节剔除四川、安徽、河南、江西四个劳务输出大省的样本数据，采用 Probit 模型进行回归。表4—3中模型3估计结果与基准回归较为一致。

（三）内生性检验

本节的内生性问题主要体现为农地确权和农村劳动力回流之间的联立因果偏差。具有外出务工经历的农村劳动力可以被视为具有现代意识，愿意尝试新事物，并积极参与农地确权工作，从而影响农地确权政策的实施进度。因此，农村劳动力回流会反过来影响农地确权政策的实施。工具变量法可以解决联立因果偏差带来的内生性问题，工具变量的选取应该满足和内生性变量相关但与随机误差项无关的要求。本节参照Kemper等（2015）的思想，选取"是否为确权试点省份"作为农地确权的工具变量，并采用 IV-$Probit$ 模型进行估计。其合理性在于，被列为确权试点会显著加快农地确权在该省的推进速度，村庄农户获得土地承包经营权证书的可能性也更高，因此满足相关性（耿鹏鹏和罗必良，2021）。与此同时，一省是否被选作试点，若不会通过其他渠道影响该省的农村劳动力回流意愿（与随机扰动项不相关），则也满足排他性或外生性（王国运和陈波，2022）。

表4—3中模型4的估计结果显示，通过 Wald 检验可知P值接近于0，因此农地确权在1%的显著水平上被认为是内生解释变量。第一阶段的回归结果表明工具变量对内生变量有较强的解释力。第二阶段估计中农地确权的估计系数均为正，并且均在1%的显著性水平上显著。说明农地确权之后，农村劳动力选择回流的概率增大，这表明上文的研究结论

较为稳健。此外，为保证工具变量的有效性，本节进行了弱工具变量检验，结果表明 AR、Wald 的 p 值均在 1% 水平上显著，拒绝内生变量与工具变量不相关的假设，排除弱工具变量的可能性。

表 4—3　农地确权对农村劳动力回流的影响：稳健性检验和内生性检验

变量	模型 1 产权强度	模型 2 CLDS2014 和 2016	模型 3 删除劳务输出大省	模型 4 农地确权	农村劳动力回流
农地确权	0.4815 * (0.1009)	0.3241 *** (0.0641)	0.4060 *** (0.0660)		4.3648 *** (0.5840)
农地确权试点省份				0.1642 *** (0.0170)	
控制变量	已控制	已控制	已控制	已控制	已控制
观测值	871	3071	2744	3274	3274
R^2	0.1880	0.1604	0.1820	0.0851	
AR（P 值）				0.0000	
Wald 检验（P 值）				0.0000	

（四）作用机制检验

从上述分析可知，农地确权可以显著增加农村劳动力回流的概率。本节引入中介变量农业生产率，并以家庭农业收入和家庭总耕地面积作为代理指标，探究农地确权对农村劳动力回流的作用机制。根据温忠麟和叶宝娟（2014）提出的中介效应检验程序：首先，被解释变量对解释变量回归，解释变量达到显著的水平；其次，中介变量对解释变量回归，解释变量达到显著的水平；最后，被解释变量同时对中介变量和解释变量回归，如果中介变量达到显著的水平，解释变量的回归系数减小且解释变量达到显著的水平，则中介变量起部分中介作用，若解释变量回归系数减小且没有达到显著的水平，则中介变量起完全中介作用。

表 4—4 中模型 1—4 显示，农地确权显著增加了受访者家庭农业收

入和总耕地面积，并在1%的水平上通过了统计性检验；将解释变量农地确权和中介变量受访者家庭农业收入、总耕地面积同时加入回归方程后，发现解释变量和中介变量都显著，随着受访者家庭农业收入的增加和农业生产规模的扩大，农村劳动力选择回流的概率显著提高。也就是说，农地确权可以通过促进农民扩大农业生产面积，带来农业生产率的改进，实现农业增收，从而激励农村劳动力回流。至此，假说2得以验证。

表4—4　农地确权对农村劳动力回流的影响：作用机制检验

变量	模型1 农业收入	模型2 农村劳动力回流	模型3 家庭总耕地面积	模型4 农村劳动力回流
农地确权	1.4310 *** (0.1632)	0.2468 *** (0.0644)	0.4151 *** (0.0315)	0.2611 *** (0.0657)
农业收入		0.0718 *** (0.0070)		
家庭总耕地面积				0.2076 *** (0.0375)
控制变量	已控制	已控制	已控制	已控制
观测值	3248	3248	3242	3242
R^2	0.1074	0.1985	0.1332	0.1736

（五）调节效应检验

为验证产权安全感知是否对农地确权影响农村劳动力回流的效果产生负向调节作用，参照胡新艳和洪炜杰（2019）的研究，在表4—5中模型1中引入农地调整经历和农地确权的交互项。估计结果显示，"农地确权×农地调整经历"通过了5%的显著性检验，且影响方向为正，说明对于农村劳动力回流选择，农民产权安全感知对新一轮确权的政策效应具有正向调节作用。未经历过农地调整的农户产权安全感知较高，其回流动机也较强。这一结果证实了前文的"农民产权安全感知较高会增强农地确权政策的影响效果"的观点。至此，假说3得以验证。

(六) 竞争性假说检验

为进一步说明农地确权与农村劳动力回流之间关系的稳健性，本节考虑引入家庭储蓄以检验农地确权是否是影响农村劳动力回流的重要因素，以进一步排除其他因素的影响途径。

改革开放以来，农村劳动力的流动通常呈现出"逐利性"的特征，面对城市部门的"高收入"，农村人口大量涌入城市。但近年来，城市等较发达地区的各项成本与支出同向增加，当流入地生活成本增长幅度大于收入增长幅度时，农民流入地就业收支余额与回乡从事农业生产的收支余额差距缩小，从而引起农村劳动力回流。这说明农户作出迁移决策时并非完全看重收入的增长，而是综合收支两方面的因素进行综合决策，农村劳动力的流动由"逐利性"逐渐被"积累性"所替代（姚先国等，2021）。换言之，收支余额可能是影响农村劳动力流动决策的重要因素。而家庭储蓄作为农户家庭收支盈余与积累的代表性指标，在劳动力流动中起到至关重要的作用。因此，本节引入"家庭储蓄"作为农户家庭收支盈余的代理指标，并对其取对数，进行回归分析。

回归结果表 4—5 中模型 2 和模型 3 所示，家庭储蓄对农村劳动力回流不存在显著影响，进一步将农地确权和家庭储蓄纳入回归，结果显示，家庭储蓄对农村劳动力回流仍无显著影响，而农地确权在 1% 水平上显著影响农村劳动力回流。究其原因可能在于，尽管城市的生活成本不断增大，使得从事农业生产农户的家庭储蓄大于在城市部门从事非农工作的家庭储蓄，但城市部门较为完善的基础设施、教育和医疗条件等，也会影响农村劳动力的回流决策，从而弱化家庭储蓄对农村劳动力回流的影响效果。

表 4—5　农地确权对农村劳动力回流的影响：调节效应检验、竞争性假说检验

变量	模型 1 农村劳动力回流	模型 2 农村劳动力回流	模型 3 农村劳动力回流
农地确权	0.3511 *** (0.0639)		0.3605 *** (0.0803)
农地调整经历	0.1194 (0.0805)		

续表

变量	模型 1 农村劳动力回流	模型 2 农村劳动力回流	模型 3 农村劳动力回流
农地调整经历× 农地确权	0.3291** (0.1591)		
家庭储蓄		−0.0109 (0.0097)	0.001 (0.11)
控制变量	已控制	已控制	已控制
观测值	3194	2998	1990
R^2	0.1672	0.1631	0.1973

（七）异质性检验

前文已经证明农地确权对农村劳动力回流有着显著的正向影响。但值得关注的是，这种影响可能具有情景依赖性。第一，区位。中国幅员辽阔，经济发展水平、思想文化和资源禀赋等方面在不同地区存在差异，从而使得地区间农地确权进度不同，可能引起农地确权政策的作用效果存在地区异质性。第二，家庭禀赋。不同的农村家庭所具有的家庭禀赋不同，其家庭内部劳动力资源配置有所不同。农业经营规模过小意味着农业很难满足生计需求，因而更可能外出务工，农地确权对这类农村劳动力回流的影响效果更大。为此，本节将从区位异质性和家庭禀赋异质性视角出发，利用分组回归，进一步探讨农地确权对于不同地区和不同类型农村劳动力的可能影响。

1. 区位异质性

按照东部、中部、西部三个地区对样本进行划分并展开实证分析，结果如表4—6中模型1—3所示。农地确权对农村劳动力回流的影响具有地区异质性，从估计系数来看，在东部和西部地区，农地确权能显著提高农村劳动力选择回流的概率，但西部地区的边际效应更大，对中部尚未起到显著影响。

2. 家庭禀赋异质性

借鉴庄健和谢琳（2022）的做法，以样本农户的家庭耕地面积（均值为7.45亩）作为划分依据，将经营规模划分为高耕地面积组和低耕地面积组两组，分别检验不同经营规模下农地确权对农村劳动力回流的影响，分组回归结果如表4—6中模型4和模型5所示，在不同经营规模的样本组中，农地确权均在1%的水平上显著为正，但低耕地面积样本组边际效应更大，可见，农地确权更有利于促进拥有较小经营规模的农村劳动力回流。

表4—6　　　农地确权对农村劳动力回流的影响：异质性检验

变量	模型1	模型2	模型3	模型4	模型5
	东部	中部	西部	低耕地面积组	高耕地面积组
农地确权	0.3171***	0.0267	0.3587*	0.3427**	0.3125***
	(0.0816)	(0.1572)	(0.1885)	(0.0696)	(0.1593)
控制变量	已控制	已控制	已控制	已控制	已控制
观测值	1686	825	763	2650	594
R^2	0.1850	0.1178	0.1707	0.1635	0.1704

六　进一步讨论

本节基准回归、稳健性检验和竞争性假说检验验证了农地确权可以显著提高农村劳动力选择回流的概率。由于劳动力外出务工中可以实现资本、技术和创业能力等多方面的提升，其回流也可以带来经济资本和人力资本的双重回流，进而推进回流地经济多样化并缓解劳动市场短缺，对当地经济发展产生重要影响。

然而，一般情况下，农民工外出务工依次面临三个决策次序：第一，外出务工决策。在整个农村劳动力样本中，劳动力面临"外出务工或留守农村"两个选择。第二，回流决策。该决策在外出务工的农村劳动力子样本中进行，同样面临着两种选择，留城务工或选择回流。第三，再迁移决策。在回流的农村劳动力样本中进行，回流农村劳动力面临"再迁移或留乡发展"两个选择。因此，吸引农村劳动力回流固然重要，更重要的是如何"留住"回流劳动力，只有永久性回流的农村劳动力才可以为农业农村现代化发展提供更大动力。在本节具有外出务工经历的农村劳动力样本中，具有再次外出务工意愿的超过40%。由此可见，农村劳动力暂时性回流的占比依旧较高。那么影响农村回流劳动力再外出的原因是什么？本节从农村劳动力家庭利益最大化和个人利益最大化两个重要角度出发进行深入剖析。

1. 相对较高养老成本、医疗费用和相对较低的农业收入推动农村回流劳动力再外出。新迁移经济学理论将家庭（而非个人）视为迁移决策的基本单位，认为迁移行为是追求家庭整体利益最大化的综合决策（Taylor，1999）。为多元化收入来源和分散风险，家庭往往根据家庭内的劳动力结构和拥有资源状况，安排最具市场竞争优势的劳动力外出迁移。当遇到家庭劳作、抚养子女、赡养老人等涉及家庭整体利益的事件需要返回时，他们会选择回流。当上述事件完成后，他们便会权衡家庭整体风险与收益变动再次进行外出迁移。考虑到农村居民平均教育水平仍然偏低，健康状况欠佳，且农村养老保障体系和社会保障制度建设有待提升，农村地区面临着相对更高的医疗费用支出。而我国农村市场经济来源主要是农业产业，其自然风险、市场风险较大，收入水平和稳定性相对非农就业较低，农村劳动力面临着相对较高医疗成本和较低农业收入并存的尴尬局面，留在农村的收入水平难以平衡家庭较高的医疗支出。因此以农村劳动力回流再外出为被解释变量，具有再次外出打工意愿的赋值为1，否则为0；以农村劳动力家庭年农业收入和家庭年医疗消费的对数为解释变量，进行回归分析。结果如表4—7中模型1和模型2所示，家庭年农业收入在10%水平上显著负向影响农村劳动力回流再外出，即家庭年农业收入越高，农村劳动力回流再外出的概率越低；与此同时，家庭年医疗消费在5%水平上显著正向影响农村劳动力回流再外出，即家庭年医疗消费越高，农村劳动力回流再外出概率越高。

2. 人力资本。新古典经济学理论提出，人力资本是影响迁移决策的重要因素。人力资本强弱决定着劳动力在流入地和流出地的就业机会与预期收入高低，进而影响其外出迁移决策（Dustmann et al.，2011）。与回流地关联度高的人力资本有利于其在家乡获得更好的就业机会与工作收入，与外出迁移目的地关联度高的人力资本有利于其在外获得更好的就业机会与工作收入。劳动技能培训是提高人力资本水平的主要方式。因此，若返乡劳动力的家乡提供农业劳动技能培训，他们的再外出的意愿就会较低；而若返乡劳动力曾接受过非农劳动技能培训，他们的再外出的概率便会较高。在表4—7中模型1和模型2的基础上，将解释变量替换为"村里组织农民进行农业生产技术培训"和"是否有参加过至少5天的专业技术培训"，若参加过，则赋值为1，否则赋值为0，进行回归分析。结果如表4—7中模型3和模型4所示，农业生产技术培训对农村劳动力回流再外出没有显著影响，同时，非农劳动技能培训对农村劳动力回流再外出具有正向显著性影响。

表4—7　　　　　　　　　进一步讨论

变量	模型1 农村劳动力 回流再外出	模型2 农村劳动力 回流再外出	模型3 农村劳动力 回流再外出	模型4 农村劳动力 回流再外出
家庭年农业收入	-0.0079* (0.0047)			
家庭年医疗消费		0.0142** (0.0067)		
农业生产技术培训			0.0155 (0.0455)	
非农劳动技能培训				0.1678** (0.0781)
控制变量	已控制	已控制	已控制	已控制
观测值	4253	4208	4547	4467
R^2	0.0320	0.0320	0.0165	0.0172

七　结论及其政策含义

农地确权政策作为新一轮农村经济改革发展的基础，以从供给侧消除农村劳动力与土地两大要素流动的壁垒为目标。为研究农地确权对农村劳动力回流是否会产生影响，本节基于中山大学2014年、2016年和2018年中国劳动力动态调查（CLDS）数据，构建 Probit 模型并利用中介效应模型实证检验了农地确权对农村劳动力回流的影响及农业生产率改进中介机制的存在。同时，本节把握历史和现实两个角度，从农民产权安全感知视角出发，探索并验证了农地调整经历在农地确权影响农村劳动力回流的调节作用机制。结果表明：（1）农地确权对农村劳动力的回流具有促进作用，这一结果在一系列稳健性检验后依然稳健。（2）农地确权通过带来农业生产率的改进，增加农村劳动力家庭农业经营面积并促进农业增收，从而促进农村劳动力回流。（3）进一步研究发现，农地调整经历会降低农民对农地的产权安全感知，从而削弱其对新一轮农地确权政策的认同和信任，即产权安全感知正向调节农地确权对农村劳动力回流的激励效果。（4）农地确权对农村劳动力回流的影响存在明显的地区异质性和家庭禀赋异质性，对西部地区和家庭耕地规模较小的农村劳动力，正向影响更为显著。

　　该结论的政策含义在于：（1）在中国特殊的农地制度背景下，农地确权政策对农村劳动力回流的激励效果依旧存在。产权学派关于"产权越清晰越有效率"的观点不仅在私有制背景下成立，还适用于集体所有制情景下。因此，可以认为，在坚持农地集体所有制的基础上，以"明晰农户承包经营权"为核心的农地确权政策，是中国在农地制度上的重大创新和实践探索，也是未来改革必须坚持的方向。（2）农地确权促进农村劳动力回流固然重要，但保障农民实际地权的稳定性同样重要。如果农地确权政策无法保障农民实际地权的稳定性，经常出现农地调整，则会削弱农民对新一轮确权政策的信任，降低确权政策对农村劳动力回流的促进作用。因此，农地一旦确权后就不应再进行农地调整。保障农户承包经营权的稳定，并在此基础上强化社会民众的法律信仰，是释放新一轮农地确权改革制度红利的关键。（3）农村地区需深入推进农地产权制度改革，巩固好农民和土地的权属关系，消除妨碍农村劳动力流动的农地制度壁垒。同时要继续推进和完善土地流转市场建设，提高土地流转的交易效率和降低交易成本，提升农业机械化生产水平，使农地确权最大化发挥农业生产率改进效应，从而推动农业规模化经营和促进农业增收。（4）地方政府要采取措施避免已经回流的农村劳动力反复外出。一方面要提高农村地区公共服务水平，加大对农村地区教育、医疗卫生等公共服务方面的投资建设力度。另一方面，地方政府不仅要制定相应的人才政策，用好回流的人力资本，使回流的人力资本尽可能地发挥最大效用，还要积极开展农业知识技能培训，使回流的农村劳动力积极投身于农业生产，助推农业农村现代化建设。

第三节 乡村治理中的劳动力替代：机械化介入视角

一 引言

自改革开放以来，我国农业一直飞速发展，农业综合生产能力不断增强，粮食产量持续性提高，谷物总产量稳居世界首位，目前我国农业已在保证粮食生产总量、提升农产品质量、坚持绿色发展、促进农民持续增收等方面取得突出成就。但这些突出成就依然无法改变我国处于传统农业向现代农业转变的过程中的事实，在这一过程中，小农户现在并且在未来较长一段时间内仍是我国农业经营主体的主要构成。据第三次全国农业普查数据，经营耕地10亩以下的农户约有2.1亿户，98%以上的农业经营主体仍是分散化的小农户。党的二十大报告指出，全面建设社会主义现代化国家，最艰巨最繁重的任务仍然在农村。2023年中央一号文件提出举全党全社会之力全面推进乡村振兴，加快农业农村现代化。而农业现代化基本特征之一是农业生产手段现代化，农业生产手段现代化的表现之一即为农业生产机械化。因此，推动农业机械化发展是实现农业现代化的重要手段，也是促进农业经济增长的重要驱动因素之一。《国民经济和社会发展第十四个五年规划纲要》提出将创建300个农作物生产全程机械化示范县，建设300个设施农业和规模养殖全程机械化示范县，推进农机深松整地和丘陵山区农田宜机化改造；加强大中型、智能化、复合型农业机械研发应用，将农作物耕种收综合机械化率提高到75%。党的二十大报告也提出，要牢牢守住十八亿亩耕地红线，强化农业科技和装备支撑。由此可知，推动农业机械化发展对实现乡村振兴、农业现代化具有重要作用。

在机械化不断发展的过程中，农民收入也在逐步增加。根据各项农业机械化政策可知，农业机械化在未来会是农业发展的重点之一。作为农业经济主体的农户关于农业机械的采纳行为受哪些因素影响，农业机械化采纳的增收效应如何？这些问题对农业机械化推广、推动农民增收，以及实现农户与现代农业有机衔接具有重要的现实意义。为此，本节拟采用CFPS2018的数据，并从中筛选从事农业生产的农户为研究对象，以期揭示农户农机采纳决策的影响因素以及农业机械化对农户增收效应及作用机制，为农业机械化发展以及农户收入的增加提供相关的对策建议。

相较于既有研究，本节可能的边际贡献有：（1）已有对机械化的收入效应的分析中，研究往往只关注已采纳农业机械的农户，研究他们的增收效应，而忽略了未采纳农业机械的农户如果采纳了农业机械会带来怎样的收入变化。如果忽略了这种情况，那么将会降低推广农业机械化重要性的说服力，因此本节采用了内生转换模型，同时关注采纳组与未采纳组两种情况，进行事实与反事实分析，研究农业机械化的增收效应。（2）已有的研究文献中，存在对收入的门槛效应进行研究的情况，但较少有研究关注农业收入与非农业收入之间的变化关系，探究是否机械化对非农业收入的影响受农业收入的影响而呈现非线性。因此，本节将农户的农业收入设定为门槛变量，探究农业机械化对非农业收入的门槛效应。

二　文献综述

（一）农业机械化发展的推动因素

1. 制度因素。从长期发展来看，技术决定制度；但从短期来看，制度可以在一定程度上选择技术。制度可以通过影响农户生产和投资选择来影响技术发展的路径（黄少安和刘明宇，2006）。1978年我国开始实行家庭联产承包责任制，这一制度实行初期，由于土地规模的细碎化、大型农机具与小规模生产的不匹配造成农机效率较低，以及劳动力成本相对于机械化成本较低，小农户更倾向于劳动力投入，我国机械化水平有所下降。然而事实上，随着家庭联产承包责任制的稳定实行，这一制度并未对机械化起到严重的阻碍作用（侯方安，2008），家庭联产承包责任制与农业机械化是可以相容的（曹阳和胡继亮，2010）。究其原因在于：承包关系稳定且长期不变，小农户愿意购买农机具；中小型农业机械的发展适用于小规模的土地经营；农机合作社的跨区作业一定程度上抵减了土地细碎化的不利影响。

2. 资源禀赋因素。机械化是机器对人工的替代，机械技术是"劳动节约型"生产技术。我国农业的现实情况是"人多地少"，自家庭联产承包责任制实行以来，农业土地经营规模细碎化，从生产的资源禀赋来看，中国似乎并不适合实现机械化。但根据现实观察到的情况可以发现，我国通过推广机械化确实实现了小农户增收、农业发展，农业生产者对于机械化的发展也是乐见其成的。也可以说，在机械化发展的过程中，农民虽然被机械所替代，但他们在其中却起到一定的推动作用，并没有被迫发生"机器挤走人"的情况。出现这一情况的原因可以从机械化发展的推动因素来分析。一些学者认为，我国机械化的发展可以用诱致性变迁理论来解释，并认为是要素之间相对禀赋和积累状态主导了农业技术的变迁（郑旭媛和徐志刚，2017；孔祥智，2018）。中华人民共和国成立初期，机械化的发展是在政府主导下进行的，这一时期利用机械来提高粮食生产率解决温饱问题。改革开放以来，劳动力流动的限制逐步解除，农民的自由度逐渐提高，农民可以自主地向其他生产部门转移。面对我国城乡收入之间的差距，以及工业化、城镇化的进程加快，农民作为生产者，他们更愿意将自身拥有的劳动力禀赋投入获得收益更高的部门中。城乡收入差距对农村劳动力具有吸引力，拉动农村劳动力向城市转移，随着"刘易斯拐点"的出现，我国的人口红利逐渐消失（吴丽丽等，2015），农村大规模、高比例的剩余劳动力也已经不复存在（蔡昉和王美艳，2007），这一现象推动农村劳动力成本快速上涨。而农机购买限制的解除与农机专业合作社的发展，使得农户获得农机的成本下降。要素之间相对价格的变化催动了要素之间的替代，进一步导致生产模式的转变，生产模式表现出向劳动节约的明显倾向（张琪等，2021）。从农民个体而言，在有限的资源内获得更大的利益是他们的追求，城乡收入差距促使他们追求城市的高收入，这时，农民需要采用机械来替代其转移的劳动力，降低机会成本进而获得收入的增加。从农业生产者的角度而言，机械成本下降，劳动力成本上升，生产要素相对价格的变动改变了生产要素的投入比例，农户对劳动节约型技术——农业机械的投入不断增大（薛超等，2020），进而转变生产经营方式。

(二) 农户收入增长相关研究

在农民增收问题的研究中，影响农民收入的主要因素可以分为三类：政府、农业经营、第三方服务。

政府对于农民收入的影响主要体现在地方财政农业支出和政策制定上。在财政农业支出方面，财政农业支出能够对农民收入产生正的影响，虽整体效果偏弱，但其效果逐年增强（边恕等，2021）。但若将地区细化到县域级别，县域财政支出反而对农民收入有显著的抑制性作用（宜文和王小华，2013）。在制度方面，由于土地股份合作社的成立与发展，各种促进土地流转的农民合作社不断涌现，目前，比较多的合作社类型为专业合作社和农机合作社。农机合作社的普遍存在也符合孔祥智等（2015）所表述的，农机手购置农业机械并提供农机社会化服务、普通农户购买农业机械服务的建设模式。政府与合作组织的政策激励可以促使农户减少化肥的使用并增加收入（李秋生等，2023）。此外，提供农资、水利和加工等生产性服务也是提高农户收入的重要手段（姚秋涵和于乐荣，2022）。

农业经营方面，首先农业经营主体能够影响农户收入。农业经营主体可分为农户和新型农业经营主体。随着农业的发展，新型农业经营主体对第一、二、三产业融合具有促进作用，进而增加农民收入。其次是农户经营面积，人均农地经营规模对农业纯收入和劳均农业纯收入具有显著的正向影响，而对地均农业纯收入具有显著的负向影响（黄善林等，2016）。生产经营农作物的种类也会影响农户收入，以吉林省的玉米种植为例，随着玉米临时收储政策的实施，玉米价格上涨，吉林省玉米播种面积和产量呈刚性增长，形成了以玉米为主体的单一种植结构。这种单一的种植结构无法满足消费者需求，但通过对种植结构的优化可以增加农民收入（郭庆海，2017）。

第三方服务主要涉及金融、保险以及互联网。农业信贷方面，信贷资本对脱贫农户增加收入具有促进作用，且脱贫户收入越低增收效果越强。农地经营权进行抵押获得贷款的方式对农户收入具有显著正向促进作用，并且对非农收入的增收作用比对农业收入的增收作用要大（伍艳，2022；闫啸等，2023）。随着数字经济的发展，数字普惠金融逐渐进入农村，农村数字普惠金融的应用丰富了农户收入的多样性（鹿光耀等，

2022），有助于提高农户收入并在村庄内部改善收入分配（薛凯芸等，2022）。进一步分析发现，数字普惠金融通过"涓滴效应"缩小了农户间的工资性和转移性收入差距，但是扩大了农户间的经营性和财产性收入差距（徐莹和王娟，2023）。数字普惠金融还可以缩小城乡收入差距（周利等，2020）。农业保险既可以直接增加农户收入，还可以通过耕地转入的中介效应增加收入（赵立娟和牛庭，2022）。此外，互联网的使用可以促进农户收入增长，并且电脑的促进效果较之手机更加明显（朱述斌等，2022）。

（三）农业机械化与农户增收相关研究

农业机械化对农户收入的影响效果受到其他生产要素（生物技术和土地）的影响。一般而言，农业机械发挥作用受地形地貌影响，丘陵山区的地形特征限制了农业机械的使用，增加了机械替代人工的困难程度，降低了劳动生产率，故而在丘陵山区机械化难以推广（应瑞瑶和郑旭媛，2013）。农业机械化是否适用也与土地经营规模有关，有研究认为，种植规模越大，农业机械越好发挥作用。也有研究认为，在较小的土地经营规模上通过使用小型农机或者农机跨区作业，依然可以发挥农业机械的作用（杨印生等，2006）。此外，农业机械对人工的替代效果还会受化肥施用强度的影响，如化肥施用强度与农村劳动力转移、农业机械投入分别存在显著的正向、负向交互影响，且各省之间虽影响方向相同，程度各有差异（侯孟阳等，2021）。

农业机械化对农民收入的影响存在地域异质性。大多数的研究结果表明，农业机械化的发展对农民的收入是起到正向影响的，并且由于西部地区地广人稀，机械化基础水平较低，机械化发展对农民增收的促进作用较大（陈林生等，2021）。但是也有研究表明，农业机械化对农民收入产生的影响是负向的，或者在短期内是负向的，长期影响转变为正向（范金等，2010）。在地域差异性的研究中，由于中部地区作为粮食主产区需求价格弹性较低而产生农业技术进步使农民收入下降，而在东西部地区则没有这种情况（刘进宝和刘洪，2004）。

农业机械化对不同类型的收入作用不同，可直接作用于农民经营性收入的增长。大部分研究都认为机械化有助于农民经营性收入的增长，但也有个别学者认为技术进步是导致小农户农业收入减少的原因，如黄祖辉和钱峰燕（2003）利用"农业踏车效应"进行分析，认为技术进步使供给曲线右移，农产品需求价格弹性较低，造成了农户的损失。

农业机械化间接地通过增加劳动转移，提高农民工资性收入（肖卫和肖琳子，2013；张宽等，2017）。已有研究结果发现，机械化对劳动力转移有促进作用（李谷成等，2018），也有研究发现，机械化对劳动力转移无显著作用（程名望和阮青松，2010）。Ji et al.（2012）认为，自购的农业机械与劳动力是互补品，以这种方式形成的农业机械化对劳动力转移不会有促进作用，农民收入反过来也会对机械化有影响，且有研究表明其对机械化的作用为正向（刘玉梅和田志宏，2009）。也有研究表明，农民的非农收入对农业投资具有负向影响（刘承芳等，2002），且非农收入越多所占总收入比重越大，从事农业生产的机会成本就越高，农户就越会减少农业投资，从而减少农业机械投入。虽然大部分研究发现机械化对农户经营性收入和工资性收入都有显著的正向影响，但也有学者研究发现，机械化对农户经营性收入有影响，而对农户工资性收入没有显著影响（周振等，2016）。

此外农业机械化对收入的影响还会通过空间溢出效应产生，即周边区域农业机械化水平提高会促进本区域粮食产量的增长，进而增加农民收入。研究发现，空间溢出效应是通过大中型农机的跨区服务产生的，随着地理范围的扩大而增强，并且主要发生在不同纬度的地区之间（伍骏骞等，2017）。在已有的研究结果中机械化对城乡收入差距的作用既有缩小也有扩大的不同影响（孙学涛，2021；张红丽和李洁艳，2020）。

（四）文献述评

从上述文献梳理可知，已有研究文献对农业机械化发展的推动因素可以归纳为：制度因素和资源禀赋因素。影响农户收入的相关因素主要有：政府、农业经营及第三方服务。在机械化与农户增收的相关研究中，既有其他生产要素对农业机械化增收效果的影响，也有区域异质性对其增收效果的影响。此外还包括农业机械化对不同类型收入的影响研究，以及农业机械化的空间溢出效应。虽然既有研究关于农业机械化对农户收入的影响已较为全面，但仍有以下不足：（1）已有研究较多关注农业机械化对农户收入的影响，而缺少关于影响农户采纳农业机械行为的相关因素的研究。(2) 在已有研究农业机械化对于农户收入的影响中，较多研究的是对于已采纳农业机械的农户，他们的农业机械化程度对农户收入的影响。而缺乏对于未采纳农业机械的农户如果采纳农业机械，其收入会有怎样变化的研究。(3) 在研究农业机械化对不同类型收入的影响中，较多集中在机械化对农户经营性收入的直接影响以及经由劳动转移对工资性收入的间接影响。较少有文章分析随着农业机械化程度加深，农业机械化对农户不同类型的收入影响的变化。

三　概念界定和研究假说

（一）概念界定

农业机械具有广义和狭义之分，其中广义的农业机械是指农业生产者在农作物种植、林业、畜牧、渔业中使用的各种机械的统称，而本节中的农业机械仅指农户在农作物种植中所使用的机械，是狭义的农业机械，指的是农户对农业机械的使用，包括农户购买农业机械或租用农业机械。

农户是否采纳农业机械的判断标准是：当农户既没有购买农业机械，也没有租借农业机械时，认为农户没有采纳或使用农业机械；当农户存在上述两种行为时，认为农户采纳或使用了农业机械。为此，本节中农业机械化指的是农业机械的采纳或使用程度，以农户购买或租借农业机械所花费的成本来衡量。

（二）研究假说

我国经济社会发展存在的突出矛盾在于城乡发展的不平衡与不协调。城乡二元结构没有发生根本改变，城乡发展差距依然持续存在。随着劳动力流动限制结束，以及工业化、城镇化进程加快，农村剩余劳动力向非农业部门逐步转移。在劳动力转移过程中，劳动力的红利逐渐消失，劳动力的稀缺性增强，劳动力的价格随之逐渐上涨。而随着技术的进步，自购农业机械价格逐步降低，此外跨区作业、农机合作社和农机服务体系等多种形式都降低了农业机械的稀缺性，农业机械的使用成本逐渐下降。根据诱致性变迁理论，资源稀缺性发生改变会引发要素相对价格发生变化，人工与农业机械相对价格变化进而导致农业生产方式由人工向机械的转变。要素相对价格在农户的生产经营过程中表现为要素的成本差。为此，提出第一个研究假说：

假说1：要素相对价格会影响农户对农业机械的选择，具体表现为雇工与机械使用成本差越大，农户越倾向采纳农业机械。

农业机械是技术进步的产物，农业机械化作为一种典型的劳动节约型技术进步，在农业生产过程中可以提供人工生产无法达到的标准化、高质量生产，如精准控制种植密度、合理的种植深度、安全有效的农药喷洒量，进而可以减少劳动时间，提高劳动生产率和农产品质量，增加农作物产量和价格。面对农业生产季节性天气变化和极端天气发生，农业机械可以快速收割、初加工，减少农作物损失。通过这两个方面，农业机械可以实现农户农业收入的增加。此外，农业机械可以提高农业生产率，减少农业生产所需的劳动力投入，使得农业部门剩余劳动力增加。根据费景汉—拉尼斯理论，农业生产率提高所产生劳动力剩余会使得劳动力进入工业部门，进而获得非农业收入。由于农业机械与劳动力是两种相互替代的要素，劳动力转移到非农业部门会获得更高的收入。但同时随着农业劳动力大量向非农业部门转移，农业劳动力的竞争也在不断加剧，并非所有农村剩余劳动力都转移出农村。有部分劳动力由于自身竞争能力不足，会存在被机械替代后并没有转移出去的情况。根据"农业踏车"理论，这部分劳动力虽退出了农业部门，但没有通过劳动力转移获得其他收入，是被技术进步淘汰的那部分劳动力，这样会导致农户纯收入的降低。为此，提出第二个研究假说：

假说2：农业机械化对农户收入具有促进作用，这种促进作用对农业收入产生直接作用，并分别通过劳动力转移与劳动力退出产生正向与负向的间接作用。

农业机械化对农户的农业收入具有直接影响，对农户的非农业收入通过劳动力转移具有间接影响。然而，农业机械化对非农业收入的作用机制较为复杂。根据理性农户的假设，农户生产经营具有一定理性，他们会利用自身所具有的劳动力这一生产要素，来获得自身或家庭利益最大化。这就意味着，当农民被机械所替代时，他所考虑的不仅是依据收入判断自己投入哪个生产部门，而且还会考虑到成本，不仅包含经济上的成本，例如劳动力在农村的生活成本远低于其在城市所花费的生活成本，而且包含着其他对劳动力转移的阻力，例如户籍制度带来的一些限制、社会关系网络不能提供就业机会、家庭其他成员需要照顾、自身状况不具备在其他行业的竞争力等，即使已经被机械化所替代，也不会发生转移。由于机械化对非农业收入的影响是通过劳动力转移实现的，而农民在被机械替代后可能不会立即转移到其他行业中去。随着农业机械化程度加深，由于农地规模的限制和边际报酬递减规律，农业机械化对农业收入的增收作用会逐渐递减。当劳动力留在农业所获得的边际纯收入低于其转移到非农业部门能获得的边际纯收入时，农户为实现家庭收入最大化，农户家庭中的剩余劳动力会向非农部门转移，以获得更多收入。为此，提出第三个研究假说：

假说3：机械化对农户非农业收入的影响存在门槛效应，机械化的推广首先作用在农业收入上，随着机械化程度加深，机械化对农业收入的边际效益达到一定值后，开始对非农业收入产生影响。

四　农户机械的采纳意愿与采纳强度

（一）数据来源与样本基本特征

1. 数据来源与处理

本节所使用的数据来自CFPS2018年家庭调查问卷，其中根据"是否从事种植业林业"以及"从事自家农业名单"进行筛选，将没有从事种植业林业以及从事自家农业人数为零的家庭剔除，并删除重要变量以及大部分变量数值缺失的家庭，最终获得一个容量为4010的样本。根据调查问卷，家庭农业劳动人数应该包括从事自家农业的人加上帮助其他农户做农活的人数，但是由于只有极少农民存在帮其他农户做农活而不在自家务农的情况，这部分人数不足整体农业劳动人数的0.4%，因此本节将从事自家农业的人数作为家庭农业劳动人数进行统计，并用家庭总人口数减去自家务农人数作为退出农业的人数，衡量劳动力退出，用在外打工的人数作为劳动力转移数。另外值得注意的是，本节中的农业指的是狭义的农业，即为林业种植业，因此关于机械化程度的衡量包括林业种植业所花费的机械租赁费加上农用机械总价值。考虑到农用机械作为农业固定资产，其使用年限较长且价值较大，为使其与机械租赁费的口径相统一，进行折旧处理。会计学中对机械和其他生产设备折旧的年限为十年，而农业机械的实际使用中基本会一直使用直至机器损坏，使用寿命超过十年后虽然公允价值极低基本可忽略,但机械设备的使用价值依然存在。因此本节扩大了折旧年限,将 20 年作为折旧年限,并采用年限平均法折现并将折现后的值与机械租赁费加总。为使机械化程度的衡量更客观且横向可比,文献中通常将机械化加总的数值除以每户土地面积。由于 CFPS2018 年没有统计家庭耕种面积的数值,考虑到我国土地政策是按照家庭人口数量进行分配,家庭人口可以从一定程度上反映家庭耕地面积,因此本节将求和得到的机械费用除以家庭人口数来代表农户对农业机械的采纳程度,农业生产的其他成本费用也这样处理。考虑到研究对象均为依然与家庭成员从事农业生产的农户,多数农户的生产经营活动都是农业生产经营,本节采用农户的经营性收入核算农业收入,并用家庭总收入减去农业收入作为非农业收入的数据来衡量农户非农业收入,此外将家庭从事农业生产的人数对家庭人口数的占比作为农户对农业依赖程度的衡量。

2. 样本基本特征

表 4—8 分别报告了样本农户家庭的人均经营性收入、人均纯收入、机械成本、雇工成本、其他生产成本、存款、农业劳动人口占比、外出打工人数,户主的年龄、受教育程度、性别等基本特征。其中,农户的人均经营性收入的平均值为 3416.2 元,中位数为 1175 元。人均纯收入的平均值为 16314.4 元,中位数为 12010 元。总体来看,农户人均经营性收入和农户人均纯收入差距较大。对于农户来说,经营性收入一般是其参与农业获得的收入,由此可见,农户参加其他非农业部门获得的收入较多。农户的人均存款平均值为 9201.5 元,标准差为 35620.3 元。由此可见,农村存在较大的贫富差距。人均机械成本的平均花费在 356.8 元,最大值为 17500 元;人均雇工成本平均值为 197.1 元,最大值为 50000.1 元;人均其他生产成本平均值为 127.5 元,最大值为 32500.2 元。对比这三种农业投入,农业机械投入最大值最小,平均值最高,这表明农业机械是这三者中最普及的农业投入。而农业雇工成本在三者中最大值最大,但平均值小于农业机械成本,这说明农户的生产费用投入均有个人选择差异性。其他成本投入的平均值是三者中最小的,而最大值比机械成本要大,说明对于良种、农药、化肥等要素投入不同农户选择不同,有一定差异。农户农业劳动力占比为 0.6,外出打

工人数平均占比为 0.8，这表明大部分农户的劳动力投入虽然还是在农业生产上多一些，但劳动力转移的情况也比较普遍。户主的平均年龄为 52 岁，受教育程度主要停留在小学和初中，体现了我国农村劳动力老龄化、教育程度低的特点。户主大多为男性，符合我国农村大多为"男主外女主内"的现实情况。

表4—8　　　　　　　　　　样本数据基本特征

变量	样本量	平均值	标准差	最小值	中位数	最大值
人均经营性收入	4010	3416.2	9393.2	2	1175	301300
人均纯收入	4010	16314.4	18048.4	110	12010	406400
机械成本	4010	356.8	754.8	0	125	17500
雇工成本	4010	197.1	1398.4	0	0	50000.1
其他生产成本	4010	127.5	1032.5	0	0	32500.2
存款	4010	9201.5	35620.3	0	1500	1500006.5
农业劳动力占比	4010	0.6	0.3	0.1	0.5	1
外出打工人数	4010	0.8	1	0	1	6
年龄	4010	52	12.6	13	52	86
受教育程度	4010	2.3	1.1	1	2	6
性别	4010	0.6	0.5	0	1	1

表4—9是按照国家统计局地区分类标准，将我国各地分为"东"、"东北"、"西"和"中"四组，分别得到的四组样本数据基本特征。从表中可以看出，在四个地区中，东北地区农业发展水平最高，农户从农业生产经营所获得的人均经营性收入最高，达到5024.2元，农业机械的投入以及其他农业生产成本投入的也最高，外出打工人数较少，农业劳动力占比高。在东北的产业中，农业较为重要。东部地区经济较为发达，农户家庭存款以及家庭人均纯收入都是四个地区中最高的，但该地区农业人均经营性收入3886.8元相比却低于东北地区，农业机械投入302.1元较东北、中部也较低，农户家庭收入中农业收入占比最低，农户对农业收入的依赖程度低。西部地区农户家庭存款在四个地区中最低，农业

机械投入成本也较低，但其农业经营收入却略高于中部地区，家庭收入中农业收入占比高于中部地区。

表4—9　　全国四个地区分组样本数据基本特征

区域	指标	观测数	平均值	标准差	最小值	中位数	最大值
东	人均经营性收入	1038	3886.8	11217.5	5	1050	166758.3
	人均纯收入	1038	19283.1	22071.3	110	13000	278400
	机械成本	1038	302.1	697.2	0	50	10125
	雇工成本	1038	129.8	755.9	0	0	15000
	其他生产成本	1038	267.3	1021.7	0	0	10700
	存款	1038	16399.6	63716	0	4000	1500006.5
	农业劳动力占比	1038	0.6	0.3	0.1	0.5	1
	外出打工人数	1038	0.8	1	0	0	6
	年龄	1038	53.6	12.8	19	54	86
	受教育程度	1038	2.4	1.1	1	2	6
	性别	1038	0.6	0.5	0	1	1
东北	人均经营性收入	385	5024.2	9491.7	10	2642.9	125125
	人均纯收入	385	18433.6	17881.6	1390	14550	182925
	机械成本	385	608.2	1164.5	0	300	15250
	雇工成本	385	369.8	1617.6	0	0	25000
	其他生产成本	385	306.4	2213.5	0	0	32500.2
	存款	385	8841.7	17669	0	1000	123333.8
	农业劳动力占比	385	0.6	0.3	0.2	0.7	1
	外出打工人数	385	0.6	0.8	0	0	0
	年龄	385	52.3	11.4	17	52	86
	受教育程度	385	2.4	0.9	1	2	5
	性别	385	0.5	0.5	0	1	1
西	人均经营性收入	1489	3036.5	9322.9	2	1050	301300
	人均纯收入	1489	14393.6	17737.5	110	13000	406400
	机械成本	1489	263.9	583.8	0	50	8950
	雇工成本	1489	251.8	1893.2	0	0	50000.1
	其他生产成本	1489	54.9	886.5	0	0	29999.9
	存款	1489	5588.1	15841.7	0	850	400000.1

续表

区域	指标	观测数	平均值	标准差	最小值	中位数	最大值
西	农业劳动力占比	1489	0.5	0.3	0.1	0.5	1
	外出打工人数	1489	0.9	1	0	1	6
	年龄	1489	50.2	12.5	13	50	84
	受教育程度	1489	2.1	1.1	1	2	5
	性别	1489	0.6	0.5	0	1	1
中	人均经营性收入	1098	2922.2	7245.9	3	1050	168750
	人均纯收入	1098	15369.8	13245.5	200	12500	177926.3
	机械成本	1098	446.4	800.4	0	250	17500
	雇工成本	1098	126	897.4	0	0	20000
	其他生产成本	1098	31	286.4	0	0	5600
	存款	1098	7423.1	16718.8	0	1500	239999
	农业劳动力占比	1098	0.5	0.3	0.1	0.5	1
	外出打工人数	1098	1	1	0	1	6
	年龄	1098	52.9	12.8	16	53	85
	受教育程度	1098	2.4	1	1	2	5
	性别	1098	0.6	0.5	0	1	1

（二）模型构建与变量选择

从事农业生产的农户并不是每一家都会使用农业机械，农户选择是否使用农业机械是一个自选择而非随机的结果。因此，本节拟选用以解决存在样本选择偏差的Heckman两阶段模型来解决样本中存在的选择偏差。

第一阶段：分析农户使用农业机械的意愿及其影响因素。农户是否使用农机除受农业机械成本与雇工成本的差额、其他生产成本影响外，还包括但不限于以下三个方面：（1）个体特征因素。包括各家庭户主的年龄、性别、受教育程度。（2）家庭特征因素。拟选择农户家庭获得的政府补助、家庭人均收入以及家庭人口中农业劳动人口所占比重。（3）村庄特征因素。主要包括农户所在村庄地理位置属于中国东、中、西、东北部作为分组变量。

基于上述分析，识别农户使用农业机械意愿的Probit模型如下：

第四章　乡村治理：基于劳动市场与关系信任的再考察　187

$$Probit\ (A=1)\ =\beta_{10}+\beta_{11}costgap+$$
$$\beta_{12}expense+\beta_{1i}X_{1i}+\mu_i \quad (4—6)$$

其中，A 表示农户是否采纳农业机械化，当 $A=1$ 时，表示农户采纳机械化，反之，则 $A=0$，表示农户不采纳机械化；β_{10} 表示待估常数项，$costgap$ 为仅参与第一阶段决策的控制变量，回归系数为 β_{11}。$expense$ 为核心解释变量，回归系数为 β_{12}。X_{1i} 表示一系列的控制变量，β_{1i}（i 取 1、2、3……）表示每个解释变量的回归系数，μ_i 表示模型的随机误差项。上述模型可采用 Probit 模型计算出农户采纳农业机械的概率，进而可以计算逆米尔斯比率。

第二阶段：需要将式（4—6）中计算得到的逆米尔斯比率 λ 作为第二阶段的修正参数，并将 λ 与其他解释变量纳入第二阶段回归，回归表达式如下：

$$Y=\beta_{20}+\beta_{21}expense+\beta_{2i}X_{2i}+\alpha\lambda+\mu_2 \quad (4—7)$$

Y 为 Heckman 第二阶段回归中的被解释变量，即农户采纳农业机械的强度，α、β 为待估系数。如果 α 通过了显著性检验，则说明样本存在选择性偏误。Heckman 两阶段模型至少存在一个影响农户是否采纳农业机械生产但对采纳强度没有偏效应的变量，为保证模型可识别，本节选取农户雇用人工和租用机械的成本差作为影响第一阶段决策的工具变量。

本节运用 Heckman 最大似然估计和 Heckman 最小二乘估计来检验雇工和采纳机械的成本差距对其是否采纳农机和农机采纳强度的影响。同时，作为对比以及稳健性检验，本节使用双栏模型对农户是否采纳农机及农机采纳强度进行检验。双栏模型最初提出用于个体对参与活动的决策，第一个门槛决定个体是否为非零类型，即是否参与活动；第二个门槛，在第一阶段非零的情况下，个体对活动的参与结果。本节中农业机械化程度最小为零，即农户不采纳农业机械进行生产，符合双栏模型中 lower hurdle 的形式。

双栏模型中将农户采纳农业机械的行为分为两个过程，在两个决策过程满足的情况下，才形成一个完整的决策。因此，构建公式：

$$prob\ [y_i=0\mid x_i]\ =1-\varphi\ (\alpha X_i) \quad (4—8)$$

$$prob\left[y_i>0\mid x_i\right]=\varphi(\alpha X_i) \tag{4—9}$$

式中：i 代表第 i 个观测值，y_i 是被解释变量，表示农户是否愿意采用农业机械；x_i 为解释变量，表示雇工与农机成本差、户主的年龄、性别、受教育程度、家庭人均纯收入等，$\varphi(\alpha x_i)$ 为累积函数，其分布为标准正态分布。式（4—8）、式（4—9）分别表示农户采纳农业机械的意愿是否为零。

本节关于农户采纳农机的估计中，存在农户不采纳农机的情况，Heckman 对于不采纳农机的观测值做缺失值处理，而双栏模型可以在不删除观测值的情况下将不采纳农机的情况作为 0 值处理。双栏模型可以用来处理包含观察值为零的数据，并且可以避免因删除零观测值而造成的结果偏差。两个模型所采取的控制变量与相关解释均相同。

其次，分析农户对农业机械的采纳程度，可构建方程为：

$$E\left[y_i\mid y_i>0,X_i\right]=\beta X_i+\delta\lambda\left(\frac{\beta X_i}{\delta}\right) \tag{4—10}$$

式中：$E(\cdot)$ 表示条件期望，即农户采纳农业机械的情况下，对农业机械的采纳程度；$\lambda(\cdot)$ 为逆米尔斯比率；β 是待估计系数；δ 表示截取正态分布的标准差。

在式（4—8）到式（4—10）的基础上，可构建式（4—11）：

$$lnL=\sum_{y_i=0}\{ln[1-(\alpha X_i)]\}+\sum_{y_i>0}\{ln\varphi(\alpha X_i)-ln\varphi\left(\frac{\beta X_i}{\delta}\right)-ln(\delta)+ln\left\{\varphi\left[\frac{y_i-\beta X_i}{\delta}\right]\right\}\} \tag{4—11}$$

式中：lnL 代表对数似然函数值，可利用最大似然估计得出估计值。

表 4—10 为模型的变量选取、变量含义以及描述性统计。Heckman 模型的第一阶段选择模型的被解释变量为是否采纳农业机械，采纳为 1，不采纳为 0，平均值为 0.7，样本中倾向于选择采纳农业机械的农户更多。第二阶段回归模型的被解释变量为机械化程度，人均机械化成本取对数的均值为 5.4。人工和机械成本差为作用于选择阶段的控制变量，取对数的均值为 2.2。解释变量为其他成本，取对数的均值为 1.4。户主的年龄均值在 52 岁，受教育程度集中在小学和初中之间，性别以男性居多。农户家庭人均存款对数的均值为 6。农户家庭人均纯收入取对数的均值为

9.4，收到的政府补助取对数的均值为4.3，农业劳动人口数占家庭人口数的比重达60%。

表4—10　　　　Heckman模型的变量选取及变量含义

变量分组	变量名称	变量含义	最小值	平均值	最大值
被解释变量	是否采纳农业机械	采纳机械=1，不采纳机械=0	0	0.7	1
	机械化程度	家庭人均机械化成本取对数	-3.7	5.4	9.8
解释变量	其他生产成本	人均种子化肥农药费、灌溉费、其他费用成本取对数	0	1.4	12
控制变量	户主年龄	户主年龄	13	52	86
	人工和机械成本差	雇工费用减机械费用取对数	0	2.2	13
	户主受教育程度	文盲/半文盲=1，小学=2，初中=3，高中=4，大学本科/大专=5，硕士=6	1	2.3	6
	户主性别	性别，男=1，女=0	0	0.6	1
	家庭存款	家庭人均现金和存款取对数	0	6	14.2
	农户收入	家庭人均纯收入取对数	4.7	9.4	12.9
	政府补助	收到政府补助取对数	0	4.3	11.8
	农业劳动力占比	农业劳动人数除以家庭人口数	1	0.6	0

（三）实证结果与分析

1. 基准回归与稳健性检验

本节采用Heckman模型对影响农户采纳农业机械的因素进行分析，并通过更换模型的方法，采用双栏模型对结果的稳健性进行检验。回归结果如表4—11所示，逆米尔斯回归系数在1%水平下通过显著性检验，证明农户采纳农业机械的行为确实存在自选择偏误问题，因此本节采用Heckman模型处理自选择效应具有一定的合理性。此外，Heckman模型中Wald检验值在0.1%水平上显著，这表明模型整体的回归系数显著，且模型中 Mean VIF 的值为 1.19 小于 5 不存在严重共线性，对比 HeckMLE、Heck2s 与 dbhurdle 的结果可以发现解释变量的结果基本一致，这表明基准回归结果具有稳健性。根据估计结果，雇工与机械成本差、性别、其他生产费用、政府补助对于农户采纳农业机械的决策有正向影响且影响显著。其中，其他生产费用在第二阶段回归方程中依然保持正向影响。可以推出，农户农业生产所花的除雇工费用外的其他种子化肥费、灌溉费等与农业机械呈正向的促进作用，在这些生产要素上投入较多的农户也会在农业机械上投入较多，具有一定的互补效应。其他成本差距对农业机械的采纳为正向作用，从一定程度上证明了诱致性变迁理论，即人工与机械相对成本的变动推动了生产方式向机械生产转化，且成本差越大，农户越倾向于选择机械生产。户主为男性的农户更愿意采纳农业机械生产，这是因为在传统农村社会中，形成了男主外女主内的观念，男性作为家里的"顶梁柱"，在农业生产上起到主导作用，对于农业机械相关知识也更为了解，也更容易了解到农业机械及其相关服务的获取途径。当农户户主（通常是最了解家庭农业生产经营状况的人）是男性时，农户更倾向于采纳机械生产方式。估计结果中年龄对农业机械的采纳呈现负向影响，这可能是因为农民的年龄越大，受传统习惯的影响就越大，往往对新技术或新种植模式较为抵触。此外，人均纯收入和家庭农业劳动人口占比在决策模型和回归模型中表现出方向不同的影响。人均纯收入对农业机械的采纳呈负向影响。这可能是因为随着收入的增加，农户更倾向于减少在农业生产方面的投资，而转向投资回报率更高的行业，这一点与刘承芳等（2002）的结论相符。而在农户已经决定采纳机械生产方式时，收入与投资呈正向关系，因此农户家庭人均纯收入对农业机械的采纳程度产生正向影响，即收入越高机械化采纳程度越高。一方面，家庭农业劳动人口占比在一定程度上反映出家庭对农业的依赖程度，但另一方面农业生产中的劳动力投入与机械投入存在一定的替代关系。因此在是否采纳机械化生产的决策阶段，对农业生产依赖度越高的农户会更倾向于采纳机械化的生产方式。而在选择机械化生产的农户中，劳动力投入与机械投入的替代效应起到了作用，呈现负向的影响。

表 4—11　　　　　　　基准回归与稳健性检验结果

变量	HeckMLE	Heck2s	dbhurdle
	选择模型		
人工和机械成本差	0.221***	0.216***	0.208***
	(-0.008)	(-0.009)	(-0.007)
农户收入	-0.0803***	-0.113***	-0.0742***
	(-0.027)	(-0.029)	(-0.028)
政府补助	0.0215***	0.0340***	0.0215***
	(-0.007)	(-0.007)	(-0.007)
户主年龄	-0.0125***	-0.00876***	-0.0131***
	(-0.002)	(-0.002)	(-0.002)
户主性别	0.170***	0.145***	0.168***
	(-0.046)	(-0.049)	(-0.047)
户主受教育程度	-0.0347	0.0116	-0.0374
	(-0.023)	(-0.024)	(-0.023)
其他生产成本	0.107***	0.159***	0.108***
	(-0.017)	(-0.018)	(-0.017)
农业劳动力占比	0.255***	0.172**	0.361***
	(-0.083)	(-0.088)	(-0.084)
	回归模型		
农户收入	0.148***	0.190***	0.135***
	(-0.032)	(-0.063)	(-0.031)
政府补助	0.0226***	-0.00369	0.0243***
	(-0.008)	(-0.015)	(-0.007)
户主年龄	0.00497**	0.00656	0.00554***
	(-0.002)	(-0.004)	(-0.002)
户主受教育程度	-0.044	-0.0573	-0.0301
	(-0.053)	(-0.102)	(-0.051)
	0.0645**	0.0224	0.0636**
	(-0.026)	(-0.05)	(-0.025)

续表

变量	HeckMLE	Heck2s	dbhurdle
	回归模型		
其他生产成本	0.329*** (−0.022)	0.166*** (−0.048)	0.333*** (−0.021)
农业劳动力占比	−0.349*** (−0.095)	−0.466** (−0.184)	−0.307*** (−0.092)
逆 mills lambda		−2.792*** (−0.197)	
Mean VIF		1.19	
N	4010	4010	4010

注：$^*p<0.1$，$^{**}p<0.05$，$^{***}p<0.01$；括号内为标准误。下表同此。

2. 区域异质性检验结果

为验证结果的稳健性，本节进一步运用 Heckman 两步法对我国东、中、西、东北四个区域的分组数据进行区域异质性检验，检验结果如表4—12所示，四个区域的逆米尔斯系数均显著，存在样本自选择偏误，采用 Heckman 模型是合理的。VIF 均值小于5，表明不存在严重的共线性。雇工和采纳机械成本差会影响农户采纳机械的决策，成本差越大，农户会偏向采纳机械的生产方式，进而人工和机械在生产方式的选择上存在替代效应。除雇工外的农业生产投入会促进农户作出采纳农业机械的决策，其他成本投入与采纳机械生产存在互补效应。

表4—12　　　　　　　　区域异质性检验结果

变量	东	中	西	东北
	决策阶段			
人工和机械成本差	0.301*** (−0.019)	0.272*** (−0.019)	0.168*** (−0.012)	0.151*** (−0.015)
其他生产成本	0.151*** (−0.036)	0.213*** (−0.043)	0.0814*** (−0.026)	0.113* (−0.062)

续表

变量	东	中	西	东北
	回归阶段			
其他生产成本	0.264*** (-0.065)	0.359*** (-0.084)	0.154*** (-0.038)	0.454*** (-0.069)
控制变量	控制	控制	控制	控制
逆 mills lambda	-1.882*** (-0.189)	-2.360*** (-0.298)	-3.925*** (-0.655)	-2.814*** (-0.827)
Mean VIF	1.23	1.21	1.22	1.2
N	1038	1098	1489	385

五 机械化对农户收入增长影响的实证分析

（一）内生转换模型

根据前文分析农户是否采纳农业机械是一个自选择偏误的问题，因此不能将农户的农业机械采纳决策视为一个外生变量。本节主要分析农户就农业机械的采纳行为对其收入有何种影响，因此本节拟采用内生转换模型（ESR）来解决农户选择偏差的问题并对农业机械的收入效应进行分析。使用内生转换模型一共具有三点优势：其一，解决农户是否使用农业机械的自选择问题；其二，能够分别识别采纳组和未采纳组农户影响收入状况的因素，并进行有差别的分析；其三，利用反事实分析法进行采纳农业机械收入效应评估。

内生转换模型共分为两个阶段：第一阶段估计农业机械采纳行为，其决策方程见式（4—12）；第二阶段估计采用农机和未采用农机的农户的收入决定，其结果方程分别见式（4—13）式（4—14）：

$$A_i = \gamma Z_i + \mu_i \quad (4—12)$$

$$Y_{i1} = \beta_{i1} X_i + \varepsilon_{i1} \quad if \quad A_i = 1 \quad (4—13)$$

$$Y_{i0} = \beta_{i0} X_i + \varepsilon_{i0} \quad if \quad A_i = 0 \quad (4—14)$$

其中，$A_i = 1$ 表示农户采用了农业机械，若没有采用则记为 $A_i = 1$；Z_i 表示影响农户农业机械选择决策的解释变量；Y_{i1} 和 Y_{i0} 分别为使用农机和未使用农机农户的收入；X_i 是解释变量，ε_{i1} 和 ε_{i0} 是随机干扰项。估计选择式（4—12）后，计算逆米尔斯比率 λ_{i1}、λ_{i0} 和误差项的协方差 $\sigma_{\mu1} = cov(\mu_i, \varepsilon_{i1})$、$\sigma_{\mu0} = cov(\mu_i, \varepsilon_{i0})$，并带入式（4—13）、式（4—14）中，得到：

$$Y_{i1} = \beta_{i1} X_i + \sigma_{\mu1} \lambda_{i1} + \zeta_{i1} \quad if \quad A_i = 1 \qquad (4\text{—}15)$$

$$Y_{i0} = \beta_{i0} X_i + \sigma_{\mu0} \lambda_{i0} + \zeta_{i0} \quad if \quad A_i = 1 \qquad (4\text{—}16)$$

内生转换模型将不可观测变量作为缺失值处理，并利用 λ_{i1} 和 λ_{i0} 控制了不可观测变量带来的选择性偏误，误差项 ζ_{i1} 和 ζ_{i0} 满足假设条件均值为零，用 $\rho_{\mu1} = \sigma_{\mu1}/\sigma_\mu \sigma_{i1}$ 和 $\rho_{\mu0} = \sigma_{\mu0}/\sigma_\mu \sigma_{i0}$ 分别表示选择和结果方程有关于协方差的相关系数。如果相关系数显著，表明由不可观测变量所导致的选择偏差存在。获得参数估计值后，在反事实框架下评估采纳农业机械对总体农户收入的净影响，即农业机械对农户收入的平均处理效应。

处理组农户真实情形下（采纳组使用农业机械时）的收入期望：

$$E[Y_{i1} | A = 1] = \beta'_{i1} X_{i1} + \sigma_{\mu1} \lambda_{i1} \qquad (4\text{—}17)$$

控制组农户真实情形下（未采纳组未使用农业机械时）的收入期望：

$$E[Y_{i0} | A = 1] = \beta'_{i0} X_{i0} + \sigma_{\mu0} \lambda_{i0} \qquad (4\text{—}18)$$

处理组反事实情形下（采纳农户未使用农业机械时）的收入期望：

$$E[Y_{i0} | A = 1] = \beta'_{i0} X_{i0} + \sigma_{\mu0} \lambda_{i1} \qquad (4\text{—}19)$$

控制组反事实情形下（未采纳农户使用农业机械时）的收入期望：

$$E[Y_{i1} | A = 1] = \beta'_{i1} X_{i0} + \sigma_{\mu1} \lambda_{i0} \qquad (4\text{—}20)$$

那么，式（4—17）和（4—19）之差即为处理组的平均处理效应（ATT），可以表示为：

$$ATT = E[Y_{i1} | A = 1] - E[Y_{i0} | A = 1] =$$
$$(\beta'_{i1} - \beta'_{i0}) X_{i1} + (\sigma_{\mu1} - \sigma_{\mu0}) \lambda_{i1} \qquad (4\text{—}21)$$

式（4—18）和（4—20）之差为控制组的平均处理效应（ATU），可以表示为：

$$ATU = E[Y_{i0} | A = 1] - E[Y_{i1} | A = 1] =$$
$$(\beta'_{i0} - \beta'_{i1}) X_{i0} + (\sigma_{\mu0} - \sigma_{\mu1}) \lambda_{i0} \qquad (4\text{—}22)$$

表4—13为内生转换模型的变量选择、变量含义以及描述性统计。其

中被解释变量在决策阶段为农户是否采纳农业机械,并引入人工和机械成本差作为工具变量。第二阶段的收入效应模型中,被解释变量为农户收入。两阶段模型中的解释变量均相同,模型中各变量的描述性统计与Heckman模型中的结果一致。

表4—13　　　　内生转换模型的变量选取及变量含义

变量分组	变量名称	变量含义	最小值	平均值	最大值
被解释变量	是否采纳农业机械	采纳机械=1,不采纳机械=0	0	0.7	1
	农户收入	家庭人均纯收入取对数	4.7	9.4	12.9
解释变量	人工和机械成本差	雇工费用减机械费用取对数	0	2.2	13
控制变量	其他生产成本	人均种子化肥农药费、灌溉费、其他费用成本取对数	0	1.4	12
	年龄	户主年龄	13	52	86
	受教育程度	文盲/半文盲=1,小学=2,初中=3,高中=4,大学本科/大专=5,硕士=6	1	2.3	6
	家庭存款	家庭人均现金和存款取对数	0	6	14.2
	政府补助	收到政府补助取对数	0	4.3	11.8
	农业劳动力占比	农业劳动人数除以家庭人口数	1	0.6	0

(二)内生转换模型检验结果分析

内生转换模型检验结果如表4—14所示,rho_1、rho_2分别表示农户采纳和未采纳农业机械生产方式时,采纳和不采纳方程误差项和农户收入方程误差项的相关系数。结果显示两者均显著,这表明模型确实存在样本选择性偏误,内生转换模型使用合理。其中,rho_1为负数,这表明采纳了农业机械的农户,所获得的收入要比样本中某一随机个体原本取得的收入要高,即采纳农业机械有助于农户增加收入。

表 4—14　　　　　　　　　内生转换模型检验结果

变量	决策模型 (n=4010)		收入效应模型			
			未采纳农户 (n=1182)		采纳农户 (n=2828)	
	系数	标准误	系数	标准误	系数	标准误
人工和机械成本差	0.214***	0.009				
年龄	-0.00727***	0.002	-0.000835	0.002	-0.00581***	0.001
受教育程度	-0.000768	0.023	0.230***	0.024	0.116***	0.014
家庭存款	-0.00711	0.006	0.0729***	0.006	0.0387***	0.004
农业劳动力占比	0.157*	0.087	0.179**	0.09	0.229***	0.054
其他生产成本	0.166***	0.018	-0.0138	0.019	0.109***	0.014
rho_1					-0.148***	0.071
rho_2			-0.303***	0.076		
LR	17.74***					
Log likelihood	-6577.8***					

本节将成本差距变量作为解释变量引入农户采纳农业机械生产方式的决策模型。关键解释变量和部分控制变量对采纳农机决策的影响方向及显著性与 Heckman 模型估计结果基本一致，这说明之前估计结果相对稳健。采纳组和未采纳组农户内生转换模型的估计结果显示，户主的年龄对采纳组农户的收入有显著的负向影响，这可能是由于年龄大的农业劳动者精力、体力都有所下降，投入农业的劳动时间也远不如青壮年，进而影响到生产效率，降低农户收入。农户投入除雇工和机械外的成本会对采纳组农户产生正向影响，这部分成本主要包括良种、农药、化肥、灌溉等费用支出。这些生产投入可以使农作物增加产出，同时预防病虫害防止产量减少，两方面作用增加了农作物产量，进一步增加农户收入。而这些成本投入对未采纳组农户的收入却作用不显著，这表明农业机械与其他农业投入存在互补效应，只进行除劳动力和机械外的投入不会给农户带来收入的增加。良种、农药、化肥等生产要素与机械使用相配合才能促进农户增收。户主的受教育程度对采纳和未采纳组的农户收入均

有显著的正向作用，拥有较高学历的农户在生产过程中对新技术的接纳程度更高，对各种增收咨询了解得也更多，因此也会有更高的收入。此外，家庭农业劳动力占比也对农户收入有正向影响。一方面，农业劳动力占比反映了农户家庭对农业收入的依赖程度，程度越高的农户，其提高家庭农业生产能力的动力就越强，这样农户投入农业生产中的精力也就越多，进而提高农业生产率；另一方面，劳动力作为生产要素投入越多，农作物产量也越高，进而增加农户收入。农户存款越多收入越高，体现了财富的"马太效应"，越富有的农户拥有越多的资本、人脉和各种资源，因此也能创造更多的收入。

内生转换模型一个重要的作用是可以提供反事实假设分析，同时关注采纳机械和未采纳机械两种状态下农户的收入情况，并推演两种情况之间的关系，为本节分析农户采纳农业机械化生产的收入效应提供更多的分析依据。如表4—15所示ATT和ATU分别代表采纳和未采纳农业机械的农户收入的平均处理效应。采纳组的农户如果不再采纳机械化的生产方式，平均会减少33.2%的收入；未采纳组如果采纳农业机械化的生产方式，平均会增加2.77%的收入。本节为平滑数据将农户收入进行了对数化处理，为还原具体数值，将表中结果再进行指数化处理，由此可知采纳组农户如果不再采纳农业机械的方式生产，其人均纯收入将从11568元下降到8299.9元。而实际未采纳组农户如果采纳农业机械的方式生产，其人均纯收入将从11464.4元上涨到11789.9元。这表明农户在农业生产中使用农业机械一方面可以增加产量，另一方面可以减少灾害损失，有助于农户综合收入的增长。而未采纳农业机械的农户通常有两种情况，分为主观因素和客观因素。主观因素由于农户家庭重心偏移向非农业部门，或者土地撂荒无人种植，或者家庭中参与农业生产的是留守在家的老人和孩子，这种情况下他们没有精力采用机械化的方式进行生产。这一类农户如果可以在其村庄或邻近村庄购买农机服务代种、代收，无疑可以增加其收入。因为客观因素如农机农艺不相符、地理环境不适用等因素没有采纳农业机械的农户，如果能够解决客观因素也可以通过增加产量和劳动力转移提高收入。因此，农业机械的采纳不仅可以增加采纳组农户的收入，若未采纳组使用农业机械，也可促进其增收。

表4—15　　　　　　　内生转换模型事实与反事实分析

组别	决策阶段		处理效应	
	采纳	未采纳	ATT	ATU
采纳组农户	9.356	9.024	0.332***	
未采纳组农户	9.375	9.347		0.0277*

（三）机制检验

在对农户是否采纳农业机械所带来的收入效应进行内生性转换模型检验后，进一步对已采纳农业机械生产的农户进行机制分析。根据"农业踏车理论"和前文文献综述的总结，可知农业机械的采纳可直接作用于农业收入并通过劳动力退出和劳动力转移间接作用于农户收入。其中，劳动力退出表示劳动力从农业部门退出而并没有转移到其他部门；劳动力转移表示劳动力离开农业部门转移到其他部门。关于中介效应检验应避免逐步回归法，识别解释变量对被解释变量及中介变量的因果关系，并且中介变量对解释变量应有显而易见的影响。本节接下来将采用以下的回归方程对农业机械化对农户收入的作用机制进行检验。

$$Y = cX + \beta_0 + \beta_{1i}cont_{1i} + e_1 \quad (4—23)$$

$$M = aX + \beta_0 + \beta_{2i}cont_{2i} + e_2 \quad (4—24)$$

在式（4—23）、（4—23）中，X、M、Y分别代表解释变量、中介变量和被解释变量，cont为一系列的控制变量。在式（4—23）中，c为X对Y的总的作用效果；在式（4—24）中，a为X对M的作用效果；e_1、e_2为回归的残差。

表4—16为模型的变量选择、变量含义以及描述性统计。户主平均收入取对数为9.36，机械化程度为5.4。劳动力平均退出农业2人，转移到其他部门的平均值为0.9，户主年龄平均在52岁，受教育程度集中在小学和初中。家庭人均存款的对数均值为5.4，其他生产成本对数集中在7.2。家庭平均有六成的人从事农业生产。

农户采纳机械首先会增加农产品产量进而对农户的农业收入产生直接影响。其次，机械化生产方式会对人工产生替代效应，被替代的劳动力形成劳动力剩余一方面可能进入其他部门，发生劳动力转移，获得非农收入，进而农户的家庭收入增加；另一方面，根据农业踏车理论，早使用农业机械的生产者会获得超额利润，使其他生产者也会投入农业机械进行生产，进而完成农业机械的普及。在这一过程中，农业机械的推广使农业生产发生劳动力节约型技术进步，产生农业劳动力剩余。不同于那些顺利转移的剩余劳动力，存在一些劳动力文化水平不高、科技素质较低，很难找到工作机会，再加上其他种种原因没能成功转移到其他部门，这种情况下会产生劳动力退出农业而没有转移，会对家庭纯收入有一个负向的影响。因此，本节分别以劳动力退出和劳动力转移为中介变量，分析农业机械的采纳对农户收入的作用机制。

表4—16　　　　机制分析的变量选取及变量含义

变量分组	变量名称	变量含义	描述性统计		
			最小值	平均值	最大值
被解释变量	农户收入	家庭人均纯收入取对数	5.16	9.36	12.92
解释变量	机械化程度	家庭人均机械化成本取对数	-3.7	5.4	9.8
中介变量	劳动力退出	家庭人口数减从事农业人口数	0	2	13
	劳动力转移	外出打工人数	0	0.9	6
控制变量	年龄	户主年龄	15	52	84
	受教育程度	文盲/半文盲=1，小学=2，初中=3，高中=4，大学本科/大专=5，硕士=6	1	2.3	5
	家庭存款	家庭人均现金和存款取对数	0	5.4	12.9
	其他生产成本	人均种子化肥农药费、灌溉费、其他费用成本取对数	0	7.2	12

表4—17是以劳动力退出为中介变量的机制分析结果，各模型的平均VIF均小于5，不存在严重的共线性。根据模型1可知，农户采纳农业机械可以促进农户家庭收入增加，农业机械对农户收入的总效应是正向且1%水平下显著的。根据模型2可知，农业机械的使用会促使农业劳动力退出农业，农业机械对劳动力退出的作用效果在10%的显著性水平下是正向促进的。劳动力退出对农户收入的作用效果是负向作用，即劳动力退出农业后没有转入到其他产业中，会降低农户收入。间接效应是负向

的而直接效应是正向的,农业机械化对农户收入影响的直接效应被劳动力退出抵消一部分,但总效应依然为正。

从控制变量中可以看到,农业劳动力占比在没有加入劳动力退出时对农户收入是正向作用,而加入劳动力退出后回归结果显示为负向作用。这表明农业劳动力占比越高,机械化替代农业劳动力产生劳动力退出时,收入下降得越多。农户存款、户主的年龄与教育水平、其他成本投入对机械化与收入的影响均与前文相同。受教育水平对劳动力退出的作用并不显著。农户存款对劳动力退出的影响也是负向的,这可能是因为农户存款越多,曾经在农业部门获得的收益越高抵抗风险的能力就越强,向其他部门转移的意愿就越弱。其他农业投入成本对农业劳动力退出有负向作用,这表明农户对农业生产的依赖程度越高,收入来源中的农业收入占比多,越不愿意退出农业。

表 4—17　　　　以劳动力退出为中介变量的机制分析结果

变量		模型 1	模型 2
被解释变量		农户收入	劳动力退出
解释变量			
	机械化程度	0.0296*** (0.011)	0.0943*** (0.0255)
控制变量			
	家庭存款	0.04*** (0.00369)	-0.0505*** (0.00853)
	年龄	-0.00508*** (0.0012)	-0.02*** (0.00277)
	受教育程度	0.115*** (0.0143)	0.0336 (0.0331)
	其他生产成本	0.113*** (0.0134)	-0.127*** (0.031)
Mean VIF		1.14	1.14
R^2		0.131	0.0371

表 4—18 是以劳动力转移作为中介变量回归的结果,各模型均不存在严重的共线性。根据模型 3 可知,农业机械的使用可以促进农户收入增长,且总效应在 1% 的水平下显著。由模型 4 可知,农业机械对劳动力具有替代作用,会使劳动力退出农业而转移到其他部门,农业机械对劳动力退出的作用效果在 10% 的显著性水平下是正向促进的。劳动力转移对

农户收入的作用有正向作用,即劳动力成功转入其他部门中,为农户家庭带来非农业收入,进而增加农户收入。农业机械的使用不仅直接作用于农户收入,促进农户增收,还通过劳动力转移间接增加农户收入。

回归结果中,各控制变量的作用方向基本与第一组效应回归结果相同。唯一有所改变的控制变量是农户家庭存款,对劳动力退出是负向抑制作用,而对农业劳动力转移的作用却不显著。这可能是因为面对劳动力退出时,农户的家庭存款可以体现出农户之前的农业收入水平以及其对农业生产方式变化的抵抗力。大部分农户收入的主要来源来自农业,其家庭存款也依赖于农业,因此家庭存款会抑制劳动力退出农业。但是劳动力转移衡量的不仅是劳动力离开农业部门,而且包括劳动力要转移到其他部门。劳动力能否转移到其他部门还要受到地域经济发展水平、劳动力自身的能力与素质、人际关系网络等多因素的制约。因此,农户家庭存款对劳动力转移的影响效用,受多方面因素的中和,最终作用表现为不显著,即农业机械的采纳对劳动力转移的影响与农户的家庭存款无关。

表4—18　　　　以劳动力转移为中介变量的机制分析结果

	模型3	模型4
被解释变量	农户收入	劳动力转移
解释变量		
机械化程度	0.0296*** (0.011)	0.0509*** (0.0142)
控制变量		
家庭存款	0.04*** (0.00369)	-0.006 (0.00477)
年龄	-0.00508*** (0.0012)	-0.00493*** (0.00155)
受教育程度	0.115*** (0.0143)	0.00187 (0.0185)
其他生产成本	0.113*** (0.0134)	-0.0717*** (0.0173)
Mean VIF	1.14	1.14
R^2	0.131	0.0112

本节进一步按东、东北、西、中部地区分组进行机制分析,来分析地域差异对作用机制是否有影响,划分标准与上文相同,样本容量分别

为：628、297、1072、831。将各模型检验结果汇总得到下列各表，分别为东、东北、西、中部地区的回归结果。

表4—19所示为东部地区机械化对农户收入、劳动力退出和劳动力转移的作用回归结果。结果表明，东部地区农业机械化对上述三者的影响均不显著。究其原因可能在于，东部地区农业发展并非其重点领域，农业生产占比较低，经济发展较多依赖于非农业部门。这种情况下，东部地区农业发展的潜力较低，其他部门经济发展较好，农业劳动力趋于更高的收入向其他部门转移较多，这种自主转移与农业机械的使用带来的替代效应无关，对劳动力退出和劳动力转移作用不显著，进而对农户的非农业收入不显著，使用农业机械对农户农业收入的直接影响也不显著。因此，东部地区机械化对农户收入作用不显著。

表4—19　　　　　东部地区作用机制分析结果汇总

被解释变量	农户收入	劳动力退出	劳动力转移
解释变量			
机械化程度	0.0353（0.0247）	0.0211（0.0568）	0.0368（0.0317）
控制变量	控制	控制	控制
Mean VIF	1.2	1.2	1.2
R^2	0.211	0.0429	0.0211

表4—20为东北地区机械化对农户收入、劳动力退出和劳动力转移的作用回归结果。结果表明，东北地区农业机械化对农户收入有正向影响，对劳动力退出和劳动力转移影响不显著。这表明东北地区农业机械化对农户收入的影响主要来源于采纳农业机械对农业生产经营带来的直接影响，作用于农户的农业收入，而其对非农业收入的间接影响不显著。东北地区是我国农业发展的重要地区，也是农业发展水平较高的地区，且土地较为平整、集中连片。因此，农业机械化对农户农业收入作用效果较好。而且，东北地区农业劳动力需求较多，使用农业机械不会将劳动力"挤出"农业。此外，东北地区经济发展水平较低，其他行业劳动力需求较少，因此农业机械的使用不会造成劳动力转移。综上，东北地区农业机械化主要通过增加农户的农业收入，进而增加农户收入。

表 4—20　　　　　　　　东北地区作用机制分析结果汇总

被解释变量	农户收入	劳动力退出	劳动力转移
解释变量			
机械化程度	0.0968***	0.0347	0.0542
	−0.0363	−0.0701	−0.0428
Mean VIF	1.2	1.2	1.2
R^2	0.1193	0.0586	0.04

表 4—21 为西部地区机械化对农户收入、劳动力退出和劳动力转移的作用回归结果。结果表明，西部地区农业机械化对农户收入、劳动力退出和劳动力转移均有正向的促进作用。农业机械的使用会对劳动力有替代的作用，产生劳动力退出农业，进而对农户收入产生负向影响。但同时农业机械化还会对农户的农业收入产生直接的正向促进作用，通过劳动力转移到其他部门而增加农户的非农收入进而对农户收入产生正向影响。最终，农业机械化对农户收入的影响中，正向影响大于负向影响，因此西部地区农业机械的使用有助于农户增收。

表 4—21　　　　　　　　西部地区作用机制分析结果汇总

被解释变量	农户收入	劳动力退出	劳动力转移
解释变量			
机械化程度	0.0392**（0.0168）	0.11***（0.0377）	0.0536**（0.021）
控制变量	控制	控制	控制
Mean VIF	1.09	1.09	1.09
R^2	0.122	0.0425	0.0152

表 4—22 为中部地区机械化对农户收入、劳动力退出和劳动力转移的作用回归结果。结果表明，中部地区农业机械化对劳动力退出有正向影响，而对农户收入和劳动力转移的影响不显著。这可能是因为，一方面中部地区农业机械的使用会使农业劳动力退出农业而减少农户收入，但另一方面农业机械的使用会增加农户的农业收入，正向和负向作用相抵

消，所以表现出对农户收入的影响不显著。

表 4—22　　　　　中部地区作用机制分析结果汇总

被解释变量	农户收入	劳动力退出	劳动力转移
解释变量			
机械化程度	−0.0323（0.0234）	0.153***（0.0587）	0.0306（0.0331）
控制变量	控制	控制	控制
Mean VIF	1.22	1.22	1.22
R^2	0.124	0.0294	0.0106

　　四个地区的作用机制分析的总结如表4—23所示：东部地区农户收入受农业机械化的影响不显著；东北地区农户收入主要受到农业机械化对农户经营性收入的直接正向影响；西部地区农户收入受到农业机械化的正向影响，并同时受到经由劳动力转移、劳动力退出分别带来的正向、负向的间接影响；中部地区的农户收入受到农业机械化的影响，由于农户经营性收入的正向影响与经由劳动力退出带来的负向间接影响相互抵消，最终表现为总的影响不显著。

表 4—23　　　　　各地区作用机制结果总结

地区	劳动力转移	劳动力退出	总影响
东	不显著	不显著	不显著
东北	不显著	不显著	正向显著
西	显著	显著	正向显著
中	不显著	显著	不显著

（四）门槛效应模型

　　上文已分析了机械化对农户的非农业收入是通过劳动力转移间接作用的，而对农户的农业收入是直接作用的。那么农业机械化对这两种收入的作用效果应该有所不同，对农业收入的作用应该是其主要的作用。

又由于投资具有边际效应递减规律，随着农户采纳农业机械的程度加深，农业机械促进农户的农业收入增加的作用会逐渐衰弱，而农户为追逐更大的利益可能会将劳动力向劳动报酬率更高的部门转移。由此带来农户的非农业收入增加，即随着农业机械化程度加深，农业机械对非农业收入的促进作用会有所加强。因此，本节拟选取农业收入为门槛变量，来分析机械化对农业收入的门槛效应，设定截面门槛模型如下：

$$y_i = \beta_0 + \beta_1 x_i I(q_i \leq \gamma) + \beta_2 x_i I(q_i > \gamma) + \beta_{3i} cont_{3i} + \varepsilon_i \tag{4—25}$$

其中 y_i 为被解释变量，表示农户的农业收入。x_i 为解释变量，表示农业机械化程度。q_i 代表门槛变量，本节选取农户非农业收入作为门槛变量。γ 为待估门槛值，$I(\cdot)$ 为指示函数，括号内条件满足时为1，不满足时则为0，$cont_{3i}$ 为一系列控制变量，ε_i 为残差项。

表4—24所示为门槛模型的变量选择、变量含义以及描述性统计。被解释变量为人均非农业收入，取对数后的均值为9，解释变量为机械化程度，租借和购买机械的年均折现除以家庭人数取对数后的均值为5.4。门槛变量为人均农业收入，取对数后的均值为7.2。门槛模型选取的控制变量与中介效应模型的控制变量基本一致，增加了劳动力转移作为控制变量。

表4—24　　　　门槛模型的变量选取与变量含义

变量分组	变量名称	变量含义	描述性统计		
			最小值	平均值	最大值
被解释变量	非农业收入	家庭人均纯收入减去人均经营性收入取对数	0	9	12.4
解释变量	机械化程度	家庭人均机械化成本取对数	-3.7	5.4	9.8
门槛变量	农业收入	人均经营性收入取对数	0.7	7.2	12.6
控制变量	年龄	户主年龄	15	52	84
	受教育程度	文盲/半文盲=1，小学=2，初中=3，高中=4，大学本科/大专=5，硕士=6	1	2	5

续表

变量分组	变量名称	变量含义	描述性统计		
			最小值	平均值	最大值
控制变量	家庭存款	家庭人均现金和存款取对数	0	5.4	12.9
	其他生产成本	人均种子化肥农药费、灌溉费、其他费用成本取对数	0	7.2	12
	农业劳动力占比	农业劳动人数除以家庭人口数	1	0.6	0
	农业收入占比	农业收入占家庭纯收入的比重	0.002	6.89	100
	劳动力转移	外出打工人数	0	0.9	6

本节对上文所设定的门槛模型进行门槛效应分析,以检验农业机械化对农户非农业收入是否存在农业收入门槛值、该模型的门槛个数,以及农业收入的门槛估计值。由表4—25可知,双重门槛的第二个门槛估计值小于第一个门槛估计值,不符合模型g1小于g2的设定,因此双重门槛的设定并不合理,进而模型也不会存在三重门槛,由此可以判断门槛模型存在一个门槛。再结合表4—26,单一门槛在1%的水平显著,因此可以推出上述门槛模型有且仅有一个门槛,门槛估计值为7.632。

表4—25　　　　　　门槛模型及门槛估计值

	门槛估计值	95%置信区间
单一门槛模型（g1）	7.632	[7.536, 7.889]
双重门槛模型:		
Ito1（g1）	10.395	[9.959, 10.704]
Ito2（g2）	7.632	[7.514, 7.840]
三重门槛模型（g3）:	8.401	[2.659, 10.704]

表 4—26　　　　　　　　　　门槛值显著性分析

模型	F 值	P 值	BS 次数	临界值 1%	临界值 5%	临界值 10%
单一门槛	69.925***	0.000	500	5.250	3.447	2.534
双重门槛	19.732***	0.000	500	7.347	3.993	2.817
三重门槛	6.658***	0.004	500	5.753	3.274	2.547

表4—27 为假设三门槛模型的回归结果，由于上述分析已判断该模型仅存在一个门槛值，因此只分析表中单门槛的情况。表中的 mechan_1、mechan_2 分别是以门槛估计值为分界点，当农业收入低于、高于门槛值时农业机械采纳程度对农户非农业收入的影响。其系数的正负分别表示农户农业收入小于 7.632、大于 7.632 时，农业机械采纳程度对非农业收入的正向、负向影响。由于本节的数据处理上对农业收入进行了对数处理，指数化还原后得到的门槛估计值是 2063.17。即在第一阶段，人均农业收入小于 2063.17 元时，农业机械化对农户非农业收入的影响不显著，此时农业机械化对收入的影响主要体现在对农业收入的直接作用上，此时农户收入的增加主要来源于农业收入。这主要是因为农业机械化对非农业的作用是通过劳动力转移来实现的，而劳动力并不会在一开始就成为剩余劳动力，且劳动力转移需要付出更多的成本以及对劳动力能力有一定要求，这些因素构成劳动力向非农部门转移的阻力，因此在此时农业机械化并没有发生对非农业收入的作用。当农户的人均农业收入大于 2063.17 元时，根据边际报酬递减规律，农户投入农业所获得的农业收入是边际报酬递减的，且此时农业机械程度的提高使其实现了对劳动力更高程度的替代，使得劳动力留在农业部门的边际报酬不断降低。农业劳动力追求更高收入会向非农部门转移获得非农业收入，因此在这一阶段农业机械对非农业收入增长是正向促进的。

表 4—27　　　　　　　　门槛模型回归结果

	单门槛	双门槛	三门槛
农业劳动力占比	-1.205***	-1.158***	-1.155***
	(-4.69)	(-4.52)	(-4.51)
家庭存款	0.0545***	0.0540***	0.0510***
	-3.34	-3.31	-3.13
年龄	-0.0338***	-0.0331***	-0.0322***
	(-6.27)	(-6.16)	(-5.99)
受教育程度	0.148**	0.146**	0.138**
	-2.34	-2.33	-2.2
其他生产成本	-0.126**	-0.139**	-0.152**
	(-2.03)	(-2.24)	(-2.45)
农业收入占比	-0.228***	-0.233***	-0.240***
	(-26.89)	(-27.33)	(-26.97)
mechan_1	0.0179	0.00427	-0.00519
	-0.36	-0.09	(-0.1)
mechan_2	0.248***	0.231***	0.184***
	-4.88	-4.54	-3.41
mechan_3		0.640***	0.277***
		-6.28	-5.15
mechan_4			0.656***
			-6.43
Constant	10.57***	10.70***	10.85***
	-18.77	-19.03	-19.22
r2	0.306	0.311	0.312
N		2828	

从上述分析中可以看出，农业机械化对农户非农业收入的作用依据农户农业收入的增长可以划分为两个阶段。因此本节接下来以这两个阶段的分界点为分组标准，将样本分为两组，进一步进行机制检验，考察农业机械化对农户非农业收入作用的变化情况，以验证门槛效应的产生原因是否与上述解释相同。表 4—28 是农户农业收入小于 7.632 时，农业机械化对非农收入和劳动力转移的回归，VIF 均小于 5 不存在严重共线

性。可以看出，在这一阶段农业机械的使用对劳动力转移的影响不显著，进而对农户非农业收入的影响也不显著，此时农业机械对劳动力的替代作用还不明显，主要作用产生在农户的农业收入。以上结论均与前文的解释一致。表4—29是农户农业收入达到门槛值第二阶段，即大于7.632时，农业机械化对农户非农业收入和劳动力转移的回归结果，不存在严重共线性。由此可知，此时农业机械化对农户农业收入的影响已达到较高水平，根据边际效用递减规律，继续增加农业机械的使用对农业收入的作用效果较低。并且此时农业机械对农业劳动力的替代程度已达到较高水平，此时农户为追求更高的劳动报酬率，会将劳动力向非农部门转移，因此，此时农业机械化对劳动力转移和非农业收入都具有正向作用。

表4—28　　　　　　　　门槛第一阶段机制分析结果

被解释变量	非农业收入	劳动力转移
解释变量		
机械化程度	−0.0388	−0.013
	(0.115)	(0.0199)
控制变量	控制	控制
Mean VIF	1.31	1.31
R^2	0.1103	0.0609

表4—29　　　　　　　　门槛第二阶段机制分析结果

被解释变量	非农业收入	劳动力转移
解释变量		
机械化程度	0.0313**	0.0411**
	(0.0151)	(0.0177)
控制变量	控制	控制
Mean VIF	1.16	1.16
R^2	0.1026	0.0899

六　主要结论与政策建议

（一）主要结论

本节采用CFPS2018年的数据，筛选其中仍从事农业生产的农户作为研究对象。实证分析了农户的农业机械采纳决策与采纳程度，考察了农业机械的收入效应及作用机制、农业机械化对农户非农业收入的门槛效应。

第一，在农户采纳农业机械的决策阶段，雇工与机械成本差、其他生产费用、户主性别为男性、政府补助、农业劳动力占比均对农户采纳农业机械的决策有正向影响。已采纳农业机械的农户中，农业机械化程度受到其他成本费用、农户收入的正向影响，以及农业劳动力占比的负向影响。

第二，农业机械的使用可以增加农户收入。户主受教育程度、农户存款、农业劳动力占比均可以促进农户收入增长。农户其他成本投入对农户收入的影响与农户是否采纳农业机械有关，对采纳农业机械的农户有增收作用。内生转换模型的反事实分析表明，未采纳农业机械的农户采纳农业机械后其收入会增加。

第三，农业机械化除对农户收入的直接作用外，还通过劳动力退出、劳动力转移对农户收入具有负向和正向的间接作用。加入区域异质性进行分组分析，可以发现机械化对东部地区农户收入影响不显著，东北部地区农户收入主要受到机械化对农业收入的直接影响，西部地区在机械化对农户收入的正向与负向影响下总的影响为正向的，中部地区农业机械化对农户的正向影响与负向影响相抵消总的影响不显著。

第四，农业机械化对非农业收入的非线性影响，以农业收入作为门槛变量，存在一个门槛值。随着农户农业收入的增加，在农业机械化对农户农业收入的增收作用下，当农业收入达到2063.17元时，农业机械化对农户的非农业收入开始产生正向影响。也就是说，随着农户农业收入的增长，农业机械化对农户非农业收入的作用由不显著转为正向影响。

（二）政策建议

第一，增加农机补贴、健全农机服务体系。中央政府继续推进购置补贴政策，各地级政府也要有针对性地制定符合本区域农机化发展的补贴机具目录和补贴标准，并结合实际发展及时完善更新补贴机具目录、优化农机补贴办法。例如，耕地细碎化严重、地势不平的区域，地方政府可以加大对小型农机的补贴政策倾斜，并增加小型农机具补贴目录范围；地势平坦的平原地区，地方政府可以加大对大中型农机的补贴力度，此外，还可以适当提供农机用油的补贴。完善农业机械使用的配套服务，例如：农机的使用培训、农机维修保障服务。加强农机合作社的管理与建设，保证合作社的发展速度与质量，让农机合作社切实为农业机械化发展提供中坚力量。规范农机跨区作业的操作标准，监管监督农机服务市场，发展跨区作业、生产托管、订单作业等多种服务模式，为农户提供切合农业生产需要且生产质量有保障的农机服务。

第二，引导未采纳农户采纳农业机械。各地政府可以组织农业机械展览会，宣传科普农业机械功能、用途以及增收作用，同时还可以深入农村，向农户宣传相应的购买补贴政策，邀请种植大户分享农机使用心得，现场演示农业机械功能。各地政府联合农机公司，对首次购买农业机械或农机服务的农户予以补贴。

第三，要健全进城务工者的保障制度。为农户提供专业技能培训，有助于更快更好地融入城市的工作生活。同时也要降低劳动力转移的成本，落实医疗保障、子女教育、农村老龄化问题的基本保障。此外，还应发展配套的机械化水平，防止因劳动力转移带来的"空心化"对当地农业造成负向影响。

第四，推动农机升级，促进农机农艺相结合。推动农业机械的升级换代，使之更契合农作物种植、生长以及采摘过程中对农机功能的需要。同时农业机械的设计要根据使用地域的不同而具有差异性，更适应不同地形地貌的特点，在不同生产环境中正常发挥作用。由此才能更好地提高劳动生产效率，进一步实现农业生产过程中的全面机械化。

第五，改善农机技术，提高农产品质量。设立科研项目对农机技术研发投入资金，同时健全专利保障制度，鼓励研发具有更高技术水平的农业机械，使之生产的农作物具有更好的品质，增加农产品在市场上的竞争力，提高农产品的需求价格弹性，避免因供给增加而导致的收入减少。农机技术的研发与应用可使小农户获得由技术进步带来的超额利润，增加农户收入。

第四节　乡村善治：培育亲清
关系信任的探索

一　引言

实现乡村有效治理是乡村振兴的保障，也是维护农村社会稳定的基石。进入新时代，对乡村治理提出更高要求，呼唤着农村治理体系和治理能力现代化。党的十九大报告提出，加强农村基层基础工作，健全自治、法治、德治相结合的乡村治理体系。2024年中央一号文件也提出，提升乡村治理水平，推进抓党建促乡村振兴，繁荣发展乡村文化，持续推进农村移风易俗，建设平安乡村。创新乡村治理体系，走乡村善治之路，既要从顶层设计出发，完善乡村治理的体制机制，又要从基层自治着手，不断激活乡村主体的创新力量。

法治和德治是推动乡村善治的"两翼"，德治引领、法治保障。乡村治理必须以法律作为规范乡村所有主体行为的准绳，尤其需要大力推广乡村普法工作，比如让法务志愿者到基层乡村"以案说法"，由浅入深地讲述家庭纠纷、财产纠纷、借贷纠纷等身边案例，引导村民增强法律意识、提升守法素质。"风俗者，天下之大事，求治之道，莫先于正风俗。"伦理道德是引导风气和凝聚人心的不可替代力量，是乡村治理的灵魂，通过议家风、立家训、传家礼、评家庭，营造良好的乡村德治环境，可以有效破解法律手段太硬、说服教育太软、行政措施太难等长期存在的难题。为此，本节拟从乡村法治和乡村德治两个视角讨论乡村善治问题。

二　乡村法治：枫桥经验

（一）枫桥经验的形成与发展

20世纪60年代初，浙江省绍兴市诸暨县（现诸暨市）枫桥镇干部群众创造了"发动和依靠群众，坚持矛盾不上交，就地解决，实现捕人少，治安好"的"枫桥经验"。

"枫桥经验"形成于社会主义建设时期，"发动和依靠群众，坚持矛盾不上交，就地解决，实现捕人少，治安好"五条内容，是"枫桥经验"最初的核心内涵。这五句话凝练地总结了当时城镇的治理目标，贯彻落实了我党的群众路线，为社区治理改革创新提供了新思路。

"枫桥经验"创新于中国特色社会主义新时代，内涵不断丰富。"与时俱进"是枫桥经验创新发展的活力源泉。近年来，浙江人民不断兴起创新发展"枫桥经验"的新高潮，如浙江省公安厅、中共绍兴市委、诸暨市委联合调查组总结了"推进经济社会协调发展，最大限度地减少社会矛盾；推进基层民主政治建设，最大限度地畅通社情民意渠道；推进管理理念转变，最大限度地化消极因素为积极因素；推进农村社区建设，最大限度地实现服务阵地前移"等"五个推进五个最大限度"的经验，这些都是新时代"枫桥经验"的重要组成部分。以人民为中心，"三治融合，四防并举"是指在以人民为中心的基础上，将自治、法治、德治融合，人防、物防、技防、心防四防并举。所谓自治，就是依靠、组织和发动群众，引导群众自觉参与社会治理实践，形成"人人有责、人人尽责、人人共享"的治理体系。现代社区流动性较大，居民对公共事务参与的积极性往往不足，这就需要社区建立健全多元利益协调机制、参与监督机制、激励与失信惩戒机制等，让各方在机制体制约束下理性交互，真正实现城乡社区自我教育、自我管理、自我服务和自我监督。所谓法治，就是通过完善立法、健全法治实施和法治监督等法治体系，使基层各项公共事务都能有法可依、有法能依。此外，当社区调解机制与居民自治"失灵"时，就需要即时诉诸法治定分止争。"枫桥经验"还提倡法律工作人员深入社区基层，为居民提供法律咨询、法律调解和普法宣传服务，增强居民的法治意识和法治观念。所谓德治，就是在社区基层积极弘扬中华民族传统文化、社会主义核心价值观和红色革命精神，促使个人品德、家庭美德、职业道德、社会公德有机统一，以德养性、以德聚人，凝聚"以人为本"的价值认同，涵养"和美与共"的文化生态。

（二）枫桥经验的生动实践："马背法庭"

法官骑着马，背着干粮，跋山涉水，来到草原牧区、田间地头，将一个个矛盾纠纷就地化解，这是曾经闪耀在青海高原牧区的"马背法庭"。

"马背法庭"是中国基层司法服务的一种创新形式，旨在解决偏远地区群众诉讼难的问题。这种形式不仅体现了司法为民的宗旨，也体现了新时代"枫桥经验"在基层社会治理中的应用。通过骑马或驾车将法庭

"搬"到群众的家门口,实现了就地立案、当庭调解、当庭结案,打通了司法服务群众的"最后一公里"。这种方式在内蒙古、新疆、青海等地区的牧区得到了广泛应用,尤其是在地形复杂、交通不便地区,如青海的玛多县,海拔超过 4500 米,环境恶劣,地广人稀,通过"马背法庭"的形式,法官能够更有效地为当地居民提供法律服务,解决纠纷,促进了基层社会的和谐稳定。随着时代的发展,"马背法庭"的形式也在不断演变,从最初的骑马办案到后来的巡回审判车,虽然形式有所变化,但服务的初心不变,都是为了让群众能够在家门口享受到公平公正、及时便捷的法律服务。这种形式的创新和实践,对于推动基层社会治理、解决矛盾纠纷、维护社会稳定具有重要意义。

(三)"枫桥经验"的生动实践:"法律明白人"

对于小矛盾、小纠纷,一方面可以依靠乡镇村居基层人民调解组织第一时间就地化解,另一方面要为乡村提供法律顾问,帮助建立完善调解机制。

"法律明白人"是指具有较好法治素养和一定法律知识,积极参与法治实践,能发挥示范带头作用的村民,他们是村民身边的法律法规"讲解员"、矛盾纠纷"调解员",也是法治创建"监督员"。"法律明白人"构成了公共法律服务的"最后一公里"。自 2011 年《乡村"法律明白人"培养工作规范(试行)》印发以来,全国已培育"法律明白人"383 万余名,基本实现了行政村的全覆盖。村民不用千里迢迢到专门机构咨询,在家门口就能享受到公共法律服务。

三 乡村德治:优秀传统文化

(一)优秀传统文化

优秀传统文化在乡村治理中具有引领作用,为乡村治理提供了思想基础和精神支撑,因此乡村治理可以借鉴优秀传统文化的智慧和价值观念,感受其独特的视角和解决问题的方法,从而更好地应对乡村发展的挑战,比如"守望相助""邻里和谐"的社会理念,能够促进社区成员之间的互助合作,共同解决社区问题,提升社区凝聚力和归属感,推动基层治理的良性发展。

第四章　乡村治理：基于劳动市场与关系信任的再考察　215

（二）优秀传统文化的乡村实践：村规民约

村规民约是村民群众在村民自治的起始阶段，依据党的方针政策和国家法律法规，结合本村实际，为维护本村的社会秩序、社会公共道德、村风民俗、精神文明建设等方面制定的约束规范村民行为的一种规章制度。农村是熟人社会，村规民约被当作"面子"，能切实发挥约束作用。但同时需要注意的是，发挥约束作用的前提在于，村规民约是符合群众普遍期待的。以高价彩礼为例，如果用村规民约来限制最高金额，前期要做好调查，让彩礼金额符合普遍情况，"就低不就高"，否则只会起到反噬作用。

农村高价彩礼、大操大办酒席等问题近年来受到社会普遍关注。2024年中央一号文件提出，持续推进高额彩礼、大操大办、散埋乱葬等突出问题综合治理。在治理大操大办时，一方面要用村规民约来约束，但也要出台新的政策，宣传文明风尚，让村民能实际参与到健康文明的生活方式中，做到既有"堵"又有"疏"。对待陈规陋习要有耐心，这背后是农民长久以来养成的习惯，要多用农民喜爱的形式宣传，让文明风尚逐渐深入人心。另一方面在移风易俗的同时，也要把乡村基础设施建设完善好，把村容村貌提升好，把特色产业发展好。硬件好了，条件好了，让农民有钱了，习惯的改变就是顺理成章的事情。过去村里发展水平低，在做移风易俗、精神文明建设的工作时，总是拉着农民往前跑，但有时越是拉着跑，他们越是往后退。

附　　录

附录1　调研问卷

一　村民问卷

A 部分：受访个体情况

A1. 性别：_____　　A2. 年龄：_____

A3. 婚姻状况

　　□未婚

　　□已婚，未育

　　□已婚，已育

子女个数_____人（其中男孩_____人，女孩_____人）。若既有男孩又有女孩：□男孩大女孩小　□男孩小女孩大

1. 如果有未成年子女则（如果有多个，以年龄最小的为准）：

　　①子女由谁抚养：□自己　□父母　□保姆或其他人

　　②子女每月平均抚养费用：_____元

2. 如果有成年子女则（如果有多个，根据婚姻状况分类填写）：

　　①□子女是否已婚（如果有多个，以年龄最大的为准）？注：该问题与②不冲突。

　　　　□否，如果是女孩：您期望的最低彩礼：_____万元。其原因是：□市场行情　□媒人定价　□当地风俗

　　　　　　如果是男孩：您接受的最高彩礼：_____万元。其原因是：□市场行情　□媒人定价　□家庭能力

　　　　□是，如果是男孩：彩礼花费_____万元，您村彩礼变化：1995

年_____元，2000 年_____元，2010 年_____元。

是否提供婚房：□否　□是，婚房价格_____万元，其中自费_____万元，借贷_____万元。

如果是女孩，陪嫁总价值_____万元。

②□子女是否已育（如果有多个，以年龄最大的为准）？注：该问题与①不冲突。

□否，您是否愿意将来为其抚养孩子而出资？□否　□是

□是，您是否出资抚养其孩子？□否　□是_____元/月

A4. 是否购买新型农村合作医疗保险：

□是，每年交纳_____元

□否，可能原因：□自评健康　□年龄不符（如年龄过大）□担心无法报销　□没钱支付　□不清楚该政策

A5. 是否购买养老保险：

□是，每年交纳_____元，现在是否领取养老金？□是，每月领取_____元；□否，还需交纳_____年

□否，可能原因：□年龄不符（如年龄过大）　□担心无法收回养老金　□没钱支付　□不清楚该政策

A6. 是否贫困户：□否，您家每年大概收入_____万元；　□是，国家每月补贴_____元，您每月生活开销_____元

A7. 是否党员：□否　□是，入党时间_____年

A8. 受教育程度：□小学及以下　□初中　□高中　□大学及以上

A9. 是否是村干部：□是　□否

A10. 健康自评：□健康　□一般　□较差

B 部分：农户家庭情况

B1. 您家 2019 年收入总计约_____万元，其中：工资性收入_____万元；经营性收入_____万元。

1995 年收入总计约_____万元，其中：工资性收入_____万元；经营性收入_____万元。

2000 年收入总计约_____万元，其中：工资性收入_____万元；经营性收入_____万元。

2010 年收入总计约_____万元，其中：工资性收入_____万元；

经营性收入_____万元。

B2. 您家 2019 年开销_____万元。1995 年开销_____万元；2000 年开销_____万元；2010 年开销_____万元。

B3. 您家里是否有老人需要赡养？

□没有

□有，与老人居住情况：□合住，每年用于老人的平均费用（包括看病、购买衣物等）：_____元/年

□分住，①是否提供老人生活费用：□否，□是_____元/年；②平时是否看望老人：□是 □否

B4. 您家住房面积（不包含院前院后）：_____平方米

B5. 您家耕地面积：_____亩

B6. 您家是否承租了同村人的土地？□否　□是，承租面积_____亩，承租价格_____元/亩/年。

承租原因是：□扩大农产品种植规模　□进行水产品养殖　□从事农家乐等休闲农业　□投资农业合作社

B7. 您家种植农作物〔包括经济作物（如棉花、芝麻、葵花）和粮食作物（如水稻、小麦），以种植面积最多的为准〕情况：

经济作物名称_____，种植面积_____亩，种植成本_____元/年，种子价格_____元，销售价格_____元

粮食作物名称_____，种植面积_____亩，种植成本_____元/年，种子价格_____元，销售价格_____元

B8. 您家人数：_____人，其中外出务工人数_____人，留守在家_____人，16 岁以下_____人，65 岁以上_____人。

B9. 您家是否在县域（或市里）购买商品房（包括新房或二手房）？

□否，原因是：□没有需要　□没钱购买　□正在搜寻中

□是，①购买原因：□现在或将来自住　□子女备用婚房　□出租等投资　□其他，_____

②购买价格：_____万元，其中自费_____万元，借款（或贷款）_____万元。

B10. 您家是否购买车辆（包括新车或二手车）？
　　□否，原因是：□没有需要　□没钱购买　□正在挑选中
　　□是，①车辆类型（如果有多种车辆，以价值最高为准）：□摩托车□汽车　□卡车　□其他车辆，_____
　　②购买原因：□家庭自用　□子女结婚嫁妆　□跑运输赚钱　□其他，_____
　　③购买价格：_____万元，其中自费_____万元，借款（或贷款）_____万元。

C 部分：农村劳动市场情况

C1. 您的就业状况：
　　□未就业（闲散状态），原因是：□无劳动力能力　□尚未找到工作　□没有就业意愿
　　□家附近城镇打临工，当前工资：_____元/天。以往情况是1995年_____元/天；2000年_____元/天；2010年_____元/天。
　　□村庄附近工厂上班，当前收入：_____元/月。
　　□在家务农。如果当前给您提供一份附近城镇的工作，您的期望工资是：_____元/月。

C2. 您家现在是否从事农业种植活动？
　　□是，①您家现在耕种面积：_____亩。该指标以往情况：1995年_____亩，2000年_____亩，2010年_____亩。
　　②您家从事农业种植的目的：□提供自用食材　□获取更多收入　□获取政府补贴　□其他原因_____
　　③您家耕地农活采用何种方式解决？□家人自己解决　□雇用机械操作　□雇人收割（若选此项，继续填写下框表）

---

①您家从哪一年开始雇人帮忙？_____年，当时雇人价格：_____元/天。

②您家2019年农活是否雇人帮忙？
　□否，原因是：□人工成本上升　□种植面积减少　□利用机械化代替人工　□其他
　□是，该指标以往情况：1995年雇_____人，2000年雇_____人，2010年雇_____人。

③现在雇人成本_____元/天，您家农活每年雇人平均花费约为_____元/年。

④您的雇人渠道是：□自己寻找工人　□特定场所的雇工集市　□熟人提供用人信息

⑤您支付的雇人价格是如何确定的？
　　□参照现在农村打工市场标准　□与工人商量确定　□由自己可承受的雇人成本确定

⑥您愿意支付的日薪最高_____元，其依据是：□农活种类　□市场行情　□支付能力　□利润空间

⑦您家农活为什么要雇人帮忙？
　　□家里劳动力不够　□嫌累不想自己干　□现在村里流行雇人　□短时间干完农活

⑧您一般希望雇用什么样的人？
　　□与自己关系亲近的人　□干活麻利的同村人　□干活麻利的外村人　□其他

⑨您一般不希望雇用什么样的人？
　　□干活敷衍的人　□干活偷懒的人　□与自己家有矛盾的人　□其他

□否，您家耕地现在状态：
　　□撂荒，原因是：□没有劳动力
　　　　　　　　　　□种地不合算
　　　　　　　　　　□田地无法耕种
　　□流转出去，流转规模_____亩，流转价格_____元/亩
　　□被政府征收，征收补偿款_____万元

C3. 您以前或现在是否从事兼职农业活动（如帮人种地或种田、收割庄稼等打工行为）以获得收入？
　　□是（若选此项，继续填写下框表）

①您哪一年开始在农村从事打工活动的？_____年，当时的工资标准_____元/天。

②您 2019 年是否给人打工了？
　　□是，现在工资：_____元/天。该指标以往情况：1995 年_____元/人，2000 年_____元/天，2010 年_____元/天。
　　□否，原因是：□年龄太大雇主不愿意　□身体健康问题　□工资太低农活太累　□现在农活都采用机械化操作
③您是如何获得相关打工信息的？
　　□自己寻找的打工信息　□来自雇主的邀请　□同村打工人的提供　□专门有人（或场所）提供用人信息
④您的打工工资是如何确定的？□雇主直接确定　□与雇主商量后确定
　　□参考当地市场价而确定
⑤您能接受的日薪最低_____元，其原因是：□市场行情　□劳累程度　□闲暇成本　□其他
⑥您为什么选择出来给人打工？□挣钱贴补家用　□在家里没有事情可做　□其他原因，_____
⑦您希望给什么样雇主打工？□发高工资的雇主　□好相处的雇主　□提供午饭或点心的雇主
⑧您 2019 年在农村打工总收入：_____元。

　　　　□否，原因是：□没有劳动能力　□在城镇做临时工　□嫌活累工资低　□在家附近工厂上班　□其他原因，_____

C4. 村庄（或附近）是否有农业合作社？
　　　　□否，您觉得原因可能是：□地理位置影响　□没有人愿意投资　□附近人流量太少　□没有适合当地的项目
　　　　□是（若选此项，继续填写下框表）

①有几家合作社？_____家。
②其中规模最大的一家合作社全称是：_____
成立时间：_____年
③该农业合作社从事的生产活动是：□蔬菜种植　□水果种植　□花卉种植　□动物养殖　□非农产品加工
④该农业合作社的经营模式是：□个体或公司承包　□农户＋公司　□农户＋公司＋政府　□其他，_____

⑤您是否在村的合作社里打工？

□是，工资标准_____元；如何结算：□日结　□月结　□年结

□否，原因是：□年龄太大　□没有人际关系　□没有技术　□不想打工

⑥您是否入股合作社的生产经营活动？□否　□是，入股资金_____元，年收益（分红）_____元。

⑦您家耕地是否流转给合作社？□是，租金是_____元/亩/年；□否，_____

C5. 村庄（或附近）是否有家庭农场（或农家乐、民宿、农庄、山庄等休闲娱乐设施）？

□没有，您觉得原因可能是：□地理位置影响　□没有人愿意投资　□附近人流量太少　□其他，_____

□有（若选此项，继续填写下框表）

①有几家休闲娱乐设施？_____家。

②其中规模最大的一家全称是：_____成立时间：_____年

③该家庭农场（或其他休闲娱乐设施）的主要业务是：□餐饮住宿　□休闲娱乐　□体验农业　□其他

④该家庭农场（或其他休闲娱乐设施）的经营模式是：

　□个体或公司承包　□农户＋公司　□农户＋公司＋政府　□其他，_____

⑤您是否在该家庭农场（或其他休闲娱乐设施）务工？

□是，工资标准_____元；如何结算：□日结　□月结　□年结

□否，原因是：□年龄太大　□没有人际关系　□没有相应技术　□不想打工

⑥您是否入股家庭农场或别的组织？□否　□是，入股资金_____元，年收益（分红）_____元。

C6. 您预测未来农村还会有人种地（或田）吗？

□会有，谁最可能来种地（或田）？

□农村老年人　□农场主　□种植主体多元化　□机械化替代人

工　□其他，_____

□不会有，那么您觉得未来农村田地应该怎么管理？

□涉农公司或企业规模化经营　□政府统一管理　□其他情况，_____

C7. 您觉得您村几十年后是否会消失（没有人居住而荒废）？

□会消失，其原因是：□村里人都搬进城里　□年轻人都外出务工不愿返乡　□老年人慢慢不在　□城镇化扩张

□不会消失，其原因是：□村里居民流动性小　□村里既有企业发展越来越好　□村民关系融洽　□其他

D 部分：农村人居信任情况

D1. 当您家遇到困难时，是否有同村人（亲戚除外）主动询问关心？

□一直都会　□以前会，现在不会　□不会

D2. 如果同村人（亲戚除外）遇到困难，您是否愿意主动提供帮助？

□是，原因是：□助人为乐　□互相帮助　□获得经济报酬　□其他_____

□否，原因是：□担心惹上麻烦　□能力有限　□可能存在历史关系纠纷　□其他

D3. 您是否会与同村外出务工的人保持联系？

□是，联系频率：□平均一周一次　□平均一月一次　□平均半年一次　□平均一年一次

□否，原因是：□关系一般　□认知存在差异　□缺乏对话基础　□生活环境不同

D4. 信任边界或类型的主观判断：

①您是否信任外村人？	□是	□部分信任部分不信任	□否
②您是否信任同村人？	□是	□部分信任部分不信任	□否
③您是否信任本家族的人？	□是	□部分信任部分不信任	□否
④您是否信任自家人？	□是	□部分信任部分不信任	□否
⑤您是否信任与自己一起工作的人？	□是	□部分信任部分不信任	□否
⑥您是否信任村干部？	□是	□部分信任部分不信任	□否

D5. 您主观感觉村里人情关系的时间变化及其可能原因：

①现在：☐好　☐一般　☐差

　　选择该项的原因是：☐村民流动性小　☐邻里矛盾日积月累　☐家庭收入差距拉大　☐外出务工长时间不联系

②1990 年：☐好　☐一般　☐差

　　选择该项的原因是：☐村民流动性小　☐邻里矛盾日积月累　☐家庭收入差距拉大　☐外出务工长时间不联系

③2000 年：☐好　☐一般　☐差

　　选择该项的原因是：☐村民流动性小　☐邻里矛盾日积月累　☐家庭收入差距拉大　☐外出务工长时间不联系

④2010 年：☐好　☐一般　☐差

　　选择该项的原因是：☐村民流动性小　☐邻里矛盾日积月累　☐家庭收入差距拉大　☐外出务工长时间不联系

D6. 同村人家有红白事情，一般是否会邀请您帮忙或参与？

☐否，原因是：☐不是本家人关系　☐村民关系平淡　☐其他

☐是，那么您受邀帮忙或参与是否随礼？

☐以前随礼现在不随礼，以前随礼金额平均_____元/次。

☐一直都随礼，现在_____元/次；1990 年_____元/次；2000 年_____元/次；2010 年_____元/次。

☐一直都不随礼，原因是：☐没有这个传统　☐觉得没有必要　☐家庭困难没有钱

D7. 您每年用于人情礼节的礼金消费大概多少钱：_____元/年。

D8. 村里是否有移民？☐没有　☐有，移民规模_____人。移民来自哪里：☐本县　☐外县

①您觉得移民是否容易相处？☐好相处　☐不好相处　☐不清楚

②您觉得移民干农活表现如何？☐勤快　☐偷懒　☐不清楚

D9. 您觉得您村的人情关系未来将是什么样的？

☐越来越好，原因是：☐生活条件越来越好　☐整体素质越来越高　☐城镇化受益越来越多

☐越来越坏，原因是：☐地理条件糟糕　☐居住的人越来越少　☐贫富差距越来越大

□不确定

D10. 当前农村您最关心的问题是什么?
□收入贫困　□医疗保障　□养老服务　□农村子女教育　□贫富差距　□农村物价水平　□耕地流转　□宅基地
□文化传承　□婚丧嫁娶　□产业发展　□谁来耕种　□其他，_____

二　村庄问卷

1. 调研村所在地理位置：_____省_____市_____区_____县_____乡（镇）_____村_____

2. 村庄地形：□山地　□丘陵　□平原　□其他

3. 村庄现有_____户。该指标以往情况：1990年约_____户；2000年约_____户；2010年约_____户。

4. 村庄现有留守人口规模：_____人，其中老人（>65岁）_____人，未成年人（<16岁）_____人。

5. 村庄留守人口变化：1990年留守人口_____人；2000年留守人口_____人；2010年留守人口_____人。

6. 村庄现在外出务工：_____人。1990年外出务工_____人；2000年外出务工_____人；2010年外工务工_____人。

7. 村庄距离最近的县城：_____公里。

8. 附近城镇打工现在平均日薪_____元。该指标以往情况：1990年_____元/天；2000年_____元/天；2010年_____元/天。

9. 村庄现在家庭平均收入：_____万元/年，该指标以往情况：1990年_____万元；2000年_____万元；2010年_____万元。

10. 村庄现在给人打工（帮别人家做农活，如收割庄稼等）日薪平均工资：_____元/天，该指标以往年份情况：
1990年日薪工资_____元/天；2000年日薪工资_____元/天；2010年日薪工资_____元/天。

11. 村庄现在是否实现（全部或部分）机械化操作？
□否，原因是：□地形因素影响　□没有个人（或单位）提供相应设备　□没有农民愿意采纳

□是，哪一年开始实行机械化操作？_____年，当时的收费标准是：_____元/时（或_____元/亩）。

现在的收费标准是：_____元/时（或_____元/亩）。

12. 村庄土地是否实现（全部或部分）规模化经营？

□否，原因是：□地形因素影响　□耕地撂荒　□资金短缺

□是，①哪一年耕地开始实现规模化经营？_____年

②规模化经营类型：□全部　□部分

③耕地规模化主体：□个体承包　□农业合作社　□政府＋公司共同管理

④耕地规模化经营持续时长：_____年。未能持续的原因：□资金短缺　□人力不足　□产品滞销　□管理不善

13. 村庄道路情况（主要指村庄内部道路和通向县城的主路）：

①村庄硬化道路（水泥路/土路）比例：_____%。

②村庄道路硬化主要发生在哪个年份？_____年，原因是_____

③修路经费来源：□村民集资　□政府补贴　□外来资本赞助　□村民集资＋政府补贴　□其他，_____

14. 村庄快递是否可以送达？

□是，①最早哪一年开始的？_____年　②都有哪些快递？□邮政　□顺风　□圆通　□申通　□百世　□中通　□韵达

③如何收费（以村民最常见的一家为准）？_____

④快递对村庄（或村民）最大的影响：□促进当地产品外销□收寄物品更加方便　□促进村民就业　□促进当地消费

□否，主要原因是：□快递业务需求太少　□村庄道路不通（或太远）　□没有快递公司愿意在当地布点

15. 村庄（或附近）是否有农业合作社？

□没有，原因可能是：□地理位置影响　□没有人愿意投资

□附近人流量太少　□其他

□有（若选此项，继续填写下框表）

①有几家合作社？_____家
②其中规模最大的一家合作社全称是：_____成立时间：_____年。
③该农业合作社主要从事什么生产活动？
□种植粮食作用 □种植经济作物 □动物养殖 □农产品加工 □其他，_____。
④该农业合作社的经营主体？
□个体或公司承包 □农户+公司 □农户+公司+政府 □其他，_____
⑤该农业合作社是否采用现代技术？
□否 □是，具体是：□温控技术 □滴灌技术 □无土栽培 □无人化管理 □其他_____
⑥该农业合作社的资金来源：□个人投资 □政府贷款 □村民集资 □多种渠道结合
⑦该农业合作社雇用员工_____人，其中本村人_____人，外村人_____人。

16. 村庄（或附近）是否有家庭农场（或农家乐、民宿、农庄、山庄等休闲娱乐设施）？
　　□没有，您觉得原因可能是：□地理位置影响 □没有人愿意投资 □附近人流量太少 □其他
　　□有（若选此项，继续填写下框表）

①有几家类似家庭农场的休闲娱乐设施？_____家
②其中规模最大的一家全称是：_____成立时间：_____年
③该家庭农场的业务类型：□餐饮住宿 □休闲娱乐 □体验农业
④该家庭农场的经营模式：□个体或公司承包 □农户+公司 □农户+公司+政府
⑤该家庭农场的资金来源：□个人投资 □政府贷款 □村民集资 □多种渠道结合

⑥该家庭农场的主要客源：□本村人　□本县外村人　□外县（或市或省）人
⑦该家庭农场雇用员工＿＿＿＿＿人，其中本村人＿＿＿＿＿人，外村人＿＿＿＿＿人。

17. 村庄是否设有满足村民日常生活用品的便利店或超市？
    □没有　□有，哪一年建立的？＿＿＿＿＿＿＿
18. 村庄是否安装银行自助取款机？
    □没有　□有，哪一年安装的？＿＿＿＿＿＿＿
19. 村庄治安情况如何？
    □平时没有偷盗等刑事案件发生　□偶尔有失窃等事件　□村庄治安状况较差
20. 村庄是否具有发展种植业的潜力？
    ①是否具有种植花卉等经济作物的土壤条件？　　□是　　□否
    ②是否具有规模化种植水稻、小麦或玉米等粮食作物的土地面积？　□是　　□否
    ③是否具有芝麻、葵花或棉花等经济作物的气候条件？　　□是　　□否
21. 村庄是否具有机械化操作的交通设施？
    ①机械化能否方便到达各个田间地头（或大部分田间）？
    　　□是　　□否
    ②水渠等水利设施是否完善？
    　　□是　　□否
    ③是否具有大棚等现代化的基础设施？
    　　□是　　□否
22. 是否具有农业投资的便利条件？
    ①政府是否关心当地农业农村的发展？
    　　□是　　□否
    ②村干部是否与村民举行"一事一议"等集体交流？
    　　□是　　□否
    ③是否有人愿意投资当地农业的发展？

　　　　□是　　□否
23. 村庄的村民对于当地农业发展的态度？
　　①村民是否较为认可当前当地的农业发展？
　　　　□是　　□否
　　②大量农村剩余劳动力转移出去之后，村民是否依然具有务农的积极性？　　　　　　　　　□是　　□否

附录2　数理模型

　　20世纪90年代，实验经济学中大量亲社会行为的发现，如信任行为、回报行为、捐赠行为等，促使学者们开始对传统经济人假定的合理性和适用性进行重新审视，社会偏好理论应运而生，后经学者们的共同努力，逐渐形成较为完善的理论体系。社会偏好理论主要包括：利他偏好（Altruism）、厌恶异质偏好（Inequality-Aversion）和互惠偏好（Reciprocity）。因人情消费具有利他倾向、社会地位象征和互惠倾向的信号传递功能，贺雪峰（2011）将这种信号传递总结为人情消费的三大社会功能：自己人化、社会竞争和互助互惠。为此，本书拟将农村人情消费的三大社会功能——自己人化、社会竞争和互助互惠——分别用社会偏好理论中的利他偏好、厌恶异质偏好和互惠偏好加以解释。按照这一理论逻辑，一是农村人情消费的自己人化机制能够拉近彼此间的关系距离，增强人们的利他偏好，进而提升彼此间的信任水平；二是农村人情消费的地位象征信号可能诱致社会竞争，引发人们收入差距的厌恶心理，从而对双方之间的信任产生消极影响；三是农村人情消费的互助互惠机制能够反映人们内心的互惠偏好，彼此之间互惠性的人情消费将有助于关系信任的建立和延续。基于此，农村人情消费的三大社会功能或将作用于农村居民不同的偏好倾向，而偏好倾向又将影响其信任决策结果。

　　考虑到实际生活中人们的信任决策往往是双向动态互动的博弈结果，为实现自身效用最大化，个体行为将趋于动态博弈均衡。而决定博弈个体行为选择的因素归纳起来有：（1）支付函数；（2）信息结构；（3）个体偏好。本研究以个体偏好为逻辑切入点，拟将社会偏好理论纳入信任博弈模型的考察范畴之中，基于利他、厌恶异质和互助互惠三大偏好视

角，对信任双方的行为选择进行分析，以期厘清农村人情消费如何通过自己人化、社会竞争、互助互惠作用于人们的利他偏好、厌恶异质偏好和互惠偏好，继而对关系信任产生影响。

一 纳入社会偏好理论的信任博弈模型的构建

本研究考虑一个两阶段完全且完美信息动态博弈 G，博弈方的策略集为 S，收益函数为 π。博弈方 i 和博弈方 j 的策略组合 (s_i, s_j) 中，$s_i \in S_i$，$s_j \in S_j$，博弈方 i 的收益函数为 $\pi_i(s_i, s_j)$，满足 $\partial^2 \pi_i / \partial s_i^2 \leq 0$，即收益函数是连续单调的凹函数。在完全自利假设条件下，博弈方 i 的效用函数为 $U_i(s_i, s_j) = U_i[\pi_i(s_i, s_j)]$，博弈方 j 同理。考虑到现实特定情境中，个人行为决策具有更为丰富的偏好倾向，假设在人情消费场景中个人偏好主要包含四种情形，即利他偏好、厌恶异质偏好、互惠偏好和自利偏好（作为参照）。下面将分别设定在人情消费作用下的利他偏好、厌恶异质偏好和互助互惠偏好和信任效用函数的博弈性质，及其对应的信任效用函数。

1. 利他偏好。假设农村人情消费对博弈双方的关系紧密程度存在正向影响，其表达式为 $d_i = c_i^{k_i}$，其中 $0 < k_i < 1$，c_i 表示人情消费，d_i 表示关系紧密程度。假设个人利他倾向 ε_i 仅受关系紧密程度 d_i 的影响，其决定式为：$\varepsilon_i = d_i^{n_i}$，$0 < n_i < 1$，$n_i$ 为参与者的关系紧密度 d_i 对人情消费 c_i 的敏感程度。利他效用函数设为：

$$U_i(s_i, s_j) = \pi_i(s_i, s_j) + \varepsilon_i \pi_i(s_i, s_j) \tag{1}$$

其中，如果博弈 G 中博弈方 i 对博弈方 j 具有利他倾向，那么一定有：$\partial U_i(s_i, s_j) / \partial \pi_j > 0$，即给定对方的策略选择，博弈方 i 的个人效用与博弈方 j 的利益正相关。

2. 厌恶异质偏好。与夏纪军等（2003）认为收入差距引发的是利他动机所不同的是[97]，本研究假设收入差距更多激发的是厌恶异质偏好。假设 $\sigma_i(s_i, s_j) = \pi_i(s_i, s_j) - \pi_j(s_i, s_j)$ 为策略组合 (s_i, s_j) 给博弈方 i 造成的收益不平等程度。如果 $\sigma_i = 0$，那么博弈方之间不存在收益差异，即博弈方 i 没有厌恶异质倾向；如果 $\sigma_i \neq 0$，基于人们对差异性的厌恶，收益不均等将对博弈方 i 造成效用损失。假设博弈方 i 的厌恶异质

倾向系数为 α_i，一定范围内的农村人情消费能够有效缩小农村内部收入差距；超过一定范围后，农村人情消费的社会竞争功能产生作用并将导致农村内部收入差距扩大，进而引发农村居民的厌恶异质偏好，从而降低农村居民的关系信任。即有：$\alpha_i = (c_i - h_i)^2$，h_i 为农村人情消费异化的临界值。为此，厌恶异质效用函数设为：

$$U_i(s_i, s_j) = \pi_i(s_i, s_j) - \alpha_i max\{\sigma_i, 0\} + \alpha_i min\{\sigma_i, 0\} \quad (2)$$

3. 互助互惠偏好。博弈方的最优反应函数取决于其一阶信念和二阶信念的判断。假设博弈方 i 的一阶信念为 $s'_i \in S_j$，即基于博弈方 i 的信念约束，博弈方 j 将采取策略 s'_i，且有 $s'_i = s_j$；博弈方 i 的二阶信念为 $s''_i \in S_i$，即基于博弈方 i 的信念约束，博弈方 j 认为博弈方 i 将采取策略 s''_i。再根据 Dufwenberg & Kirchsteiger（2004）关于善意函数的构造方法，假设互惠效用函数为：

$$U_i(s_i, s_j, s''_i) = \pi_i(s_i, s_j) + \rho_i f_j(s_j, s''_i) \tilde{f}_i(s_j, s''_i) \quad (3)$$

其中，ρ_i 为互惠倾向系数，$f_j(s_j, s''_i) = \pi_j(s_i, s_j) - \pi_j(s_j, s''_i)$ 为博弈方 i 对博弈方 j 的善意程度（善意函数Ⅰ），$\tilde{f}_i(s_j, s''_i) = \pi_i(s_j, s''_i) - \pi_i^{fair}(s_j, s''_i)$ 为博弈方 i 认为的博弈方 j 对博弈方 i 的善意程度（善意函数Ⅱ）。其中对博弈方 i 而言博弈方 j 采取的策略给他带来的公平收益为：$\pi_i^{fair}(s_j, s''_i) = [\pi_i^{max}(s_j, s''_i) + \pi_i^{min}(s_j, s''_i)]/2$。在博弈方 i 的二阶信念中，当博弈方 i 的收益大于公平收益即 $\pi_i(s_j, s''_i) > \pi_i^{fair}(s_j, s''_i)$ 时，有 $\tilde{f}_i(s_j, s''_i) > 0$，这表明在博弈方 i 的二阶信念中，博弈方 j 对博弈方 i 存在善意行为。根据互惠偏好以善报善的假设，博弈方 i 对博弈方 j 的善意程度大于 0，即 $f_j(s_j, s''_i) > 0$，从而实现效用最大化，反之亦然。根据互惠效用函数和二阶信念的设定，当博弈方 i 的人情消费作用于博弈方 j 的互惠倾向时，博弈方 i 的人情消费越高，博弈方 j 的互惠倾向也越高（$\rho_j = c_i^{m_i}$，$0 < m_i < 1$），进而促使博弈方 i 表现出较高的信任水平。

4. 信任效用函数。基于以上设定，在信念 (s_i, s_j, s''_i) 下，博弈方 i 选择策略 s_i 时信任博弈总效用函数为：

$$U_i(s_i, s_j, s''_i) = \pi_i(s_i, s_j) + \varepsilon_i \pi_i(s_i, s_j) - \alpha_i max\{\sigma_i, 0\} + \alpha_i min\{\sigma_i, 0\} +$$

$$\rho f_j(s_j, s_i'') \tilde{f}_i(s_j, s_i'') \tag{4}$$

因此，信任博弈参与者的总效用由四部分构成：物质收益、利他收益、厌恶异质收益以及互惠收益。两人信任博弈模型存在子博弈完美纳什均衡需要满足两个条件：（1）最优策略条件：$s_i^* \in \arg\max_{s \in S} U_i(s_i, s_j, s_i'')$；（2）信念一致条件：$s_i = s_i' = s_i''$。

二 信任博弈模型的求解

不失一般性地，本研究考虑两个参加者（村民1和村民2）的两阶段信任动态博弈，博弈开始之前假设村民1和村民2拥有相同禀赋ω，并给定双方的策略选择$\{x, y\}$。在第一阶段，村民1首先决定愿意给出的经济帮助也可称之为关系投资$x \in [0, \omega]$，该决策会为村民2产生θ倍的收益。第二阶段，村民2在获得投资收益θx后，决定给予村民1的人情回报为$y \in [0, \omega + \theta x]$。此时，村民1的收益为：$\pi_1(x, y) = \omega - x + y$，村民2的收益为：$\pi_2(x, y) = \omega + \theta x - y$。在这一过程中，村民1的经济帮助大小反映了其对村民2的信任水平高低；村民2的人情回报大小反映了其可信程度的高低。那么，在完全自利的情况下，该信任博弈存在唯一的子博弈完美纳什均衡$\{x = 0, y = 0\}$，即双方不存在合作与信任。然而，在现实情境中往往存在偏离完全自利情形下的子博弈完美纳什均衡的行为实践，为此本研究拟将社会偏好理论引入信任博弈模型之中，考察农村人情消费作用下的利他偏好、厌恶异质偏好和互惠偏好在这一博弈过程中的影响，以期系统论证非完全自利下的农村关系信任的存在性条件，以及农村人情消费对关系信任的作用机制。

为简化分析且不影响数理结论，研究拟将上述信任博弈的参数设定具体化，其中假设村民1和村民2的初始禀赋$\omega = 1$，经济帮助收益系数$\theta = 3$，则信任博弈存在以下均衡解。

首先，村民2的最优反应函数。根据模型设定，村民2的效用函数为：

$$u_2 = \pi_2(x, y) + \varepsilon_2 \pi_1(x, y) - \alpha_2 \max\{\sigma_2, 0\} + \alpha_2 \min\{\sigma_2, 0\} + \rho_2(\pi_2 - \pi_2^{fair})[\pi_1 - \pi_1(y'')]$$

(a) 当$\sigma_2 > 0$时，有

$$u_2 = 1 + 3x - y + \varepsilon_2 (1 - x + y) - \alpha_2 (4x - 2y) + \rho_2 (3x - y - 1)(y - y'')$$

村民 2 选择的回报量 y 必须使得期望效用最大化，因此村民 2 效用最大化的回报量满足一阶条件：

$$\frac{\partial u_2}{\partial y} = 0, \text{ 得到 } y^* = \begin{cases} 3x - 1 + \dfrac{\varepsilon_2 + 2\alpha_2 - 1}{\rho_2}, & x > x_0 \\ 0, & x < x_0 \end{cases}, \text{ 其中 } x_0 = \frac{1}{3} - \frac{\varepsilon_2 + 2\alpha_2 - 1}{3\rho_2}。$$

(b) 当 $\sigma_2 < 0$ 时，同理有 $y^* = \begin{cases} 3x - 1 + \dfrac{\varepsilon_2 - 2\alpha_2 - 1}{\rho_2}, & x > x_0 \\ 0, & x < x_0 \end{cases}$, $x_0 = \dfrac{1}{3} - \dfrac{\varepsilon_2 - 2\alpha_2 - 1}{3\rho_2}$

其次，村民 1 的最优反应函数

$$u_1 = \pi_1(x, y) + \varepsilon_1 \pi_2(x, y) - \alpha_1 \max\{\sigma_1, 0\} + \alpha_1 \min\{\sigma_1, 0\} + \rho_1 (\pi_1 - \pi_1^{fair})[\pi_2 - \pi_2(y'')]$$

根据村民 2 的回报战略，分析村民 1 的最优战略选择。

(a) 若 $0 < x < x_0$, 则 $y^* = 0$, $\sigma_1 < 0$ 恒成立，则有

$$u_1 = 1 - x + \varepsilon_1 (1 + 3x) - 4\alpha_1 x + \rho_1 (-x - 1)(3x - 3x'')$$

村民 1 的投资量需满足使效用 u_1 最大化的一阶条件：$\dfrac{\partial u_1}{\partial x} = 0$

$$x^* = \begin{cases} \dfrac{3\varepsilon_1 - 4\alpha_1 - 1}{3\rho_1} - 1, & \dfrac{3\rho_1 + 4\alpha_1 + 1}{3} < \varepsilon_1 < 1 \\ 0, & \varepsilon_1 > \dfrac{3\rho_1 + 4\alpha_1 + 1}{3} \end{cases}$$

当 $\rho_1 < \bar{\rho}_1$ 时，没有满足信念一致条件的最优投资战略，即 $x^* = x_0$, 得到 $\bar{\rho}_1 = \dfrac{3\varepsilon_1 - 4\alpha_1 - 1}{3(x_0 + 1)}$。

(b) 若 $x > x_0$, 则 $y^* = 3x - 1 + \dfrac{\varepsilon_2 - 2\alpha_2 - 1}{\rho_2} = 3(x - x_0)$, 当 $\sigma_1 < 0$ 时，有：

$$u_1 = 1 + 2x - 3x_0 + \varepsilon_1 (1 + 3x_0) - \alpha_1 (6x_0 - 2x) +$$
$$\rho_1 (2x - 3x_0 - 1)(3x - 3x'')$$

村民 1 的投资量需满足使效用 u_1 最大化的一阶条件：$\dfrac{\partial u_1}{\partial x} = 0$

$$x^* = \frac{3x_0 + 1}{2} + \frac{-\alpha_1 - 1}{3\rho_1}$$

因为 $x < 1$，所以 $x^* < 1$ 得 $\rho_1 > \dfrac{-2(\alpha_1 + 1)}{3(1 - 3x_0)} = \hat{\rho}_1$

又因为 $x > x_0$，即有 $\rho_1 < \dfrac{2(1 + \alpha_1)}{3(x_0 + 1)} = \tilde{\rho}_1$

所以有 $x^* = \begin{cases} \dfrac{3x_0 + 1}{2} + \dfrac{-\alpha_1 - 1}{3\rho_1}, & \hat{\rho}_1 < \rho_1 < \tilde{\rho}_1 \\ 1, & \rho_1 > \tilde{\rho}_1 \end{cases}$

当 $\rho_1 < \tilde{\rho}_1$ 时，$x < x_0$ 只有捐赠均衡，没有信任均衡。

（c）若 $x > x_0$，则 $y^* = 3x - 1 + \dfrac{\varepsilon_2 - 2\alpha_2 - 1}{\rho_2} = 3(x - x_0)$，当 $\sigma_1 > 0$ 时，同理有：

$$x^* = \begin{cases} \dfrac{3x_0 + 1}{2} + \dfrac{-\alpha_1 - 1}{3\rho_1}, & \hat{\rho}_1 < \rho_1 < \tilde{\rho}_1 \\ 1, & \rho_1 > \tilde{\rho}_1 \end{cases}$$

$$x_0 = \frac{1}{3} - \frac{\varepsilon_2 - 2\alpha_2 - 1}{3\rho_2}, \quad \hat{\rho}_1 = \frac{-2(\alpha_1 + 1)}{3(1 - 3x_0)}, \quad \tilde{\rho}_1 = \frac{2(1 + \alpha_1)}{3(x_0 + 1)}$$

综上所述，则有：

情形一：当 $0 < \rho_1 < \bar{\rho}_1$ 时，村民 1 的互惠倾向较低。或者说，在村民 1 的二阶信念中，他认为村民 2 并不相信村民 1 会信任他，从而作出零投资决策。在这种情况下，双方并不存在信任均衡，即 $\{x_1^* = 0, y_1^* = 0\}$。

情形二：当 $\bar{\rho}_1 < \rho_1 < \hat{\rho}_1$ 时，村民 1 在利他偏好、厌恶异质偏好和互惠偏好的驱动下，开始投资 $x > 0$，但由于此时村民 1 的经济帮助相对较小，不足以使村民 2 产生回报意愿，也即 $y = 0$。因此，在这种情况下，仅存在村民 1 的经济帮助，既有研究将这一均衡形象地称为捐赠均衡 $\{x_2^*, y_2^*\}$，其中：

$$x_2^* = \begin{cases} \dfrac{3\varepsilon_1 - 4\alpha_1 - 1}{3\rho_1} - 1, & 当 \dfrac{3\rho_1 + 4\alpha_1 + 1}{3} < \varepsilon_1 < 1 \\ 0, & 当 \varepsilon_1 < \dfrac{3\rho_1 + 4\alpha_1 + 1}{3} \end{cases}, \text{且 } y_2^* = 0。$$

情形三：当 $\rho_1 > \widehat{\rho_1}$ 时，村民 2 开始采取回报策略 $y > 0$，此时存在信任均衡 $\{x_3^*, y_3^*\}$，其中：

$$x_3^* = \begin{cases} \dfrac{3x_0 + 1}{2} + \dfrac{-\alpha_1 - 1}{3\rho_1}, & 当 \widehat{\rho_1} < \rho_1 < \widetilde{\rho_1} \\ 0, & 当 \rho_1 > \widetilde{\rho_1} \end{cases}$$

$$y_3^* = \begin{cases} 3x - 1 + \dfrac{\varepsilon_2 + 2\alpha_2 - 1}{\rho_2}, & 当 x > x_0 \\ 0, & 当 x < x_0 \end{cases}$$

其中，$x_0 = \dfrac{1}{3} - \dfrac{\varepsilon_2 + 2\alpha_2 - 1}{3\rho_2}$，$\overline{\rho_1} = \dfrac{3\varepsilon_1 - 4\alpha_1 - 1}{3(x_0 + 1)}$，$\widehat{\rho_1} = \dfrac{-2(1 + \alpha_1)}{3(1 - 3x_0)}$，$\widetilde{\rho_1} = \dfrac{2(1 + \alpha_1)}{3(x_0 + 1)}$。

三 基于子博弈完美纳什均衡的分析

为进一步剖析农村人情消费通过自己人化、社会竞争、互助互惠三条路径对关系信任的作用效果，可以利用上述子博弈完美纳什均衡分别对 ε_1、α_1 和 ρ_1 关于农村人情消费 c_1 求导进而实现比较静态分析。考虑到情形一并不存在信任均衡，下面仅讨论情形二中的捐赠均衡和情形三中的信任均衡，其中：

1. 在捐赠均衡中：（i）自己人化作用路径，$\dfrac{\partial x_2^*}{\partial c_1} = \dfrac{\partial x_2^*}{\partial \varepsilon_1} \times \dfrac{\partial \varepsilon_1}{\partial c_1} > 0$，这说明通过自己人化机制，农村人情消费将有利于农村居民拉近彼此间的距离进而激发人们的利他偏好，使之信任水平提高。（ii）社会竞争作用路径，当村民 1 的人情消费低于异化临界值时，$\dfrac{\partial x_2^*}{\partial c_1} = \dfrac{\partial x_2^*}{\partial \alpha_1} \times \dfrac{\partial \alpha_1}{\partial c_1} > 0$，随着人情消费的增加，收入差距缩小，厌恶异质偏好降低，关系信任水平提升；当村民 1 的人情消费高于异化临界值时，$\dfrac{\partial x_2^*}{\partial c_1} = \dfrac{\partial x_2^*}{\partial \alpha_1} \times \dfrac{\partial \alpha_1}{\partial c_1} <$

0，随着人情消费的增加，收入差距拉大，厌恶异质偏好增强，关系信任水平降低。（iii）互助互惠作用路径，$\frac{\partial x_2^*}{\partial c_1} = \frac{\partial x_2^*}{\partial \rho_1} \times \frac{\partial \rho_1}{\partial c_1} = 0$，在捐赠均衡中，村民2并不存在回报行为，村民1人情消费的互助互惠路径无法实现。

2. 在信任均衡中：（i）自己人化作用路径和社会竞争作用路径与捐赠均衡中的解释相同。（ii）互助互惠作用路径，$\frac{\partial x_2^*}{\partial c_1} = \frac{\partial x_2^*}{\partial \rho_2} \times \frac{\partial \rho_2}{\partial c_1} > 0$，此时村民1的人情消费开始发挥互助互惠功能，作用于村民2的互惠倾向ρ_2，信任双方存在一个施报往来；随着村民1人情消费的增加，村民2所表现的互惠倾向随之上升，村民1的信任决策也随之提高。

参考文献

白南生、何宇鹏：《回乡，还是外出？——安徽四川二省农村外出劳动力回流研究》，《社会学研究》2002年第3期。

白锐、罗龙真：《收入不平等与社会信任水平相关性：基于量化分析的实证检验》，《武汉大学学报》（哲学社会科学版）2014年第2期。

边恕、刘为玲、孙雅娜：《东北地区农业财政投入对农民收入的影响研究》，《农业经济》2021年第1期。

蔡昉、都阳、王美艳：《户籍制度与劳动力市场保护》，《经济研究》2001年第12期。

蔡昉、王美艳：《农村劳动力剩余及其相关事实的重新考察——一个反设事实法的应用》，《中国农村经济》2007年第10期。

蔡昉：《城市劳动力市场的分割与就业体制转换的难点》，《经济研究参考》1998年第45期。

蔡昉：《劳动力迁移的两个过程及其制度障碍》，《社会学研究》2001年第4期。

蔡昉：《历史瞬间和特征化事实——中国特色城市化道路及其新内涵》，《国际经济评论》2018年第4期。

蔡昉：《探索适应经济发展的公平分配机制》，《人民论坛》2005年第10期。

蔡昉：《特征与效应——山东农村劳动力迁移考察》，《中国农村观察》1996年第2期。

蔡昉：《中国改革成功经验的逻辑》，《中国社会科学》2018年第1期。

蔡键、唐忠、朱勇：《要素相对价格、土地资源条件与农户农业机械服务外包需求》,《中国农村经济》2017 年第 8 期。

曹锦清、张乐天:《传统乡村的社会文化特征:人情与关系网——一个浙北村落的微观考察与透视》,《探索与争鸣》1992 年第 2 期。

曹阳、胡继亮:《中国土地家庭承包制度下的农业机械化——基于中国 17 省(区、市)的调查数据》,《中国农村经济》2010 年第 10 期。

查金祥、曾令香、许家林:《湖北农业微观经济组织运行现状的调查报告》,《中国农村经济》2001 年第 8 期。

陈柏峰:《农村仪式性人情的功能异化》,《华中科技大学学报》(社会科学版) 2011 年第 1 期。

陈柏峰:《熟人社会:村庄秩序机制的理想型探究》,《社会》2011 年第 1 期。

陈浩天:《城乡人口流动背景下农村地区人情消费的行为逻辑——基于河南省 10 村 334 个农户的实证分析》,《财经问题研究》2011 年第 7 期。

陈江华、罗明忠、洪炜杰:《农地确权、细碎化与农村劳动力非农转移》,《西北农林科技大学学报》(社会科学版) 2020 年第 2 期。

陈坤秋、王良健、李宁慧:《中国县域农村人口空心化——内涵、格局与机理》,《人口与经济》2018 年第 1 期。

陈林生、黄莎、李贤彬:《农业机械化对农民收入的影响研究——基于系统 GMM 模型与中介效应模型的实证分析》,《农村经济》2021 年第 6 期。

陈秀华:《论建筑地段的商品性》,《江汉论坛》1985 年第 9 期。

陈叶烽、叶航、汪丁丁:《超越经济人的社会偏好理论:一个基于实验经济学的综述》,《南开经济研究》2012 年第 1 期。

陈奕山、纪月清、钟甫宁等:《新一轮农地确权:率先发生在何处》,《财贸研究》2018 年第 2 期。

陈奕山、钟甫宁、纪月清:《为什么土地流转中存在零租金?——人情租视角的实证分析》,《中国农村观察》2017 年第 4 期。

陈云龙:《关系网络、信任机制与互嵌实践——当代浙北农村经济—社会变迁的深描》,《西南大学学报》(社会科学版) 2017 年第 1 期。

陈昭玖、胡雯:《农业规模经营的要素匹配:雇工经营抑或服务外包——

基于赣粤两省农户问卷的实证分析》,《学术研究》2016 年第 8 期。

程令国、张晔、刘志彪:《农地确权促进了中国农村土地的流转吗?》,《管理世界》2016 年第 1 期。

程名望、阮青松:《资本投入、耕地保护、技术进步与农村剩余劳动力转移》,《中国人口·资源与环境》2010 年第 8 期。

仇童伟、罗必良、何勤英:《农地流转市场转型:理论与证据——基于对农地流转对象与农地租金关系的分析》,《中国农村观察》2019 年第 4 期。

丁从明、张亮、王聪:《转型背景下的收入差距与社会信任》,《经济与管理评论》2020 年第 2 期。

董志强:《自由与开放:劳动力市场改革的必由之路》,《改革与理论》2001 年第 6 期。

都阳:《人口转变和劳动力市场 马尔萨斯时代与后马尔萨斯时代》,《职业技术教育》2007 年第 15 期。

杜鹏:《熟人社会的阶层分化:动力机制与阶层秩序》,《社会学评论》2019 年第 1 期。

樊士德:《中国劳动力流动社会经济政策演化脉络与效应研究》,《人口学刊》2013 年第 5 期。

范金、任会、袁小慧:《农民家庭经营性收入与科技水平的相关性研究:以南京市为例》,《中国软科学》2010 年第 1 期。

费孝通:《乡土中国》,生活·读书·新知三联书店 1985 年版。

冯必扬:《人情社会与契约社会——基于社会交换理论的视角》,《社会科学》2011 年第 9 期。

冯川:《中国村落社会助行为的二重构造——对助行为异化的一个解释框架》,《中国农村观察》2018 年第 6 期。

符钢战:《论劳动供给行为市场化趋势》,《经济研究》1991 年第 4 期。

傅喜国:《论劳动力市场的理论困境与实践可能性》,《社会学研究》1992 年第 6 期。

高明、艾美彤、贾若:《家庭金融参与中的信任重建——来自农村社会养老保险的证据》,《经济研究》2021 年第 8 期。

高鸣、宋洪远、Michael Carter:《粮食直接补贴对不同经营规模农户小麦生产率的影响——基于全国农村固定观察点农户数据》,《中国农村经济》2016 年第 8 期。

耿鹏鹏、罗必良:《"竞争"抑或"继承":农地产权如何影响农民生育性别偏好》,《经济评论》2021 年第 6 期。

龚天平:《论经济信任》,《中国人民大学学报》2015 年第 6 期。

郭庆海:《玉米产业供给侧结构性改革难点探析》,《农业经济与管理》2017 年第 1 期。

郭于华:《农村现代化过程中的传统亲缘关系》,《社会学研究》1994 年第 6 期。

韩喜艳、刘伟、高志峰:《小农户参与农业全产业链的选择偏好及其异质性来源——基于选择实验法的分析》,《中国农村观察》2020 年第 2 期。

何可、张俊飚、张露等:《人际信任、制度信任与农民环境治理参与意愿——以农业废弃物资源化为例》,《管理世界》2015 年第 5 期。

何炼成:《关于劳动力商品论与劳动价值论、按劳分配与按要素分配之间的关系——兼评何雄浪、李国平与关柏春之争》,《经济评论》2005 年第 5 期。

贺雪峰:《论熟人社会的人情》,《南京师大学报》(社会科学版)2011 年第 4 期。

侯方安:《农业机械化推进机制的影响因素分析及政策启示——兼论耕地细碎化经营方式对农业机械化的影响》,《中国农村观察》2008 年第 5 期。

侯孟阳、邓元杰、姚顺波:《农村劳动力转移、化肥施用强度与农业生态效率:交互影响与空间溢出》,《农业技术经济》2021 年第 10 期。

胡骞文、李湛、张广财:《农地确权能否影响农村劳动力就业决策?——基于农地产权制度改革的视角》,《财经论丛》2023 年第 2 期。

胡新艳、洪炜杰:《农地调整经历对确权政策投资激励效应的影响》,《社会科学战线》2019 年第 2 期。

黄光国:《人情与面子:中国人的权力游戏》,中国人民大学出版社 2010 年版。

黄季焜、冀县卿:《农地使用权确权与农户对农地的长期投资》,《管理世界》2012 年第 9 期。

黄季焜、王晓兵、智华勇等：《粮食直补和农资综合补贴对农业生产的影响》，《农业技术经济》2011 年第 1 期。

黄善林、张羽鑫、侯淑涛等：《东北地区农地经营规模对农民农业收入的影响研究》，《干旱区资源与环境》2016 年第 5 期。

黄少安、郭冬梅、吴江：《种粮直接补贴政策效应评估》，《中国农村经济》2019 年第 1 期。

黄少安、刘明宇：《农地制度对生产技术的选择效应——对承包经营农户技术选择偏好的经济分析》，《制度经济学研究》2006 年第 4 期。

黄少安：《改革开放 40 年中国农村发展战略的阶段性演变及其理论总结》，《经济研究》2018 年第 12 期。

黄玉琴：《礼物、生命仪礼和人情圈——以徐家村为例》，《社会学研究》2002 年第 4 期。

黄宗智、高原、彭玉生：《没有无产化的资本化：中国的农业发展》，《开放时代》2012 年第 3 期。

黄祖辉、刘西川、程恩江：《贫困地区农户正规信贷市场低参与度的经验解释》，《经济研究》2009 年第 4 期。

黄祖辉、钱峰燕：《技术进步对我国农民收入的影响及对策分析》，《中国农村经济》2003 年第 12 期。

黄祖辉、杨进、彭超等：《中国农户家庭的劳动供给演变：人口、土地和工资》，《中国人口科学》2012 年第 6 期。

黄祖辉：《改革开放四十年：中国农业产业组织的变革与前瞻》，《农业经济问题》2018 年第 11 期。

贾履让、房汉廷：《承认劳动力的商品属性是开放劳动力市场的理论前提》，《中国社会科学》1987 年第 1 期。

江立华、卢飞：《农民工返乡消费与乡村社会关系再嵌入》，《学术研究》2015 年第 3 期。

金涛：《农户农业雇工供给行为影响因素分析》，硕士学位论文，西北大学，2013 年。

井世洁、杨宜音：《转型期社会信任感的阶层与区域特征》，《社会科学》2013 年第 6 期。

康姣姣、闫周府、吴方卫：《农村劳动力回流、就业选择与农地转出——基于千村调查的经验研究》，《南方经济》2021 年第 7 期。

柯炳生：《三种农业补贴政策的原理与效果分析》，《农业经济问题》2018 年第 8 期。

孔祥智、周振、路玉彬：《我国农业机械化道路探索与政策建议》，《经济纵横》2015 年第 7 期。

孔祥智：《中国农民合作经济组织的发展与创新（1978—2018）》，《南京农业大学学报》（社会科学版）2018 年第 6 期。

匡远配、陆钰凤：《我国农地流转"内卷化"陷阱及其出路》，《农业经济问题》2018 年第 9 期。

黎煦：《中国劳动力市场变迁的产权经济学分析》，博士学位论文，浙江大学，2005 年。

李谷成、李烨阳、周晓时：《农业机械化、劳动力转移与农民收入增长——孰因孰果》，《中国农村经济》2018 年第 11 期。

李建民：《老年经济学与老龄化经济学》，《市场与人口分析》2001 年第 5 期。

李建民：《中国劳动力市场多重分隔及其对劳动力供求的影响》，《中国人口科学》2002 年第 2 期。

李建伟：《我国劳动力供求格局、技术进步与经济潜在增长率》，《管理世界》2020 年第 4 期。

李敏、张利明：《当前农村不良社会风气的态势、成因及对策——基于全国 200 多个村 4000 多家农户连续 3 年的调查》，《西北农林科技大学学报》（社会科学版）2018 年第 2 期。

李培林：《村落的终结——羊城村的故事》，中国社会科学出版社 2014 年版。

李培林：《流动民工的社会网络和社会地位》，《社会学研究》1996 年第 4 期。

李强：《影响中国城乡流动人口的推力与拉力因素分析》，《中国社会科学》2003 年第 1 期。

李庆真：《乡村情缘在农村现代化进程中的社会效应》，《安徽大学学报》2003 年第 4 期。

李秋生、郑建杰、贺亚琴:《政策激励,组织约束与化肥减量增效——基于粤赣柑橘种植户的实证》,《农林经济管理学报》2023年第1期。

李尚蒲、罗必良:《农地调整的内在机理及其影响因素分析》,《中国农村经济》2015年第3期。

李实:《中国经济转轨中劳动力流动模型》,《经济研究》1997年第1期。

李首涵、何秀荣、杨树果:《中国粮食生产比较效益低吗?》,《中国农村经济》2015年第5期。

李涛、黄纯纯、何兴强等:《什么影响了居民的社会信任水平?——来自广东省的经验证据》,《经济研究》2008年第1期。

李伟民、梁玉成:《特殊信任与普遍信任:中国人信任的结构与特征》,《社会学研究》2002年第3期。

李小瑛、赵忠:《城镇劳动力市场雇佣关系的演化及影响因素》,《经济研究》2012年第9期。

李亚伯:《中国劳动力市场发育论纲》,博士学位论文,江西财经大学,2003年。

李哲、李梦娜:《新一轮农地确权影响农户收入吗?——基于CHARLS的实证分析》,《经济问题探索》2018年第8期。

李周:《弱弱合作:起源、演化和展望》,《中国农村观察》2020年第5期。

梁海兵、张福顺:《人情关系与农村劳动力市场的工资决定》,《南京农业大学学报》(社会科学版)2022年第2期。

林文声、秦明、王志刚:《农地确权颁证与农户农业投资行为》,《农业技术经济》2017年第12期。

林亦平、滕秀梅:《精准农业支持政策的打造路径探究》,《农业经济》2017年第9期。

刘承芳、张林秀、樊胜根:《农户农业生产性投资影响因素研究——对江苏省六个县市的实证分析》,《中国农村观察》2002年第4期。

刘金海、杨晓丽:《农民就业:市场化、社会化及其后果——以鄂东北山村研究为例》,《华中师范大学学报》(人文社会科学版)2006年第3期。

刘津:《人情关系重构与乡村善治的路径探索》,《重庆社会科学》2020

年第 3 期。

刘进宝、刘洪：《农业技术进步与农民农业收入增长弱相关性分析》，《中国农村经济》2004 年第 9 期。

刘克鉴：《也谈按劳分配和"劳动所得"》，《经济研究》1987 年第 7 期。

刘林平、张春泥：《农民工工资：人力资本、社会资本、企业制度还是社会环境？——珠江三角洲农民工工资的决定模型》，《社会学研究》2007 年第 6 期。

刘守英、王一鸽：《从乡土中国到城乡中国——中国转型的乡村变迁视角》，《管理世界》2018 年第 10 期。

刘守英：《城乡中国的土地问题》，《北京大学学报》（哲学社会科学版）2018 年第 3 期。

刘莹、黄季焜：《农户多目标种植决策模型与目标权重的估计》，《经济研究》2010 年第 1 期。

刘颖、董春玉：《粮食补贴政策对农户非农就业时间的影响分析——基于安徽省天长市的调研数据》，《华中农业大学学报》（社会科学版）2014 年第 4 期。

刘玉飞、汪伟、常晓坤：《人情支出、同群攀比与居民家庭消费结构升级——来自 CFPS 数据的证据》，《学术研究》2020 年第 6 期。

刘玉梅、田志宏：《农户收入水平对农机装备需求的影响分析——以河北省和山东省为例》，《中国农村经济》2009 年第 12 期。

楼远：《非制度信任与非制度金融：对民间金融的一个分析》，《财经论丛》（浙江财经学院学报）2003 年第 6 期。

卢飞：《农村熟人社会人情异化及其治理——基于恩施州"整酒风"的考察》，《湖南农业大学学报》（社会科学版）2017 年第 4 期。

鲁先凤：《中国现阶段农业雇工的特征与成因简析》，《理论月刊》2008 年第 12 期。

陆铭、李爽：《社会资本、非正式制度与经济发展》，《管理世界》2008 年第 9 期。

陆铭、张爽、佐藤宏：《市场化进程中社会资本还能够充当保险机制吗？——中国农村家庭灾后消费的经验研究》，《世界经济文汇》2010 年第 1 期。

陆铭、张爽：《劳动力流动对中国农村公共信任的影响》，《世界经济文汇》2008 年第 4 期。

鹿光耀、袁云云、吴春雅：《数字普惠金融有益于丰富农户收入多样性吗？——基于江西"百村千户"的调研数据》，《江西社会科学》2022 年第 6 期。

罗必良、洪炜杰：《记忆、信念与制度选择——以家庭承包制为例》，《社会科学战线》2021 年第 1 期。

罗家德、李智超：《乡村社区自组织治理的信任机制初探——以一个村民经济合作组织为例》，《管理世界》2012 年第 10 期。

罗杰、黄君慈：《非正式社会结构下民间信用演进与生命周期》，《财经研究》2005 年第 9 期。

马得勇：《信任、信任的起源与信任的变迁》，《开放时代》2008 年第 4 期。

马戎：《"差序格局"——中国传统社会结构和中国人行为的解读》，《北京大学学报》（哲学社会科学版）2007 年第 2 期。

马贤磊、仇童伟、钱忠好：《土地产权经历、产权情景对农民产权安全感知的影响——基于土地法律执行视角》，《公共管理学报》2015 年第 4 期。

冒佩华、徐骥、贺小丹等：《农地经营权流转与农民劳动生产率提高：理论与实证》，《经济研究》2015 年第 11 期。

缪书超、钱龙、宋亮：《农业补贴与农村家庭非农创业——基于中国家庭金融调查（CHFS）数据的实证分析》，《农业经济问题》2021 年第 3 期。

牛建林：《城市"用工荒"背景下流动人口的返乡决策与人力资本的关系研究》，《人口研究》2015 年第 2 期。

潘璐、周雪：《资本农场中的农业雇工：剥夺与异化——对四川葛村资本农场的实地研究》，《中国农业大学学报》（社会科学版）2016 年第 2 期。

仇童伟、罗必良：《农地产权强度对农业生产要素配置的影响》，《中国人口·资源与环境》2018 年第 1 期。

仇童伟、罗必良：《农地调整会抑制农村劳动力非农转移吗?》，《中国农村观察》2017 年第 4 期。

仇童伟、罗必良：《强化地权能够促进农地流转吗?》，《南方经济》2020 年第 12 期。

仇小玲、屈勇：《从"叫人"到"雇人"：关中农村人际关系的变迁》，《西北农林科技大学学报》（社会科学版）2008 年第 5 期。

钱加荣、赵芝俊：《现行模式下我国农业补贴政策的作用机制及其对粮食生产的影响》，《农业技术经济》2015 年第 10 期。

钱龙、冯永辉、钱文荣：《农地确权、调整经历与农户耕地质量保护行为——来自广西的经验证据》，《农业技术经济》2021 年第 1 期。

任守云、叶敬忠：《市场化背景下李村的换工与雇工现象分析——兼与禄村之比较》，《中国农村经济》2011 年第 6 期。

任远、施闻：《农村外出劳动力回流迁移的影响因素和回流效应》，《人口研究》2017 年第 2 期。

桑坤：《农业的生产时间与劳动时间：学术争论与价值意涵》，《中国农业大学学报》（社会科学版）2019 年第 2 期。

尚旭东、朱守银：《家庭农场和专业农户大规模农地的"非家庭经营"：行为逻辑、经营成效与政策偏离》，《中国农村经济》2015 年第 12 期。

尚旭东、朱守银：《农地流转补贴政策效应分析——基于挤出效应、政府创租和目标偏离视角》，《中国农村观察》2017 年第 6 期。

申广军、张川川：《收入差距、社会分化与社会信任》，《经济社会体制比较》2016 年第 1 期。

沈坤荣、余吉祥：《农村劳动力流动对中国城镇居民收入的影响——基于市场化进程中城乡劳动力分工视角的研究》，《管理世界》2011 年第 3 期。

石弘华、杨英：《雇工自营制与农户行为效率分析——以湖南省邵阳地区为例》，《中国农村经济》2005 年第 8 期。

石晓平、曲福田、Nico Heerink 等：《农村市场发育与村庄经济研究》，《中国农村观察》2004 年第 1 期。

石智雷、杨云彦：《家庭禀赋、家庭决策与农村迁移劳动力回流》，《社会学研究》2012 年第 3 期。

石智雷：《国外迁移劳动力回流理论研究述评》，《人口与发展》2013 年第 1 期。

宋洪远、黄华波、刘光明：《关于农村劳动力流动的政策问题分析》，《管理世界》2002 年第 5 期。

孙婧芳：《城市劳动力市场中户籍歧视的变化：农民工的就业与工资》，《经济研究》2018 年第 8 期。

孙圣民、陈强：《家庭联产承包责任制与中国农业增长的再考察——来自面板工具变量法的证据》，《经济学（季刊）》2017 年第 2 期。

孙文凯、李晓迪、王乙杰：《身份认同对流动人口家庭在流入地消费的影响》，《南方经济》2019 年第 11 期。

孙小宇、杨钢桥、陈爱丽：《农地确权真的促进农地转出吗——基于农地依赖的调节效应分析》，《农业技术经济》2023 年第 2 期。

孙学涛：《农业机械化能否缩小城乡收入差距》，《首都经济贸易大学学报》2021 年第 1 期。

谭友林：《劳动力市场分割与上海经济可持续发展》，《西北人口》2000 年第 1 期。

唐萍萍、丁晓辉、胡仪元等：《劳动力转移促进农村发展绩效评价研究——基于陕西省的调查分析》，《经济与管理评论》2014 年第 6 期。

陶善信：《农地产权间的功能冲突与调和——基于保障与生产功能关系的辨析》，《经济学家》2021 年第 4 期。

汪汇、陈钊、陆铭：《户籍、社会分割与信任：来自上海的经验研究》，《世界经济》2009 年第 10 期。

汪小红、朱力：《"离土"时代的乡村信任危机及其生成机制——基于熟人信任的比较》，《人文杂志》2013 年第 8 期。

王诚：《劳动力供求"拐点"与中国二元经济转型》，《中国人口科学》2005 年第 6 期。

王飞雪、山岸俊男：《信任的中、日、美比较研究》，《社会学研究》1999 年第 2 期。

王国运、陈波：《新一轮农地确权与中国农业增长——基于面板工具变量法的实证研究》，《中国农村经济》2022 年第 12 期。

王铭铭：《村落视野中的文化与权力》，生活·读书·新知三联书店 1997

年版。

王欧、杨进：《农业补贴对中国农户粮食生产的影响》，《中国农村经济》2014年第5期。

王庆明：《西方经典小农理论范式的反思与重构——立足于转型中国的思考》，《社会学评论》2015年第2期。

王绍光、刘欣：《信任的基础：一种理性的解释》，《社会学研究》2002年第3期。

王卫东、张林秀：《非农就业充分性视角下的我国农村劳动力市场演进》，《农业技术经济》2020年第5期。

王西玉、崔传义、赵阳等：《中国二元结构下的农村劳动力流动及其政策选择》，《管理世界》2000年第5期。

王颜齐、毕欣宁、李玉琴：《土地规模化流转背景下农业雇工受雇现状及问题分析》，《农业经济与管理》2017年第6期。

王颜齐、郭翔宇：《种植户农业雇佣生产行为选择及其影响效应分析——基于黑龙江和内蒙古大豆种植户的面板数据》，《中国农村经济》2018年第4期。

王郁昭：《关于农民跨区域流动问题》，《管理世界》1994年第6期。

王跃梅、姚先国、周明海：《农村劳动力外流、区域差异与粮食生产》，《管理世界》2013年第11期。

温忠麟、叶宝娟：《中介效应分析：方法和模型发展》，《心理科学进展》2014年第5期。

温忠麟、张雷、侯杰泰等：《中介效应检验程序及其应用》，《心理学报》2004年第5期。

吴丽丽、李谷成、周晓时：《要素禀赋变化与中国农业增长路径选择》，《中国人口·资源与环境》2015年第8期。

吴清华、冷晨昕、祝仲坤：《人情消费与农村居民的幸福感——来自2015年CSS的经验证据》，《华中农业大学学报》（社会科学版）2018年第4期。

伍骏骞、方师乐、李谷成等：《中国农业机械化发展水平对粮食产量的空间溢出效应分析——基于跨区作业的视角》，《中国农村经济》2017年第6期。

伍艳:《信贷资本对农户收入增长效应的异质性影响》,《西南民族大学学报》(人文社会科学版) 2022 年第 10 期。

夏纪军、张来武、雷明:《利他、互利与信任》,《经济科学》2003 年第 4 期。

向晶、钟甫宁:《农村人口转移、工业化和城镇化》,《农业经济问题》2018 年第 12 期。

向云、祁春节、胡晓雨:《老龄化、兼业化、女性化对家庭生产要素投入的影响——基于全国农村固定观察点数据的实证分析》,《统计与信息论坛》2018 年第 4 期。

肖卫、肖琳子:《二元经济中的农业技术进步、粮食增产与农民增收——来自 2001—2010 年中国省级面板数据的经验证据》,《中国农村经济》2013 年第 6 期。

谢晓凌、辛仁周、武小晋:《培育劳动力市场的若干理论与现实问题》,《管理世界》1994 年第 4 期。

徐莹、王娟:《数字普惠金融与农户收入差距:加剧还是缓解》,《农业技术经济》2024 年第 3 期。

许佳贤、皮婷婷、郑逸芳:《农地确权对农户土地转出的影响机理研究——交易成本和禀赋效应的双重中介作用》,《中国农业资源与区划》2022 年第 11 期。

许庆、陆钰凤、张恒春:《农业支持保护补贴促进规模农户种粮了吗?——基于全国农村固定观察点调查数据的分析》,《中国农村经济》2020 年第 4 期。

许庆、陆钰凤:《非农就业、土地的社会保障功能与农地流转》,《中国人口科学》2018 年第 5 期。

许庆、田士超、徐志刚等:《农地制度、土地细碎化与农民收入不平等》,《经济研究》2008 年第 2 期。

许庆、杨青、章元:《农业补贴改革对粮食适度规模经营的影响》,《经济研究》2021 年第 8 期。

许庆、章元:《土地调整、地权稳定性与农民长期投资激励》,《经济研究》2005 年第 10 期。

薛超、史雪阳、周宏:《农业机械化对种植业全要素生产率提升的影响路径研究》,《农业技术经济》2020年第10期。

薛凯芸、王越、胡振:《共同富裕视角下数字普惠金融对农户收入的影响——来自黄河流域中上游地区的证据》,《农业现代化研究》2022年第6期。

闫啸、牛荣、李芸:《农地经营权抵押贷款增收效应分析——基于内生转换模型的实证检验》,《经济学报》2023年第2期。

闫云翔:《礼物的流动:一个中国村庄中的互惠原则与社会网络》,上海人民出版社1996年版。

严善平:《人力资本、制度与工资差别——对大城市二元劳动力市场的实证分析》,《管理世界》2007年第6期。

杨金阳、周应恒、黄昊舒:《农地产权、劳动力转移和城乡收入差距》,《财贸研究》2016年第6期。

杨进、向春华、张晓波:《中国农业的劳动分工——基于生产服务外包的视角》,《华中科技大学学报》(社会科学版)2019年第2期。

杨明、孟天广、方然:《变迁社会中的社会信任:存量与变化——1990—2010年》,《北京大学学报》(哲学社会科学版)2011年第6期。

杨思远:《劳动力成为商品的特定历史条件》,《教学与研究》1994年第5期。

杨晓丽:《对农户小额信贷的调查与思考——来自江苏省丰县华山镇的调查》,《农村经济》2006年第5期。

杨宜音:《"自己人":信任建构过程的个案研究》,《社会学研究》1999年第2期。

杨印生、刘佩军、李宁:《我国东北地区农业机械化发展的影响因素辨识及系统分析》,《农业技术经济》2006年第5期。

杨中芳、彭泗清:《中国人人际信任的概念化:一个人际关系的观点》,《社会学研究》1999年第2期。

杨子砚、文峰:《从务工到创业——农地流转与农村劳动力转移形式升级》,《管理世界》2020年第7期。

姚秋涵、于乐荣:《农业生产性服务何以影响农户收入——对内蒙古赤峰市农户调研数据的分析》,《农业现代化研究》2022年第6期。

姚先国、冯履冰、周明海:《中国劳动力迁移决定因素研究综述》,《中国人口科学》2021年第1期。

姚先国：《劳动力的双轨价格及经济效应》，《经济研究》1992年第4期。

姚洋：《中国农地制度：一个分析框架》，《中国社会科学》2000年第2期。

叶敬忠、张明皓：《小农户为主体的现代农业发展：理论转向、实践探索与路径构建》，《农业经济问题》2020年第1期。

宜文、王小华：《县域财政支出、信贷资源配置与农民收入增长——基于2007—2010年东北三省146个县的面板数据分析》，《西部经济管理论坛》2013年第2期。

应瑞瑶、何在中、周南等：《农地确权、产权状态与农业长期投资——基于新一轮确权改革的再检验》，《中国农村观察》2018年第3期。

应瑞瑶、郑旭媛：《资源禀赋、要素替代与农业生产经营方式转型——以苏、浙粮食生产为例》，《农业经济问题》2013年第12期。

于铁山：《家庭人情消费的地区分化研究——基于CFPS（广东）2010调查数据》，《华南理工大学学报》（社会科学版）2015年第6期。

余航、周泽宇、吴比：《城乡差距、农业生产率演进与农业补贴——基于新结构经济学视角的分析》，《中国农村经济》2019年第10期。

余泓波：《变动中的差序：农民人际信任变迁及其影响因素——基于2002—2015年江西40村五波问卷调查数据的分析》，《华中师范大学学报》（人文社会科学版）2017年第9期。

郁建兴、高翔：《农业农村发展中的政府与市场、社会：一个分析框架》，《中国社会科学》2009年第6期。

袁志刚、陆铭：《对我国城镇失业率变动趋势的理论推断》，《天津社会科学》1998年第5期。

张红丽、李洁艳：《农业技术进步、农村劳动力转移与城乡收入差距——基于农业劳动生产率的分组研究》，《华东经济管理》2020年第1期。

张吉鹏、黄金、王军辉等：《城市落户门槛与劳动力回流》，《经济研究》2020年第7期。

张宽、邓鑫、沈倩岭等：《农业技术进步、农村劳动力转移与农民收入——基于农业劳动生产率的分组PVAR模型分析》，《农业技术经济》2017

年第 6 期。

张莉、金江、何晶等：《农地确权促进了劳动力转移吗？——基于 CLDS 数据的实证分析》，《产业经济评论》2018 年第 5 期。

张莉琴、徐娜：《农业补贴政策对土地流转的影响——基于农村固定观察点 9 省数据的实证研究》，《华南理工大学学报》（社会科学版）2019 年第 2 期。

张露、罗必良：《小农生产如何融入现代农业发展轨道？——来自中国小麦主产区的经验证据》，《经济研究》2018 年第 12 期。

张琪、朱满德、刘超：《偏向性技术变迁与中国粮食增长路径转型——基于 1978—2018 年玉米主产省的实证》，《农业现代化研究》2021 年第 1 期。

张千友：《农业劳动日工价的现状、问题与对策》，《云南社会科学》2011 年第 3 期。

张清津：《农村分工深化与社会结构变迁》，《理论学刊》2014 年第 12 期。

张爽、陆铭、章元：《社会资本的作用随着市场化进程减弱还是加强？——来自中国农村贫困的实证研究》，《经济学（季刊）》2007 年第 2 期。

张同龙、张俪娜、张林秀：《中国农村劳动力就业调整的微观研究——来自全国代表性农户跟踪调查的经验证据》，《中国农村经济》2019 年第 8 期。

张维迎、柯荣住：《信任及其解释：来自中国的跨省调查分析》，《经济研究》2002 年第 10 期。

张文宏、张莉：《劳动力市场中的社会资本与市场化》，《社会学研究》2012 年第 5 期。

章元、陆铭：《社会网络是否有助于提高农民工的工资水平？》，《管理世界》2009 年第 3 期。

章元、王昊：《城市劳动力市场上的户籍歧视与地域歧视：基于人口普查数据的研究》，《管理世界》2011 年第 7 期。

翟学伟：《中国人际关系的特质——本土的概念及其模式》，《社会学研究》1993 年第 4 期。

翟学伟：《人情、面子与权力的再生产——情理社会中的社会交换方式》，《社会学研究》2004 年第 5 期。

赵剑治、陆铭：《关系对农村收入差距的贡献及其地区差异——一项基于回归的分解分析》，《经济学（季刊）》2009 年第 10 期。

赵立娟、牛庭：《耕地转入、农业保险与农户收入的实证分析》，《河南农业大学学报》2022 年第 6 期。

赵泉民、李怡：《关系网络与中国乡村社会的合作经济——基于社会资本视角》，《农业经济问题》2017 年第 8 期。

赵泉民：《二重社会制度结构的困厄——对 20 世纪中国乡村合作经济困境的一种尝试性诠释》，《财经研究》2007 年第 9 期。

赵志君：《经济学个人主义方法论反思——劳动分工和内生市场结构的视角》，《经济研究》2018 年第 8 期。

折晓叶、陈婴婴：《超级村庄的基本特征及"中间"形态》，《社会学研究》1997 年第 6 期。

郑淋议：《农地产权稳定性对农户耕地抛荒行为的影响》，《中国人口·资源与环境》2022 年第 12 期。

郑旭媛、徐志刚：《资源禀赋约束、要素替代与诱致性技术变迁——以中国粮食生产的机械化为例》，《经济学（季刊）》2017 年第 1 期。

郑阳阳、罗建利：《农户缘何不愿流转土地：行为背后的解读》，《经济学家》2019 年第 10 期。

郑志浩、高杨：《中央"不得调地"政策：农民的态度与村庄的土地调整决策——基于对黑龙江、安徽、山东、四川、陕西 5 省农户的调查》，《中国农村观察》2017 年第 4 期。

钟甫宁、顾和军、纪月清：《农民角色分化与农业补贴政策的收入分配效应——江苏省农业税减免、粮食直补收入分配效应的实证研究》，《管理世界》2008 年第 5 期。

周广肃、李沙浪：《消费不平等会引发社会信任危机吗?》，《浙江社会科学》2016 年第 7 期。

周广肃、马光荣：《人情支出挤出了正常消费吗?——来自中国家户数据的证据》，《浙江社会科学》2015 年第 3 期。

周广肃、谢绚丽、李力行：《信任对家庭创业决策的影响及机制探讨》，

《管理世界》2015 年第 12 期。

周娟：《土地流转背景下农业社会化服务体系的重构与小农的困境》，《南京农业大学学报》（社会科学版）2017 年第 6 期。

周利、冯大威、易行健：《数字普惠金融与城乡收入差距："数字红利"还是"数字鸿沟"》，《经济学家》2020 年第 5 期。

周振、张琛、彭超等：《农业机械化与农民收入：来自农机具购置补贴政策的证据》，《中国农村经济》2016 年第 2 期。

朱虹：《"亲而信"到"利相关"：人际信任的转向——一项关于人际信任状况的实证研究》，《学海》2011 年第 4 期。

朱满德、李辛一、程国强：《综合性收入补贴对中国玉米全要素生产率的影响分析——基于省级面板数据的 DEA-Tobit 两阶段法》，《中国农村经济》2015 年第 11 期。

朱述斌、熊飞雪、朱兼：《互联网使用对农户收入的影响——基于社会资本的中介效应研究》，《农林经济管理学报》2022 年第 5 期。

祝仲坤、冷晨昕：《自雇行为如何影响农民工的市民化状态——来自中国流动人口动态监测调查的经验证据》，《南开经济研究》2020 年第 5 期。

庄健、谢琳：《农地调整经历、劳动力非农转移与农业生产绩效》，《财经问题研究》2022 年第 8 期。

邹宇春、茅倬彦：《人情支出是家庭负担吗——中国城镇居民的人情支出变化趋势与负担假说》，《华中科技大学学报》（社会科学版）2018 年第 3 期。

Alberto Alesina and Roberto Perotti, "Income Distribution, Political Instability, and Investment", *European Economic Review*, Vol. 40, No. 6, 1996.

Andrew Postlewaite, "The Social Basis of Interdependent Preferences", *European Economic Review*, Vol. 42, No. 3–5, 1998.

Angelos Stamos, Efthymios Altsitsiadis, and Sigefried Dewitte, "Investigating the effect of Childhood Socioeconomic Background on Interpersonal Trust: Lower Childhood Socioeconomic Status Predicts Lower Levels of Trust", *Personality & Individual Differences*, Vol. 145, No. 7, 2019.

Anirudh Krishna, "How Does Social Capital Grow? A Seven-year Study of Villages in India", *Journal of Politics*, Vol. 69, No. 4, 2007.

Armin Falk and Urs Fischbacher, "A Theory of Reciprocity", *Games and Economic Behavior*, Vol. 54, No. 2, 2006.

Arndt Feuerbacher, Scott Mcdonald, Chencho Dukpa, et al., "Seasonal Rural Labor Markets and Their Relevance to Policy Analyses in Developing Countries", *Food Policy*, Vol. 93, No. 2, 2020.

Barrett E. Kirwan, "The Incidence of U. S. Agricultural Subsidies on Farmland Rental Rates", *Journal of Political Economy*, Vol. 117, No. 1, 2009.

Bian Yanjie, "Bringing Strong Ties Back in: Indirect Ties, Networks Bridges and Job Searches in China", *American Sociological Review*, Vol. 62, No. 3, 1997.

Bo Rothstein and Eric Uslaner, "All for All: Equality, Corruption, and Social Trust", *World Politics*, Vol. 58, No. 1, 2005.

Carol Graham and Andrew Felton, "Inequality and Happiness: Insights from Latin America", *Journal of Economic Inequality*, Vol. 4, No. 1, 2006.

Chen Xinguang, Bonita Stanton, Linda M. Kaljee, et al., "Social Stigma, Social Capital Reconstruction and Rural Migrants in Urban China: A Population Health Perspective", *Human Organization*, Vol. 70, No. 1, 2011.

Christian Bjørnskov, "Social Trust and Fractionalization: A Possible Reinterpretation", *European Sociological Review*, Vol. 24, No. 3, 2008.

Christian Dustmann, Itzhak Fadlon, and Yoram Weiss, "Return Migration, Human Capital Accumulation and the Brain Drain", *Journal of Development Economics*, Vol. 95, No. 1, 2011.

David K. Levine, "Modeling Altruism and Spitefulness in Experiments", *Review of Economic Dynamics*, Vol. 1, No. 3, 1998.

Edward J. Taylor, "The New Economics of Labour Migration and the Role of Remittances in the Migration Process", *International Migration*, Vol. 37, No. 1, 1999.

Edward L. Glaeser, David I. Laibson, José A. Scheinkman, et al., "Measuring Trust", *Quarterly Journal of Economics*, Vol. 115, No. 3, 2000.

Ernst Fehr, Usr Fischbacher, and Michael Kosfeld, "Neuroeconomic Foundations of Trust and Social Preferences: Initial Evidence", *American Economic Review*, Vol. 95, No. 2, 2005.

Erwin Bulte, Ruixin Wang, and Xiaobo Zhang, "Forced Gifts: The Burden of Being a Friend", *Journal of Economic Behavior & Organization*, Vol. 155, Nov. 2018.

Everett Waters, Susan Merrick, Dominique Treboux, et al., "Attachment Security in Infancy and Early Adulthood: A Twenty-year Longitudinal Study", *Child Development*, Vol. 71, No. 3, 2000.

Fabienne Femenia, Alexandre Gohin, and Alain Carpenter, "The Decoupling of Farm Programs: Revisiting the Wealth Effect", *American Journal of Agricultural Economics*, Vol. 92, No. 3, 2010.

Felix Cheung, "Can Income Inequality Be Associated with Positive Outcomes? Hope Mediates the Positive Inequality-Happiness Link in Rural China", *Social Psychological and Personality Science*, Vol. 7, No. 4, 2015.

Gary Adams, Patrick Westhoff, Brian Willott et al., "Do 'decoupled' Payments Affect U.S. Crop Area? Preliminary Evidence from 1997 – 2000", *American Journal of Agricultural Economics*, Vol. 83, No. 5, 2001.

Gary E. Bolton and Axel Ockenfels, "ERC: A Theory of Equity, Reciprocity, and Competition", *American Economic Review*, Vol. 90, No. 1, 2000.

James Andreoni and B. Douglas Bernheim, "Social Image and the 50 – 50 Norm: A Theoretical and Experimental Analysis of Audience Effects", *Econometrica*, Vol. 77, No. 5, 2009.

Ji Yueqing, Xiaohua Yu, and Funing Zhong, "Machinery Investment Decision and Off-farm Employment in Rural China", *China Economic Review*, Vol. 23, No. 1, 2012.

Jing Yiming, Huajian Cai, Michael H. Bond, et al., "Levels of Interpersonal Trust across Different Types of Environment: The Micro-macro Interplay between Relational Distance and Human Ecology", *Journal of Experimental Psychology: General*, Vol. 150, No. 7, 2021.

Joel Sobel, "Can We Trust Social Capital?", *Journal of Economic Literature*,

Vol. 40, No. 1, 2002.

John Giles and Ren Mu, "Village Political Economy, Land Tenure Insecurity, and the Rural to Urban Migration Decision: Evidence from China", *American Journal of Agricultural Economics*, Vol. 100, No. 2, 2018.

John Knight and Linda Yueh, "The Role of Social Capital in the Labour Market in China", *Economics of Transition*, Vol. 16, No. 3, 2008.

Jongmook Choe, "Income Inequality and Crime in the United States", *Economics Letters*, Vol. 101, No. 1, 2008.

Kwang-kuo Hwang, "Face and Favor: The Chinese Power Game", *American Journal of Sociology*, Vol. 92, No. 4, 1987.

Leda Cosmides and John Tooby, "Evolutionary Psychology and the Generation of Culture, Part Ⅱ: Case Study: A Computational Theory of Social Exchange", *Ethology and Sociobiology*, Vol. 10, No. 1 - 3, 1989.

Lin Nan, "Social Networks and Status Attainment", *Annual Review of Sociology*, Vol. 25, Aug. 1999.

Malcolm Fairbrother and Isaac W. Martin, "Does Inequality Erode Social Trust? Results from Multilevel Models of US States and Counties", *Social Science Research*, Vol. 42, No. 2, 2013.

Martijn Huisman and Albertine J. Oldehinkel, "Income Inequality, Social Capital and Self-inflicted Injury and Violence-related Mortality", *Journal of Epidemiology Community Health*, Vol. 63, No. 1, 2008.

Martin Dufwenberg and Georg Kirchsteiger, "A Theory of Sequential Reciprocity", *Games & Economic Behavior*, Vol. 47, No. 2, 2004.

Martin Nordin, "Does the Decoupling Reform Affect Agricultural Employment in Sweden? Evidence from an Exogenous Change", *Journal of Agricultural Economics*, Vol. 65, No. 3, 2014.

Martin Petrick and Patrick Zier, "Regional Employment Impacts of Common Agricultural Policy Measures in Eastern Germany: A Difference-in-differences Approach", *Agricultural Economics*, Vol. 42, No. 2, 2011.

Michael P. Todaro, "Urban Job Expansion, Induced Migration and Rising Unemployment: A Formulation and Simplified Empirical Test for LDCs", *Jour-

nal of Development Economics, Vol. 3, No. 3, 1976.

Niels Kemper, Luu V. Ha, and Rainer Klump, "Property Rights and Consumption Volatility: Evidence from a Land Reform in Vietnam", *World Development*, Vol. 71, Jul. 2015.

Orestes P. Hastings, "Less Equal, Less Trusting? Longitudinal and Cross-sectional Effects of Income Inequality on Trust in U. S. States, 1973 – 2012", *Social Science Research*, Vol. 74, Aug. 2018.

Paul J. Zak and Stephen Knack, "Trust and Growth", *The Economic Journal*, Vol. 111, No. 470, 2001.

Persson Torsten and Tabellini Guido, "Is Inequality Harmful for Growth?", *American Economic Review*, Vol. 84, No. 3, 1994.

Richard G. Wilkinson and Kate E Pickett, "Income Inequality and Population Health: A Review and Explanation of the Evidence", *Social Science & Medicine*, Vol. 62, No. 7, 2006.

Rikke J. Broegaard, "Land Tenure Insecurity and Inequality in Nicaragua", *Development and Change*, Vol. 36, No. 5, 2005.

Robert M. Townsend, "Risk and Insurance in Village India", *Econometrica*, Vol. 62, No. 3, 1994.

Russell King and Alan Strachan, "The Effects of Return Migration on a Gozitan Village", *Human Organization*, Vol. 39, No. 2, 1980.

Tim Reeskens, "But Who Are Those 'most people' That Can Be Trusted? Evaluating the Radius of Trust Across 29 European Societies", *Social Indicators Research*, Vol. 114, No. 2, 2013.

Tore Ellingsen and Magnus Johannesson, "Pride and Prejudice: The Human Side of Incentive Theory", *American Economic Review*, Vol. 98, No. 3, 2008.

Yi Fujin, Richard T. Gudaj, Valeria Arefieva, et al., "Chinese Migrant Farmers in the Russian Far East: Impact on Rural Labor Markets", *American Journal of Economics and Sociology*, Vol. 79, No. 5, 2020.

Yuan Huasheng, "Proximity, Embeddedness and Evolution: the Role of Networks in the Development of the Informal Female Labour Market for Glove

Manufacturing in Gaozhou County, China", *Journal of Rural Studies*, Vol. 93, Jul. 2022.

Zhang Xiaobo and Guo Li, "Does Guanxi Matter to Nonfarm Employment?", *Journal of Comparative Economics*, Vol. 31, No. 2, 2003.